Professionalisierung islamischer Gefängnisseelsorge im niedersächsischen Justizvollzug

Reihe für Osnabrücker Islamstudien

Herausgegeben von
Bülent Ucar und Rauf Ceylan

Band 44

PETER LANG

Bülent Ucar / Christina Kayales /
Esnaf Begić (Hrsg.)

Professionalisierung islamischer Gefängnisseelsorge im niedersächsischen Justizvollzug

PETER LANG

Bibliografische Information der Deutschen Nationalbibliothek
Die Deutsche Nationalbibliothek verzeichnet diese Publikation in der Deutschen Nationalbibliografie; detaillierte bibliografische Daten sind im Internet über http://dnb.d-nb.de abrufbar.

Diese Publikation wurde gefördert vom Bundesministerium für Bildung und Forschung und durch das Niedersächsische Justizministerium.

GEFÖRDERT VOM

Bundesministerium für Bildung und Forschung

Gefördert durch:

Niedersächsisches Justizministerium

ISSN 2190-3395
ISBN 978-3-631-88273-3 (Print)
E-ISBN 978-3-631-88193-4 (E-PDF)
E-ISBN 978-3-631-88274-0 (EPUB)
DOI 10.3726/b20160

Peter Lang – Berlin · Bern · Bruxelles · New York · Oxford · Warszawa · Wien

www.peterlang.com

Inhaltsverzeichnis

Esnaf Begić / Christina Kayales / Bülent Uçar

Vorwort

Dieser Sammelband beschäftigt sich mit der Seelsorge, einem Themenfeld, welches im Bereich der Islamischen Theologie als einer akademischen Disziplin, die in der universitären Landschaft in Deutschland selbst immer noch recht jung ist, langsam und immer mehr in den Blick der akademischen, religionspraktischen und gesellschaftlichen Debatten gerät. Erscheint die Seelsorge im Christentum als religiös motiviertes Handeln zugunsten der Menschen in Not und existentiellen Lebenssituationen sowie in einer christlich geprägten Gesellschaft als eine den Menschen zugewandte Dienstleistung, so ist dies im Kontext der islamischen Religion überhaupt und der muslimischen Präsenz in Deutschland mitnichten der Fall. Zwar ist der soziale Gedanke generell und insbesondere in Bezug auf die außerordentlichen Lebenssituationen der Menschen in den grundlegenden Quellen des Islam – dem Koran und der prophetischen Sunna – nachhaltig und facettenreich vertreten, eine wissenschaftlich fundierte, in der Ausbildung strukturierte und in der praktischen Umsetzung organisierte muslimische Seelsorge, die sich an diesem Gedanken orientiert, hat sich in Deutschland bisher jedoch noch nicht etabliert. Es würde zu weit führen, nach den Ursachen hierfür zu forschen, vielmehr ist es erfreulich zu konstatieren, dass in den letzten Jahren immerhin einige positive und zukunftsweisende Entwicklungen eingesetzt haben.

Vor diesem Hintergrund ist auch der vorliegende Sammelband zu betrachten. Als ein konkretes Ergebnis entstammt er einem bundesweit einzigartigen und bisher einmaligen Projekt, welches am Institut für Islamische Theologie an der Universität Osnabrück in Kooperation mit dem Niedersächsischen Ministerium für Justiz von Anfang 2019 bis Mitte 2020 durchgeführt wurde. Dieses Projekt mit dem Titel *Professionalisierung muslimischer Seelsorge im Niedersächsischen Justizvollzug* setzte sich zum Ziel, eine religiös begründete seelsorgliche Betreuung muslimischer Gefangener anzubieten, die sich zum Zwecke ihrer Gleichstellung an geltenden Standards der christlichen Gefangenenseelsorge orientiert.

Hierzu wurde das Projekt zweigleisig sowohl mit praktischem und wissenschaftlichem Bezug strukturiert: Einerseits sollten die Projektmitwirkenden – eine weibliche und drei männliche – zwei Ausbildungskurse in der Seelsorge absolvieren: zunächst einen Einstiegskurs, im Anschluss einen spezifizierten Kurs für den Kontext der Gefängnisseelsorge. Hierbei fungierten drei christliche sowie zwei muslimische Theologen und Seelsorger als Ausbilder. Mit den in den Kursen erworbenen Kompetenzen wurden die Teilnehmer:innen des Projekts anschließend in vier verschiedenen Justizvollzugsanstalten in Niedersachsen als muslimische Gefängnisseelsorgerin und -seelsorger eingesetzt. Darüber hinaus wurde für die gesamte Dauer des Projekts eine supervisorische Begleitung gewährleistet, in welcher die seelsorgliche Arbeit in den Justizvollzugsanstalten reflektiert wurde.

Neben diesem praktischen seelsorglichen Einsatz arbeiteten die Projektteilnehmenden andererseits an der wissenschaftlichen Erforschung der für den Kontext der muslimischen Gefängnisseelsorge relevanten Themen und Fragestellungen. Die aus diesem Teil des Projekts entstandenen wissenschaftlichen Arbeiten werden nun in diesem Sammelband der interessierten Öffentlichkeit präsentiert. Die Besonderheit dieser Arbeiten spiegelt sich im engen Bezug zur Realität und Praxis der muslimischen Gefängnisseelsorge wider. Insbesondere ist hier in den Vordergrund zu stellen, dass sich diese Arbeiten nicht bloß theoretisch mit der Gefängnisseelsorge auseinandersetzten, sondern vielmehr bereits in ihrer Grundlegung einen starken empirischen Bezug zu den im Kontext der muslimischen Gefängnisseelsorge relevanten Themen und Fragestellungen einnahmen. Dadurch erhoffte man sich in der Projektleitung und der wissenschaftlichen Betreuung dieser Arbeiten während des ganzen Prozesses ihrer Entstehung einen – wenn auch kleinen – Beitrag zur Erhebung von Informationen und dem Finden von Lösungsansätzen zu den Bedarfen, Herausforderungen, Fragestellungen und Problemen der muslimischen Gefängnisseelsorge.

Sowohl politisch als auch gesamtgesellschaftlich zog das Projekt hohe Aufmerksamkeit auf sich. Dies zeigte sich daran, dass das Interesse an den Ergebnissen der in seinem Rahmen entstandenen Forschungsarbeiten vielfach und vielseitig geäußert wurde. Diesem Interesse wird mit dem nun vorliegenden Sammelband entsprochen. Zweifelsohne wurden hierbei nur einige wenige Aspekte des Themas behandelt, und so ist für die Zukunft der muslimischen Gefängnisseelsorge, ihre flächendeckende Einführung und kompetente professionelle Umsetzung zu hoffen, dass dies nur ein erster innovativer Schritt war, welchem weitere folgen werden. Die relevanten Akteure in der Politik, der Wissenschaft und den muslimischen Organisationen sind aufgerufen, tatkräftig daran zu arbeiten.

Osnabrück im April 2022

Dr. Esnaf Begić, Dr. Christina Kayales & Prof. Dr. Bülent Uçar

Christina Kayales / Bülent Uçar

Einleitung

Prolog zur Professionalisierung muslimischer Gefängnisseelsorge im niedersächsischen Justizvollzug

Zum jetzigen Zeitpunkt ist eine muslimische Gefängnisseelsorge noch nicht allumfassend etabliert. Dies steht in einem Ungleichgewicht zu den christlichen Seelsorgeangeboten. Seit 2016 beschäftigt sich deswegen die Deutsche Islam Konferenz (DIK) intensiv mit dieser Problematik, um Inhalte und Konzepte für eine solche Seelsorge auszuarbeiten.

Das Justizministerium Niedersachsen folgte den Anregungen der DIK von 2017 zur Etablierung einer muslimischen Gefängnisseelsorge in Form einer Unterstützung eines Forschungsprojektes zur Professionalisierung muslimischer Gefängnisseelsorge.[1] Das Projekt war auf 15 Monate angelegt und lief vom 1. Oktober 2019 bis 31. Dezember 2020. Im Sinne einer ‚Forschungswerkstatt' wurden exemplarisch Erwartungen, Themen, berufliche Standards und Kooperationsformen muslimischer Seelsorge im Arbeitsfeld Justizvollzug bearbeitet. Auftragnehmerin des Forschungsprojekts war die Universität Osnabrück, insbesondere das Institut für Islamische Theologie (IIT). Die Leitung, Planung und Durchführung des Forschungs- und Entwicklungsauftrags lag beim IIT. Das Projekt wurde fachlich von einem Lenkungsausschuss begleitet und beraten. Zu diesem gehörten:

- für die Universität OS: Prof. Bülent Uçar und Dr. Esnaf Begić;
- die wissenschaftlichen MitarbeiterInnen des Projekts,
- je ein Vertreter des Niedersächsischen Justizministeriums,
- je ein Vertreter des Verbände Schura Niedersachsen und Muslime in Niedersachsen (MIN).

1 Das Projekt war eine Forschungs- und Entwicklungsdienstleistung im Sinne §§ 189 Abs. 1 NJVollzG und 116 Abs. 1 Nr. 2 GWB.

Zur Durchführung des Projektes wurden beim IIT vier wissenschaftliche Mitarbeiterinnen und Mitarbeiter im Umfang von je einer 0,5-Stelle nach einem vorher abgestimmten Bewerbungsprofil unter Einbeziehung der muslimischen Landesverbände Schura und MIN eingestellt. Vor der Aufnahme der Tätigkeit in den Justizvollzugseinrichtungen erfolgte eine Sicherheitsüberprüfung nach den geltenden Standards durch die jeweilige Justizvollzugseinrichtung, in der die Seelsorgerin/der Seelsorger schwerpunktmäßig tätig waren. Ergänzend wurde auf Honorarbasis eine evangelische christliche Theologin mit Befähigung zur Seelsorgeausbildung und Supervision sowie Erfahrung im Bereich der kultursensiblen Seelsorge eingebunden.

Das Forschungsprojekt war zweistufig strukturiert und bestand aus einem theoretischen und einem praktischen Teil. Im theoretischen Teil wurden für den Kontext der muslimischen Gefängnisseelsorge relevante Fragestellungen untersucht. Sie bilden die empirische Basis für diese und weitere Forschungsarbeiten, insbesondere für die Entwicklung von Konzepten und fachlichen Standards für muslimische Gefängnisseelsorge. Parallel erhielten vier wissenschaftliche MitarbeiterInnen die Möglichkeit zur Teilnahme an verschiedenen pastoralpsychologisch ausgerichteten Seelsorgeausbildungsmodulen. Während der Gesamtdauer des Projekts gab es alle 4–6 Wochen zur Vertiefung und Reflexion eine Gruppensupervision. Der praktische Teil bezog sich auf die konkrete Durchführung von muslimischer Gefängnisseelsorge. Diese sollte und konnte den GefängnisinsassInnen zugutekommen. Dafür waren die wissenschaftlichen MitarbeiterInnen über den gesamten Zeitraum ihrer Beschäftigung im Umfang von mindestens 10 Wochenstunden in den ihnen zugewiesenen Justizvollzugseinrichtungen als muslimische SeelsorgerInnen tätig.

Die Relevanz des Projektes ergibt sich daraus, dass es ein Grundrecht darstellt, die religiöse Seelsorge in öffentlichen Institutionen zu praktizieren und zu nutzen, dies jedoch für muslimische Gläubige noch nicht in ausreichendem Maße möglich ist. Durch den hohen Anteil an Einwohnerinnen und Einwohnern in Deutschland mit einem muslimischen Glauben wird die Dringlichkeit der Etablierung einer muslimischen Seelsorge nochmals deutlich. So betrug der Anteil muslimischer Religionsangehöriger mit Migrationshintergrund an der Gesamtbevölkerung Deutschlands im Jahr 2019 6,6 %. Die Zahl muslimischer Religionsangehöriger ohne Migrationshintergrund kann aufgrund ihrer geringen Anzahl nicht festgestellt werden. Die Bedeutung der Etablierung einer muslimischen Seelsorge ergibt sich zudem aus der ausgeprägten Gläubigkeit unter muslimischen Religionsangehörigen mit Migrationshintergrund, sodass sich mehr als 80 % unter ihnen als „stark gläubig“ oder „eher gläubig“ einschätzen. So ist die praktische Ausübung der Religion neben dem subjektiven Empfinden ein fester Bestandteil im Leben vieler muslimischer Religionsangehöriger.[2]

1 Aktuelle Statistiken zu muslimischem Leben in Deutschland

Bevor auf die muslimische Seelsorge *en détail* eingegangen wird, muss zunächst die Ausgangslage zu muslimischem Leben in Deutschland nachgezeichnet werden, um daraus objektivierbare Rückschlüsse für den möglichen Bedarf an Seelsorge ableiten zu können. Das Forschungszentrum Migration, Integration und Asyl des Bundesamtes für Migration und Flüchtlinge führte im Auftrag der Deutschen Islam Konferenz eine Befragung zur Berechnung der Zahl der muslimischen Religionsangehörigen, ihrer Religiosität und religiösen Alltagspraxen sowie ihrem Vergleich mit anderen Religionsgemeinschaften in Deutschland von Mitte 2019 bis Anfang 2020 durch. Über 20 muslimisch geprägte Länder wurden hierbei berücksichtigt, und rund 5000 Befragte mit und ohne Migrationshintergrund nahmen teil.

Einer Hochrechnung der Studie sowie dem deutschen Mikrozensus von 2019 folgend liegt der prozentuale Anteil der muslimischen Religionsangehörigen mit Migrationshintergrund bei etwa sechs bis sieben Prozent. Ähnliche Angaben konnten für jene ohne Migrationshintergrund aufgrund ihrer geringen Anzahl nicht getätigt werden. Diese Zahlen von 2019 zeigen einen Anstieg von einem Prozent seit 2015. Neben dem rein quantitativen Zuwachs wurde auch ein Anstieg der herkunftsbezogenen Vielfalt deutlich. Die meisten muslimischen Religionsangehörigen stammen mit 45 % aus der Türkei, während sich die übrigen 55 % auf weitere Herkunftsgebiete wie Südosteuropa (19,2 %), Nordafrika (7,6 %), den Nahen Osten (19,2 %) und den Mittleren Osten inklusive dem Iran (8,8 %) auffächern. Vor allem stieg der Anteil der muslimischen Religionsangehörigen aus Südosteuropa und dem Nahen Osten seit 2008 an. Die Studie konnte feststellen, dass eine Mehrheit von 74 % der sunnitischen Glaubensrichtung angehört, welche auch global mehrheitlich gelebt wird. Als alevitisch wurden etwa 8 % und als schiitisch etwa 4 % der muslimischen Gläubigen in Deutschland erfasst. Knapp über 10 % der Befragten gaben keine Glaubensrichtung an.

Die muslimischen Religionsangehörigen weisen ein niedriges Durchschnittsalter auf. Rund 21 % sind unter 15 Jahre alt, und etwa 22 % sind 15- bis 24-Jährige. Über 64-Jährige bilden lediglich einen Anteil von 5 %. Alle

---

2 Die angegebenen Daten stammen aus: Katrin Pfündel/Anja Stichs/Kerstin Tanis, *Kurzfassung der Studie „Muslimisches Leben in Deutschland 2020“. Forschungszentrum des Bundesamtes*, Nürnberg: Bundesamt für Migration und Flüchtlinge 2021.

Altersgruppen betreffend haben 47 % eine deutsche Staatsangehörigkeit, wobei es fast 70 % bei den Minderjährigen sind. In Anbetracht verschiedener Herkunftsregionen unterscheiden sich die Anteile der eigenen Zuwanderung. Während es bei Menschen aus dem Nahen Osten 95 % sind, liegt der Prozentsatz bei einem türkischen Migrationshintergrund bei knapp über der Hälfte (54 %). Im Falle des Mittleren Ostens sind die Zahlen ähnlich hoch (ca. 88 %) wie beim Nahen Osten, während die direkte eigene Zuwanderung aus Nordafrika bzw. aus Südosteuropa bei rund 78 % liegt. Insgesamt haben knapp 70 % der muslimischen Religionsangehörigen eine eigene Zuwanderungsgeschichte. Diese Zahlen verdeutlichen historisch-zeitliche Zuwanderungen. So leben muslimische Gläubige mit türkischem Migrationshintergrund durchschnittlich seit etwas über 30 Jahren in Deutschland, im Hinblick auf den Nahen Osten seit etwa sechs Jahren. Im Vergleich zu anderen Haushalten weisen muslimisch geprägte Haushalte sowohl eine größere Kinderzahl (1,1 Kinder) als auch eine (für Deutschland) leicht überdurchschnittliche Haushaltsgröße (3,6 Personen) auf.

Eine stark ausgeprägte Gläubigkeit ist bei christlichen Gläubigen mit Migrationshintergrund mit 34,2 % größer als bei muslimischen Gläubigen, dort ebenfalls mit Migrationshintergrund (28,7 %). Im Kontrast dazu sind Personen, die sich als „eher gläubig" einstufen, bei Muslimen und Musliminnen mit über 50 % stärker vertreten als bei christlichen oder anderen Religionen. Bei Personen ohne Migrationshintergrund und mit einer christlich-religiösen Sozialisierung ist der Anteil der weniger Gläubigen oder gar nicht Gläubigen deutlich ausgeprägter. Bei der Gruppe der stark gläubigen Muslime und Musliminnen sind vor allem Personen mit nordafrikanischer Migrationsgeschichte vertreten, wenn auch nicht ausschließlich. Frauen scheinen in den meisten Religionsgemeinschaften (muslimisch wie christlich oder andere) gläubiger zu sein als Männer. Die religiösen Praxen von muslimischen Religionsangehörigen bestehen zu fast 70 % aus der Einhaltung von Getränke- und Speisevorschriften, zu ungefähr 66 % aus der Begehung religiöser Feste und zu knapp 56 % aus der Einhaltung religiöser Fastenvorschriften. Unter 40 % praktizieren tägliche Gebete, und weniger als 25 % besuchen wöchentliche religiöse Veranstaltungen. In Bezug auf Frauen gaben weniger als ein Drittel der Musliminnen an, ein Kopftuch zu tragen. Des Weiteren steht eine Kopfbedeckung in engem Bezug zum Alter. Mädchen unter 10 Jahren tragen diese selten bis nie. Zwischen 16 und 25 Jahren stieg der Anteil auf jede vierte Jugendliche/junge Erwachsene an. Zwischen 26 und 65 Jahren sind es ungefähr 40–45 % der Befragten. Ab 65 Jahren stieg der Anteil auf bis zu über 60 %. Der meistgenannte Grund für das Tragen einer Kopfbedeckung war die religiöse Pflicht (89 %). Familiäre Erwartungen bzw. solche des sozialen

Netzwerks wurden mit unter 5 % als Grund angegeben. Die Sorge um eine Benachteiligung aufgrund eines Kopftuches gaben 35 % an.

Umfassend von einem islamischen Verband vertreten fühlt sich in etwa jede/r vierte Muslimin/Muslim in Deutschland. Rund 38 % empfinden dies deshalb nicht, da sie häufig ihre Verbände nicht kennen. Die drei bekanntesten Verbände sind die Alevitische Gemeinde Deutschlands, die Islamische Gemeinde Milli Görüş sowie die Türkisch-Islamische Union der Anstalt der Religion (DITIB). Verbände kleinerer Glaubensrichtungen konnten einen höheren Vertretungsgrad aufweisen als besonders große Verbände.

Bildungsgrade und -abschlüsse unterschieden sich zum einen aufgrund des Migrationshintergrundes und zum anderen innerhalb der Personengruppen mit Migrationshintergrund aufgrund einer bestehenden Religiosität. Während Personen ohne Migrationshintergrund in Deutschland im Durchschnitt zu 51,5 % eine Hochschulreife vorweisen können, sinkt diese Zahl bei Personen mit Migrationshintergrund und einer muslimischen Religionszugehörigkeit auf 36 %. Bei Personen mit einer christlichen oder anderen religiösen Zugehörigkeit sowie einer Migrationsgeschichte liegt der Anteil derjenigen mit einer Hochschulreife bei 37 %. Auffällig ist, dass Personen mit einem Migrationshintergrund, aber keiner Religiosität einen knapp höheren Anteil einer Hochschulreife aufweisen (54,1 %) als Personen ohne Migrationshintergrund. Sprachliche Fähigkeiten und Kenntnisse werden von den muslimischen Gläubigen zu 79 % als gut oder sehr gut eingestuft. Sprachliche Mängel wurden in der Regel häufiger meist nur bei vor kurzem Zugewanderten festgestellt. In Bezug auf Berufsausbildungen stehen Zugewanderte der Herausforderung gegenüber, dass ihre Ausbildung oder Abschlüsse häufig nicht anerkannt werden. Als Personen ohne Berufsausbildung gelten in dieser Generation über 70 %. Diese Zahl beinhaltet jedoch auch zugewanderte muslimische Frauen ohne grundsätzliche Berufsausbildung. Nachfolgegenerationen konnten diese Diskrepanz aufgrund ihrer Ausbildungen innerhalb Deutschlands auf 21 % reduzieren. Diese Ergebnisse wirken sich demnach auch auf die Erwerbstätigkeit aus. In der Kategorisierung der Personen mit Migrationshintergrund liegt die durchschnittliche Erwerbstätigkeit bei 61 %, wodurch sie über 15 % geringer ist als bei der Einordnung von Menschen ohne Migrationshintergrund. In der ersten Gruppe waren Männer grundsätzlich häufiger erwerbstätig als Frauen. Die Diskrepanz zwischen den Geschlechtern war bei muslimischen Gläubigen mit knapp 20 % am höchsten. Bei Personen ohne Migrationshintergrund war die Diskrepanz bei christlichen Gläubigen zwar geringer (knapp 12 %), aber größer im Vergleich zu nicht-religiösen Männern (77,4 %) und Frauen (75,5 %) ohne Migrationshintergrund.

Mit Blick auf die Integration und ein Zugehörigkeitsgefühl zu Deutschland war letzteres bei muslimischen Befragten stärker ausgeprägt als bei Personen ohne Migrationshintergrund. Integration wird vor allem durch Vereine und Mitgliedschaften in diesen geprägt und getragen. Religiöse Einflüsse auf die Umsetzung der Integration wurden in der Studie als wenig bedeutsam erfasst. Hauptsächlich bestehen Differenzen zwischen religiösen und nicht-religiösen Zugewanderten. Letztere weisen häufig eine höhere Bildung und eine ausgeprägtere Erwerbstätigkeit auf. Die wichtigsten Einflussfaktoren auf die erfassten Erkenntnisse in dieser Studie stehen im Zusammenhang mit der individuellen Nähe zur Migrationsbewegung, der Aufenthaltsdauer und den Umständen der Migration.[3]

2 Seelsorge in öffentlichen Einrichtungen und die DIK

Die Deutsche Islam Konferenz (DIK) verfolgt das Ziel, eine enger wachsende Kooperation zwischen dem deutschen Staat und islamischen Religionsgemeinschaften[4] und ihren Vertretenden zu schaffen. Dies soll zum einen zur Erfüllung des Religionsverfassungsrechts der muslimischen Gemeinschaften und Verbände führen und zum anderen die Kooperation mit dem Staat auf weiteren Ebenen – wie der Bildung und der Seelsorge – verfestigen. Die Seelsorge in öffentlichen Einrichtungen praktizieren und nutzen zu können, stellt ein religiöses Grundrecht dar, welches für muslimische Gläubige noch nicht ausreichend etabliert werden konnte. Seit 2016 befasst sich die DIK intensiver mit dieser Thematik, nachdem sie zwei Jahre zuvor ein Arbeitsprogramm etablierte, welches die Seelsorge langfristig in öffentlichen Einrichtungen wie Justizvollzugsanstalten, Krankenhäusern oder der Bundeswehr verankern soll. Zunächst wurde ein verfassungsrechtlicher Schwerpunkt auf die muslimische Seelsorge gelegt. Dabei galt grundsätzlich nach Artikel 141 der Weimarer Reichsverfassung das gleiche Recht für muslimische Religionsgemeinschaften, Seelsorge ausüben zu dürfen. Hierbei stellt sich jedoch nach demselben Artikel auch das Problem, dass es im Islam keine einheitliche, institutionalisierte Struktur analog zu den christlichen Kirchen gibt, was eine Voraussetzung zum Praktizieren der Seelsorge darstellt. Diese Herausforderung muss die Umsetzung der Seelsorge aber nicht vollständig verhindern, wenn sich von muslimischer Seite bestimmte Repräsentanten

---

3 Vgl. hierzu Pfündel/Stichs/Tanis, *Kurzfassung zur Studie „Muslimisches Leben in Deutschland 2020"*.

4 Dies umfasst in der Deutschen Islam Konferenz auch die Alevitische Gemeinde Deutschland.

finden, die die Einhaltung des Anstaltszwecks der Seelsorge aufrechterhalten. Während die Begrifflichkeit um muslimische oder islamische Seelsorge kaum Uneinigkeiten auslöst, bestehen doch Unklarheiten bezüglich ihres Inhaltes und der anzuwendenden Konzepte. Drei institutionelle Bereiche wurden in der DIK berücksichtigt: Militärseelsorge, Krankenhausseelsorge und Gefängnisseelsorge.

Für die Etablierung einer Krankenhausseelsorge in Deutschland sind vor allem die Kommunen zuständig. Diese müssen in Zusammenarbeit mit den Krankenhäusern selbst für eine religiös-kulturelle Öffnung Sorge tragen, sodass der bisher große Mangel an muslimischer Seelsorge behoben werden kann. Im Vergleich zur Militär- und Gefängnisseelsorge erhielt die Krankenhausseelsorge soweit kaum Aufmerksamkeit, obwohl sie die umfangreichste Seelsorge benötigt. Es fehlen sowohl Konzepte, langfristige Ziele, Refinanzierungsmöglichkeiten als auch Struktur. An Seelsorge angelehnte Formen werden hauptsächlich von ehrenamtlich Arbeitenden durchgeführt. Die DIK fasst somit folgende Empfehlungen zusammen: Detaillierte und weitreichendere Diskussionen müssen die mangelnden (institutionellen bzw. amtlichen) Strukturen ergänzen. Dabei sind aufgrund der Dezentralisierung in Deutschland hauptsächlich die Religionsgemeinschaften und Verbände gefragt. Ihnen werden eine Intensivierung ihrer Kooperation untereinander, eine Entwicklung theologisch fundierter Konzepte sowie eine Kooperation mit universitären Instituten der islamischen Theologie nahegelegt. Auch wird der Austausch mit christlichen Trägern betont, um Einblicke in mögliche Strukturen und Konzepte zu erhalten, die wiederum mit den Erfahrungen von muslimischen Modellen verglichen werden können. Die Evangelische Akademie der Pfalz bietet hierfür erste Ansätze, da sie bereits eine Arbeitsgruppe für Islamische Krankenhausseelsorge gegründet hat.

In Bezug auf die Gefängnisseelsorge hält die DIK vor allem den staatlichen Einfluss im Kontext der Strafvollzugsanstalten fest. Der Staat muss hier einerseits in Kooperation mit muslimischen Religionsgemeinschaften arbeiten, während er andererseits religionsneutral auftritt. Es spielen Fragen der Verschwiegenheit (Beicht- und Seelsorgegeheimnis), der Differenzierung zur Extremismusprävention und der Deradikalisierung eine entscheidende Rolle. Trotz der Wichtigkeit dieser Trennung muss Gefängnisseelsorge für Radikalisierungsprozesse sensibilisiert werden. Die Bundesländer weisen unterschiedlich ausgeprägte Programme bzw. Initiativen in der Gefängnisseelsorge auf. Aufgrund dieser Erkenntnis wurde eine länderoffene Arbeitsgruppe gegründet. Diese soll unter anderem Antworten zu Qualitätsstandards, religiösen Ansprüchen verschiedener Glaubensrichtungen, Institutionalisierungsmöglichkeiten, Beauftragung von

SeelsorgerInnen, Erfüllung der Sicherheitsanforderungen, Finanzierung und Klärung des Zeugnisverweigerungsrechts erarbeiten. Diese Erwartungen gelten nicht nur für die Arbeitsgruppe und die Religionsgemeinschaften, sondern auch für weitere (mögliche) Akteure, welche in der Etablierung der Gefängnisseelsorge Verantwortung tragen oder übernehmen.

Für einen Aufbau der Militärseelsorge ist in erster Instanz das Bundesministerium der Verteidigung zuständig. Basierend auf freiwilligen Angaben machen muslimische SoldatInnen rund 0,9 % des Militärpersonals aus. 2015 wurde ein entscheidender Schritt gegangen, indem eine zentrale Anlaufstelle für nicht-christliche Gläubige eingerichtet wurde. Die muslimische Militärseelsorge soll langfristig den gleichen Stellenwert und die gleiche Wirkkraft haben wie die christliche. Dafür müssen rechtlich-organisatorische sowie beamtenrechtliche und bildungsinstitutionelle Bedingungen geklärt werden. Der Einsatz der Seelsorge muss, wie der von SoldatInnen, sowohl national wie international gedacht werden. Eine angemessene muslimische Militärseelsorge verschreibt sich ethischen und grundrechtlichen Verpflichtungen. Hinsichtlich dieser Forderung der Loyalität gegenüber dem Staat im militärischen Kontext wird für die SeelsorgerInnen eine Verbeamtung auf Zeit angestrebt. Demnach sind die Voraussetzungen für eine Militärseelsorge die Beherrschung der deutschen Sprache, ein deutscher Hochschulabschluss in Islamischer Theologie, eine Seelsorgeausbildung und drei- bis fünfjährige praktische Erfahrungen in Seelsorge allgemein; zudem muss die jeweils repräsentierte islamische Religionsgemeinschaft verfassungsrechtlich anerkannt sein. Zur Umsetzung und Erfüllung dieser Aspekte müssen vertragsrechtliche Bedingungen zwischen Staat und Religionsgemeinschaften geklärt sein. Hierauf soll ebenfalls eine Arbeitsgruppe hinarbeiten. Diese Arbeitsgruppe soll aus wissenschaftlichen als auch beruflichen Experten bestehen. Ihre Ziele werden die Formulierung von Regelungen, Einrichtung einer geistlichen Fachaufsicht, Klärung eines islamischen Seelsorgeverständnisses, Kooperation mit universitären Einrichtungen, Entwicklung von Ausbildungscurricula sowie die Sicherstellung der Gleichberechtigung zur christlichen Seelsorge umfassen.[5]

5 Seelsorge in öffentlichen Einrichtungen als Thema der Deutschen Islam Konferenz, abgedruckt, aber beschränkt öffentlich hier www.bmi.bund.de/SharedDocs/kurzmeldungen/DE/2017/03/dik-lenkungsausschuss.html (letzter Zugriff 10.3.2022) zugänglich.

3 Ergebnisse der Länderoffenen Arbeitsgruppe

In Reaktion auf die Ausführungen der Deutschen Islam Konferenz zu den unterschiedlich stark ausgeprägten Praxen der Gefängnisseelsorge in den verschiedenen Bundesländern beauftragte Rheinland-Pfalz 2017 eine Arbeitsgruppe, welche diese Diskrepanzen verringern und die muslimische Seelsorge in Justizvollzugsanstalten grundsätzlich ausweiten soll. Dieses Ziel beinhaltete darüber hinaus auch die Kooperation und Klärung der Erwartungshaltungen zwischen muslimischen Religionsgemeinschaften und dem Justizvollzug. Zwei Faktoren bilden eine Kernorientierung für die Arbeitsgruppe: Zum einen gilt es, eine Gleichberechtigung mit christlicher Seelsorge zu schaffen, und zum anderen, präventiv gegen Extremismus und Radikalisierung zu wirken.

Im Hinblick auf eine gleichberechtigte Anerkennung wird, wie in christlichen Kontexten, von muslimischer Seelsorge gesprochen, auch wenn diese bildungsinstitutionell, strukturell und rechtlich noch in ihren Anfängen steht. Dennoch verbreitet sich ein solches seelsorgliches Verständnis in europäischen Ländern zunehmend und widmet sich der religiösen Betreuung, dem Zugang zu Gottesdiensten und unterstützt damit auch die Resozialisierung Gefangener. Für das Bestehen einer grundlegenden muslimischen Seelsorge müssen mittel- und langfristige Ziele formuliert werden. Diese Formulierungen geschehen zudem in Kooperation mit dem Staat. Das Erarbeiten der berufsethischen und -inhaltlichen Standards führen muslimische Verbände, idealerweise in gemeinschaftlicher Arbeit mit Vertretern Islamischer Theologie, durch.

Voraussetzungen für die Ausübung der muslimischen Seelsorge sollen zukünftig neben einem Masterstudium auch eine Seelsorgeausbildung und praktische Erfahrungen in der sozialen Arbeit werden. Die Praxis dieser Seelsorge darf keine ethnischen oder kulturellen Einschränkungen praktizieren. Dies beinhaltet auch Kenntnisse über die verschiedenen Strömungen des Islams. Ergänzt wird diese Haltung mit einer Anerkennung der demokratischen Grundordnungen des Staates durch muslimische SeelsorgerInnen. Eine Zuverlässigkeitsüberprüfung gehört ebenfalls zur Zulassung. Diese fordert das Einverständnis des/der zukünftigen Seelsorgers/in und kann in den Berufsjahren regelmäßig wiederholt werden. Diese Prüfung dient zur Vermeidung einer religiösen Ungleichbehandlung und der Überprüfung von rechtsstaatlichen Sicherheitsfaktoren. Zudem gilt eine politisch unabhängige Ausübung der Seelsorge als notwendig.

Auch wenn für alle SeelsorgerInnen die seelsorgliche Verschwiegenheit gilt, hat die muslimische Seite kein Zeugnisverweigerungsrecht, dagegen Offenbarungspflichten. Somit arbeiten christliche und muslimische SeelsorgerInnen mit einem unterschiedlichen Status.

Auch wenn Seelsorgearbeit Bezüge zur Extremismusprävention und Deradikalisierung aufweisen kann, so ist Erstere kein primär ausführendes Organ Letzterer. Justizvollzüge müssen demnach eine klare Aufgabentrennung dieser Bereiche verfolgen. Diese Trennung dient einerseits zur Vermeidung eines Generalverdachtes gegen Gefangene, der das Vertrauensverhältnis in der Seelsorge stören könnte, sowie dem Schutz ihrer religiösen Praktiken und Rechte. Auch fördert eine Trennung der Bereiche die sichere und stabile Etablierung der muslimischen Seelsorge an sich.

Für eine erfolgreiche Personalgewinnung gelten nicht nur Bedingungen, wie etwa die Sozialisierung der SeelsorgerInnen in Deutschland, sondern auch die staatliche und justizvollzugliche finanzielle und ressourcenorientierte Unterstützung. Aufgrund der noch im Anfang befindlichen Entwicklung der muslimischen Seelsorge fehlt zurzeit ausreichendes Personal, wodurch das Bedürfnis der Gefangenen nach religiösem Austausch nicht gedeckt werden kann.

Aus den dargelegten Bedingungen und Herausforderungen für eine breite und anerkannte muslimische (Gefängnis-)Seelsorge ergeben sich abschließend unterschiedliche Forderungen für den Justizvollzug und die Religionsgemeinschaften. Für den Justizvollzug gelten folgende Voraussetzungen als unabdingbar: langfristige Arbeitsverhältnisse zur Sicherung fachlicher Standards, eine sinnvolle Ergänzung der Arbeit durch Ehrenamtliche, Zulassung nur für bestimmte Einzelpersonen mit erfolgreicher Zuverlässigkeitsüberprüfung, eine enge Kooperation mit muslimischen SeelsorgerInnen und ein expertisegestützter Einfluss in universitäre und ausbildende Orte der Seelsorge. Für Religionsgemeinschaften sollen weitere Forderungen gelten. Von ihnen werden das Bemühen um ein überkonfessionelles und staatlich anerkanntes Seelsorgekonzept erwartet sowie die Schaffung rechtlicher Grundlagen einer muslimischen Seelsorge. Des Weiteren sollen die bildungsinstitutionellen Bedingungen für die Ausbildung und Bildung der muslimischen SeelsorgerInnen geschaffen werden.[6]

6 Abschlussbericht Länderoffene Arbeitsgruppe: „Empfehlungen für eine muslimische Gefängnisseelsorge" (2019), www.justiz.nrw.de/JM/jumiko/beschluesse/2019/Herbstkonferenz_2019/index.php (letzter Zugriff 1.3.2022) unter TOP II 15 beschränkt öffentlich zugänglich.

4 Regelmäßige Einsätze als muslimische SeelsorgerIn in den JVAs

Die vier wissenschaftlichen MitarbeiterInnen waren mit 10 Stunden pro Woche eingesetzt als muslimische GefängnisseelsorgerIn:

- Cengiz Ayar in der JVA Sehnde,
- Enes Erdogan in der JVA Lingen,
- Sümeyra Yavaş in der JVA Vechta für Frauen und
- Taha Tarek Yavuz in der JVA Vechta.

Alle vier berichteten, dass der Kontakt und Austausch mit den anderen Diensten innerhalb der JVA gut gelang. Sie wurden gut aufgenommen, und es kam zu gegenseitiger Unterstützung. Schritte in Richtung einer verbesserten institutionellen und strukturellen Einbindung von muslimischer Seelsorge wurden umgesetzt. Hierzu gehörte, eine anstaltsinterne E-Mail-Adresse erhalten zu haben und ein Büro zugewiesen zu bekommen. So berichtete einer der Vier:

> Auch wenn ich es [das Büro] mit einem anderen Dienst teilen muss, empfand ich es als eine Verbesserung meiner Arbeitsbedingungen. Diese Aspekte reichen natürlich bei weitem noch nicht aus, wenn man eine mit der christlichen Gefängnisseelsorge gleichgestellte muslimische Gefängnisseelsorge erreichen will. So fehlen z. B. ein eigenes Büro, Zugriff auf das anstaltsinterne System BASIS-Web.

Alle vier haben auch in den Zeiten der Corona-Pandemie ihre Tätigkeit in den JVAs fortgesetzt, selbst wenn Gruppenangebote abgesagt werden mussten, was verschiedentlich sehr bedauert wurde. Sie konnten dennoch durch ihre seelsorglichen Angebote atmosphärisch stabilisierend tätig sein, was in den JVAs wahrgenommen und positiv zurückgespiegelt wurde.

Folgende Aspekte sind bezogen auf diesen praktischen Teil besonders hervorzuheben:

- Muslimische Gefangene konnten seelsorglich von VertreterInnen ihrer eigenen Religion regelmäßig begleitet werden.
- Die regelmäßige Tätigkeit der muslimischen SeelsorgerInnen in den JVAs ermöglichte niedrigschwellige Begegnungen, einen verlässlichen Austausch und damit eine Verringerung der Schwellenangst zwischen den muslimischen SeelsorgerInnen und den größtenteils nichtmuslimischen Bediensteten.
- Muslimische Seelsorge konnte in gewisse JVA-interne Strukturen integriert werden.
- Institutionstypische Abläufe konnten kennengelernt und für das eigene Verständnis und die Reflexion für die muslimische Seelsorgetätigkeit ausgewertet werden.

- Die in den Seelsorgeausbildungen angesprochenen Themen konnten zeitnah in den seelsorglichen Begegnungen mit den Gefangenen vertieft werden.
- Die in der Seelsorge Tätigen hatten die Möglichkeit eines interreligiösen Austauschs.
- Der persönliche Kontakt ermöglichte, interreligiöse Angebote zu planen und begrenzt auch anzubieten. (Coronabedingt mussten einige Planungen verschoben werden)

5 Wissenschaftliche Forschungsarbeiten

Auszugsweise wird aus den Forschungsarbeiten berichtet, um deren Nutzen für muslimische Seelsorgekonzeptionen herauszustreichen und um deren Relevanz für den Transfer der Forschungsergebnisse für weitere Handlungsempfehlungen zu verdeutlichen.

5.1 Cengiz Ayar: *Muslimische Gefängnisseelsorge. Eine empirische Studie zu den Erwartungen an muslimische Gefängnisseelsorger*

Das Ziel dieser Forschungsarbeit war, die unterschiedlichen Erwartungen an einen muslimischen Gefängnisseelsorger zu erfragen und Erkenntnisse darüber zu gewinnen, welche Themen für eine muslimische Gefängnisseelsorge zu berücksichtigen sind. Damit konnten zum ersten Mal die Erwartungen an muslimische Seelsorge sowohl von Seiten der Bediensteten als auch der Gefangenen selbst erfragt werden. Die Datenerhebung bei dieser explorativen Forschungsarbeit erfolgte mittels standardisierter Fragebögen. Die Erwartungen wurden in die Kategorien der psychosozialen, religiösen bzw. spirituellen, systembezogenen, materiellen, personenbezogenen und arbeitsorganisatorischen Erwartungen unterschieden. Die Arbeit besteht aus einem theoretischen und einem empirischen Teil. Im Theorieteil wurde zunächst ein Überblick über den Justizvollzug in Niedersachen gegeben, im Anschluss wurden verschiedene Perspektiven zum Zweck des Gefängnisses vorgestellt. Dem folgt eine kurze Darstellung der rechtlichen und theologischen Grundlagen der christlichen und muslimischen Seelsorge. Im Hauptteil folgen der empirische Teil der Forschungsarbeit und seine Auswertung. Dabei wurden die ermittelten Erwartungen erklärt, die unterschiedlichen Bewertungen der Befragtengruppen verglichen und einige ausgewählte weitere Ausführungen der BefragungsteilnehmerInnen aufgeführt.

Auszüge aus den gesammelten Erwartungen sind: Alle Befragtengruppen empfanden das seelsorgliche Gespräch mit Gefangenen als wichtig. Bezüglich des Freitagsgebetes, der religiösen Unterweisung und der religiösen Feste bestanden ebenfalls hohe Erwartungen. Bei den systembezogenen Erwartungen wurde besonders ein Einsatz für ‚humanere Lebensbedingungen' gewünscht. Zu den meistgenannten materiellen Erwartungen gehörten die Beschaffung von Koranen, Gebetsteppichen, Gebetsketten sowie Gebetskalendern. Beim Gefängnisseelsorger wurden theologische, spirituelle, interreligiöse und interkulturelle, sprachliche, personale, soziale und kommunikative, arbeitsfeldbezogene und psychologische Kompetenzen gewünscht. Dabei waren den Gefangenen in erster Linie die Vertrauenswürdigkeit, das Zuhören und gute Islamkenntnisse wichtig. Die Insassen erwarteten eine Beschäftigung des muslimischen Gefängnisseelsorgers auf Voll- oder Teilzeitbasis, eine Erweiterung der Möglichkeiten und der Ausstattung bei seiner Arbeit, eine gleichwertige Stellung mit der christlichen Seelsorge, eine Klärung der Frage zur seelsorglichen Verschwiegenheit und einen Ausbau der Netzwerkarbeit.

Der Verfasser zog angesichts der vielfältigen Erwartungen die Schlussfolgerung, dass eine multidimensionale muslimische Gefängnisseelsorge nötig sei. Diese solle eine von den je beteiligten Personen und Gegebenheiten abhängige individuelle Vorgehensweise ermöglichen, damit einerseits seelsorgliche Gespräche mit den Gefangenen geführt werden können, aber ebenso religiöse/spirituelle Aufgaben – vor allem die Durchführung von Freitagsgebeten, die religiöse Unterweisung und das Feiern islamischer Feste – möglich seien. Darüber hinaus veranschaulichen laut Ayar die diversen Erwartungen, wie wichtig es ist, eine muslimische Seelsorge in JVAs zu haben und wie viel Hoffnung in den muslimischen Gefängnisseelsorger gesetzt werde.

5.2 Enes Erdogan: *Professionelle Standards der muslimischen Seelsorge*

Da inzwischen an verschiedenen öffentlichen Institutionen muslimische SeelsorgerInnen in Deutschland aktiv sind, wurde untersucht, wie muslimische Seelsorge in Deutschland professionalisiert werden könne. Hierfür wurde zunächst eine theoretische und begriffliche Klärung für die Aspekte ‚Professionalisierung' und ‚Standards' vorgenommen, um diese im späteren Verlauf auf die muslimische Seelsorge übertragen zu können. Für konkrete Standards wurden Ansätze aus der christlichen Seelsorge als Grundlage herangezogen. Anschließend wurden zentrale Bestandteile dieser Standards auf ihre Übertragbarkeit auf die muslimische Seelsorge anhand islamisch-theologischer Grundlagen überprüft. Als theologische Grundlagen dienten hierbei nicht nur Primärtexte wie der Koran und die Sunna, sondern auch theologische und mystische Texte der muslimischen Gelehrsamkeit, die für die Mehrheit der Muslime ebenfalls normativen Charakter haben. Des Weiteren wurden im Rahmen dieser Arbeit drei Experteninterviews durchgeführt.

Die Forschungsarbeit ergab, dass Kompetenz-bezogene Standards auf der einen Seite und strukturelle Standards auf der anderen die beiden zentralen Bereiche darstellen, auf die sich Standards der Seelsorge beziehen. Dabei seien beide Bereiche nicht voneinander zu trennen, da beispielsweise die Inhalte der Curricula mit den Kompetenzen, die SeelsorgerInnen in ihrem Beruf benötigen, in direktem Verhältnis zueinander stehen. Diese wiederum seien von den übergeordneten Leitmotiven, die aus den heiligen Schriften wie Koran und Bibel sowie aus humanistischen Überlegungen gewonnen werden, maßgeblich geprägt. Für eine authentische Seelsorge sei daher in der Seelsorgeausbildung eine angemessene theoretische Fundierung innerhalb der eigenen Religionstradition notwendig.

Erdogan untersuchte, dass in der muslimischen Seelsorge im Bereich der strukturbezogenen Standards Defizite zu erkennen seien. So sei die Anzahl an Weiterbildungs- und Fortbildungskursen bundesweit noch gering, die Arbeitsverhältnisse in den Institutionen seien oftmals nicht eindeutig geklärt oder würden den tatsächlichen Bedarf nicht abdecken. Zudem bestünden kaum Räumlichkeiten in den JVAs zur Verfügung, die für muslimische Gebete konzipiert seien. Auch auf der institutionellen Ebene werden die Standards beeinflusst. Hierzu gehören u. a. die Entscheidung darüber, wer die SeelsorgerInnen zu den jeweiligen Einrichtungen entsende oder der Umstand der fehlenden Verträge. Anders als bei den christlichen Konfessionen gebe es keine Staatsverträge, in denen spezifische Regelungen zur muslimischen Seelsorge festgehalten werden. Stattdessen basiere die aktuelle Ausübung der muslimischen Gefängnisseelsorge primär auf dem Grundgesetz und den jeweiligen Vereinbarungen zwischen Gemeinden bzw. Verbänden und den Justizministerien. Auf organisatorischer Ebene würden Netzwerke fehlen, in denen sich die muslimischen GefängnisseelsorgerInnen bundesweit austauschen und von den jeweiligen Erfahrungen anderer profitieren könnten. Die evangelische Konferenz für Gefängnisseelsorge in Deutschland könne als hier Vorbild für ein ähnliches Netzwerk auf Seiten der Muslime dienen.

Die aufgeführten Herausforderungen und Fragestellungen versteht Erdogan als Themen, mit denen sich insbesondere die muslimischen Religionsgemeinschaften auseinandersetzen müssen, um sowohl rechtlich als auch strukturell mit den christlichen Gemeinden im Bereich der Gefängnisseelsorge auf Augenhöhe stehen zu können. Zu der Frage, ob Standards von christlichen Konzepten übernommen und mit islamischen Inhalten gefüllt werden können, folgert der Verfasser, dass dies zumindest im Bereich der kompetenzbezogenen Standards zu keinem ersichtlichen Widerspruch führe. Die verschiedenen Kompetenzdomänen haben sich im Verlauf der christlichen Seelsorge als besonders zielführend und in Einklang mit den christlichen Offenbarungstexten erwiesen. Da aus islamischer Perspektive nichts gegen eine Übernahme dieser Konzepte zu sprechen scheine, empfiehlt Erdogan, sich auf bereits etablierte Konzepte zu stützen.

5.3 Sümeyra Yavaş: *Die Bedeutung und der Umgang von Scham und Schuld bei inhaftierten muslimischen Frauen im Rahmen der Gefängnisseelsorge*

Diese Arbeit untersucht die Bedeutung und die Implikationen von Scham und Schuld aus soziologischer, psychologischer und religiöser Perspektive und stellt erste Rückschlüsse für eine Haltung hierzu in der muslimischen Seelsorge vor. Dabei handelt es sich um eine disziplinenübergreifende Arbeit. Frau Yavaş recherchierte, dass es bislang kaum Studien zu inhaftierten Frauen gebe, die die Rolle und den Einfluss von Religion und Kultur in den Blick nehmen. Ihre Ergebnisse können daher wertvolle Impulse auch für weitere Studien geben.

Die Arbeit hat aufgrund der Komplexität des Begriffspaares Scham und Schuld bestimmte Akzente ausgewählt. Untersucht wurde die Relevanz der Themen Schuld und Scham für den Frauenvollzug und als Thema für die Gefängnisseelsorge. Der erste Hauptteil der Arbeit widmete sich den verschiedenen Auslegungen von Scham und Schuld. Die Verfasserin bezog diese Studien auf Auslegungen hierzu in der islamischen Theologie. Der Schlussteil befasste sich mit einer Zusammenführung der Ergebnisse und einem Ausblick auf eine professionell ausgelegte muslimische Gefangenenseelsorge.

Die Verfasserin arbeitete heraus, dass es nicht ‚die Scham' oder ‚die Schuld' gebe, sondern dass sie als komplexe Phänomene anzusehen seien. Beide Begriffe seien individuell geprägt. Daneben gebe es eine starke Abhängigkeit zu den sozialen und kulturellen Faktoren. Von Bedeutung sei, dass sie an der Entwicklung und Regulierung von moralischem Denken und dem sozialen Verhalten beteiligt seien. Der Umgang mit diesen Themen sei zudem angstgeprägt. Die Angst davor, sich den Fragen der Mitmenschen oder dem ‚inneren Richter' zu stellen, sei teilweise so überwältigend, dass die Person sich gänzlich zurückziehe und den eigenen Gedanken, die an einen Teufelskreis erinnern, freien Lauf gebe.

Für zukünftige muslimische Seelsorgekonzepte führt Yavaş deshalb Elemente des seelsorglichen Auftretens zum Umgang mit Scham- und Schuldthemen aus. Die Kenntnisse der beschriebenen Dynamiken seien demnach für professionelle muslimische seelsorgliche Gespräche unerlässlich. Ein prosoziales Verhalten, das bei gelungenen Seelsorgegesprächen erfahrbar werde, könne bei den inhaftierten Frauen Emotionen wie Stolz, Selbstvertrauen und Selbstsicherheit fördern. Eine veränderte Einsicht könne dann entstehen, wenn die ratsuchende Person sich vor der Seelsorgerin und dem Seelsorger nicht mehr schämen und keine Angst davor haben müsse, dass sie be- bzw. verurteilt werde. Dafür sei es notwendig, dass Seelsorgegespräche einladend und vertrauensvoll seien, damit die ratsuchende Person ihre Gefühle und ihre Situation erleben, benennen und letztendlich wahrnehmen könne. Mit diesen Elementen akzentuiert Yavaş Aspekte einer sich um das Verstehen bemühenden muslimischen Seelsorge, jenseits belehrender Traditionen.

Als Beleg für die positive Aufnahme dieses Ansatzes führt Yavaş an, dass einige der Frauen ihr nach ihrer Verlegung in eine andere Anstalt zum Dank Briefe zugesendet haben, andere wiederum haben ihr private Briefe zu lesen gegeben und einige Frauen haben eigenhändig Karten gebastelt, um ihr eine Freude zu machen. „Diese kleinen, aber sehr bedeutsamen Gesten sind ein Zeichen für bemühtes, rücksichtsvolles, großzügiges Handeln." Die Aufgabe der Seelsorge sieht Yavaş darin, dem betroffenen Menschen zu helfen, sich mit diesen belastenden Gefühlen, der Schamangst und den Hemmungen ‚anzufreunden', um letztlich sich selbst verzeihen zu können. Hierbei sei ein empathischer Umgang mit Ratsuchenden wichtig. Für einen seelsorglich angemessenen Umgang mit Scham und Schuld sei leitend, der betroffenen Person dabei zu helfen, dass ihre Schamangst und ihre Schuldgefühle nicht im Weg stehen, sodass sie sich mit ihnen abfinden könne. Beginne die ratsuchende Person von der Scham zu sprechen und erlebe in diesem Moment die aufwühlenden Gefühle, könne die Haltung der Seelsorgerin oder des Seelsorgers regulierend wirken, wenn sie als nicht beurteilend und tolerant wahrgenommen werde.

Yavaş folgert, dass es islamtheologisch möglich sei zu sagen, dass die Seelsorge Leid und Lasten vermindern könne, ja solle. Denn damit könne sie den Menschen in Erinnerung bringen, dass Gottes Gnade und Barmherzigkeit unendlich sei und den Menschen damit vergegenwärtigen, wie vergebend Gott sei. Die Person könne in so erfahrener verstehender Seelsorge erleben, dass sie trotz gemachter Fehler bzw. der eigenen Unzulänglichkeit von Gott geliebt sei.

5.4 Taha Tarik Yavuz: *Die Positionierung muslimischer Seelsorge in Betreuungsprozessen in Zusammenarbeit mit sozialarbeiterischen, psychologischen, pädagogischen und ärztlichen Diensten sowie Herausarbeitung von Schnittstellen*

Diese Forschungsarbeit widmete sich den Fragen, ob und welche Schnittmengen die Betreuungsprozesse mit der muslimischen Seelsorge haben und in welchen Aspekten sich die muslimische Seelsorge von weiteren Diensten der Justizvollzugsanstalt unterscheide. Dafür wurden nicht die Dienste der Justizvollzugsanstalten analysiert, vielmehr galt der Fokus den Berührungs- und Unterscheidungspunkten zwischen der muslimischen Gefängnisseelsorge zu weiteren Prozessen der JVA und der christlichen Seelsorge. Methodisch folgte die Arbeit einer komparativen Forschung.

Innerhalb der muslimischen Seelsorge und ihrer Auseinandersetzung mit den Bedürfnissen der Inhaftierten fanden sich Berührungspunkte zu den Diensten der Sozialen Arbeit u. a. in Suchtberatungen oder im Sozialen Training. Bei den psychologischen Diensten der JVA wurden methodologische Schnittpunkte zur Stabilisierung der Insassen erkennbar. In den Gruppengesprächen und den dort behandelten Themen zeigten sich Berührungspunkte in Bezug auf die pädagogischen Dienste. Zum ärztlichen Dienst waren für den Verfasser hinsichtlich der Kulturunterschiede und der damit zusammenhängenden psychosomatischen Probleme pragmatische Kooperationsfelder im Bereich ‚Übersetzung' vorstellbar. In Bezug auf die christliche Seelsorge wurden neben den vielfältigen Parallelen institutionelle und ökonomische Differenzen aufgeführt. Abschließend wurde das Projekt *Violence Prevention Network* beispielhaft für die De-Radikalisierung und Radikalisierungsprävention einbezogen.

Die Tatsache, dass die muslimische Seelsorge sowohl Schnittstellen mit pädagogischen und psychologischen Diensten aufweist, relevante Kooperationsflächen zu ärztlichen Diensten darstellt sowie aus der hiesigen Erfahrung der christlichen Seelsorge profitiert und diese kontextualisiert, ist für Yavuz Zeugnis für die Notwendigkeit, die Dringlichkeit und den Bedarf der muslimischen Seelsorge in Justizvollzugsanstalten. Der Vergleich mit den anderen Diensten belegte für Yavuz, dass eine gleiche Arbeitsleistung nicht zu verwirklichen sei, wenn nicht die gleichen Konditionen vorliegen. Auch anstaltsinterne Gegebenheiten wie Büroräume und Gebetsräume seien hier einzubeziehen.

Als Resultat hält Yavuz fest, dass die muslimische Seelsorge dieselben Aufgabenfelder wie die christliche Seelsorge zwar erfülle bzw. zu erfüllen habe, dennoch fern von gleichen ‚Geschäftsbedingungen' sei. Die muslimische Seelsorge erfülle durch ihren pädagogischen Charakter auch eine zusätzliche pädagogische Aufgabe. In Gruppengesprächen werden neben normativen Fragestellungen auch sozialisierende Maßnahmen besprochen und religiöses Wissen vermittelt. Auch Mitarbeiterinnen und Mitarbeiter haben des Öfteren Fragen an die muslimische Seelsorge gestellt. Diese Eigentümlichkeit der muslimischen Seelsorge – neben der direkten seelsorglichen Begleitung von Insassen ebenfalls pädagogische Dienste auszuführen und gegebenenfalls auch als Dolmetscher zu fungieren – wurde durch die Vergleiche mit den anderen

Betreuungsprozessen deutlich. Der fehlende rechtliche Rahmen – gemeint ist die Diskussion um das Zeugnisverweigerungsrecht – verhindere aber die äquivalente Positionierung der muslimischen Seelsorge mit der christlichen. Kulturelle und religiöse Differenzen haben sich dagegen innerhalb der Arbeitstätigkeit als irrelevant herausgestellt. Eine Professionalisierung im Bereich der muslimischen Seelsorge sei nach Yavuz nur dann möglich, wenn sowohl rechtlich, finanziell als auch institutionell dieselben Konditionen gegeben seien.

Folgende Aspekte sind bezogen auf diesen theoretischen Teil besonders hervorzuheben:

- Alle vier wissenschaftlichen MitarbeiterInnen haben in dem geplanten Zeitrahmen ihre Forschungsergebnisse vorgelegt.
- Die vorgelegten Forschungsarbeiten entsprechen dem Anliegen, wichtige Beiträge für die Konzeption von muslimischer Seelsorge beizusteuern.
- Die Forschungsarbeiten hatten einen Schwerpunkt in der muslimischen Gefängnisseelsorge, einem sonst noch nicht ausführlich bearbeiteten Forschungsfeld innerhalb der muslimischen Seelsorge.
- Die Arbeiten unterscheiden sich in ihren Themen, ergänzen sich aber in hilfreicher Weise, um einen Einblick in die aktuelle Situation der muslimischen Gefängnisseelsorge zu bekommen.

6 Seelsorgeausbildung

Die vier wissenschaftlichen MitarbeiterInnen nahmen an drei Seelsorgeausbildungsmodulen teil: ein Seelsorge-Einführungskurs und zwei Vertiefungskurse mit anderen muslimischen Gefängnisseelsorgern aus Niedersachsen. Zwei weitere Vertiefungskurse wurden wegen der Corona-Beschränkungen auf 2021 verschoben. In Inhalt und Umfang entsprachen sie einer christlichen Seelsorge-Grundausbildung: Während der Gesamtdauer des Projekts nahmen sie als Teil dieser Grundausbildung zudem alle 4–6 Wochen zur Vertiefung und Reflexion an einer Gruppensupervision teil, insgesamt 35 AE. Die Seelsorgeausbildungen waren in der Leitung interreligiös besetzt, sodass islamtheologische Themen von muslimischen Fachleuten eingebracht werden konnten und pastoralpsychologische Methodik von christlichen PastoralpsychologInnen verantwortet wurde.

Ziel der pastoralpsychologisch ausgerichteten Seelsorgeausbildungen war, dass die TeilnehmerInnen Basisgrundwissen erhalten, um ihre eigenen Gesprächs- und Glaubenserfahrungen reflektieren und ihre eigene seelsorgliche Identität entwickeln zu können. Als SeelsorgerInnen sollten sie sich selbst und andere Menschen in emotionalen, sozialen, kulturellen, ethischen und spirituellen Bezügen wahrnehmen und situationsadäquat – kultursensibel – darauf reagieren können. Dafür erlernten sie Methoden der Gesprächsführung und ebenso Methoden, um Fragen aus psychosozialer und islamisch-theologischer Perspektive zu analysieren. Sie eigneten sich Kenntnisse über soziologische und psychologische Perspektiven zum Umgang mit Fremdheit an, um kulturelle und religiöse Unterschiedlichkeiten wahrzunehmen sowie strukturelle und institutionelle Faktoren des Arbeitsfeldes einzubeziehen. Zu den Vorgehensweisen der Seelsorgeausbildung gehörte, die eigene Rolle zu reflektieren und auf normative und ethische Fragen jenseits einer Richtig-Falsch-Dichotomie zu antworten.

Der hierfür besuchte Einführungsseelsorgekurs erstreckte sich über 60 AE. Die Supervisionen wurden mit 35 AE bestätigt. Von den vier weiteren Seelsorgemodulen zusammen mit anderen muslimischen Seelsorgern aus anderen niedersächsischen JVAs konnten lediglich zwei durchgeführt werden. Die anderen beiden wurden Coronabedingt auf das Frühjahr 2021 verschoben, sodass das Abschlusszertifikat über weitere 100–120 AE erst im Mai 2021 ausgegeben wurde. Damit erfolgte eine Seelsorgegrundausbildung von insgesamt 200 AE. Da die christliche Seelsorgeausbildung auch die Praktika in den Arbeitseinheiten einbezieht und diese Zeiten durch die Arbeit als GefängnisseelsorgerIn mitberechnet werden könnte, entspricht die hier beschriebene Seelsorgeausbildung dem über 250 AE gehenden christlichen Seelsorge-Ausbildungskurs.

Die Rückmeldungen beschrieben die Nützlichkeit der Seelsorgeausbildung:

> Den ersten Teil der Seelsorgeausbildung in Hamburg habe ich als eine hervorragende Gelegenheit wahrgenommen, um an das Thema der Seelsorge im Allgemeinen und an die praktische Tätigkeit herangeführt zu werden. Der Ausbildungsgang war vielseitig gestaltet und nie langweilig. Viele Aspekte konnte ich in meiner Tätigkeit in der Anstalt berücksichtigen. Insbesondere gefielen mir die zahlreichen Aufgaben, bei denen die Teilnehmer bestimmte Aspekte der Seelsorge oder der menschlichen Psyche schauspielerisch darstellen sollten.

Bei den anderen Seelsorgefortbildungen wurde zusätzlich besonders hervorgehoben, dass der Austausch mit den anderen muslimischen GefängnisseelsorgerInnen eine sehr hilfreiche Erweiterung darstellte.

Folgende Aspekte sind bezogen auf diesen Teil besonders hervorzuheben:

- Die Seelsorgeausbildung entsprach in Inhalt und Umfang einer in der christlichen Seelsorge vorzulegenden Grundausbildung eines 1. Seelsorgekurses.
- Die Leitung der Seelsorgekurse war bereits interreligiös besetzt.

7 Supervision

Die Konzeption des Projektes beinhaltete, dass die vier TeilnehmerInnen regelmäßig alle 4–6 Wochen während der Gesamtdauer des Projekts in Supervisionen ihre Erfahrungen in den JVAs, aber auch in den Seelsorgeausbildungen und den Forschungsarbeiten gemeinsam reflektieren. Die Supervisionen hatten einen Umfang von insgesamt 35 Arbeitseinheiten (AE). In der Supervision sollten sie lernen, ihre Erfahrungen nicht nur mit persönlichen, sondern auch mit islamtheologischen Themen in Beziehung zu setzen und anhand verschiedener supervisorischer Perspektiven zu analysieren. Die Supervisionen unterstützten ein differenzierteres Verständnis des Projektes, der eigenen Forschungsthemen und der Erlebnisse in den JVAs. Dies bestätigten die Rückmeldungen.

> Die Supervisionen habe ich als ein wichtiges Mittel zur Einschätzung der eigenen Person und von bestimmten Situationen wahrgenommen. Es war mir eine große Hilfe, bestimmte Situationen, mit denen ich in der Anstalt konfrontiert war, mit einer erfahreneren Person besprechen [zu können], um neue Perspektiven zu erlangen. Die Supervision half mir auch dabei, meine eigenen Reaktionen in bestimmten Situationen besser zu verstehen.

Deshalb betonte ein anderer Teilnehmer auch: „Supervisionen sollten für muslimische SeelsorgerInnen auf jeden Fall weiter angeboten werden."

Mit den Supervisionen wurde ein Element der Standards in der christlichen Seelsorge auch in der muslimischen Seelsorge gewinnbringend integriert. Die Teilnahme an Supervisionen gehört nicht nur zur Grundausbildung, d. h. zu den Standards in christlicher, pastoralpsychologischer Seelsorge. Sie ist auch berufsbegleitend für SeelsorgerInnen kirchlicherseits vorgeschrieben. Die Analysen und Reflexionen, die eine Supervision ermöglicht, stellen ein bedeutsames Element dar, um theologisch die Bedeutung der Seelsorge angemessen wahrzunehmen und in Folge theologisch aufarbeiten zu können. Insofern wird auch zukünftig sowohl in der praktischen Arbeit als auch in der wissenschaftlichen Forschung im Bereich Muslimische Seelsorge eine adäquate Qualifizierung davon abhängen, inwieweit mittels Supervision die Basis für eine professionell geleitete Reflexion ermöglicht wird.

Folgende Aspekte sind bezogen auf diesen Teil besonders hervorzuheben:

- Die Methode der Supervision wurde zur Reflexion des eigenen Handelns und zur Reflexion der theologischen Themen sowohl in die Seelsorgeausbildung als auch darüber hinaus berufsbegleitend eingebunden. Dies entspricht den Standards, die auch christlicherseits in der Seelsorge in Bezug auf Supervision gelten und (u. a. auch im Abschlussbericht) empfohlen werden.

- Die Bedeutung der Supervision für den Aufbau muslimischer Seelsorge wurde auch für zukünftige Projekte festgehalten.

8 Resümee

Das Forschungsprojekt bietet für aktuelle Anforderungen hilfreiche Anregungen. Die Verbindung von theoretischen und praktischen Anteilen erwies sich als angemessene Bearbeitung der im Projekt zu bearbeitenden Thematik. Der Abschlussbericht der Länderoffenen Arbeitsgruppe vom 18.7.2019 betonte in seinen Empfehlungen für eine muslimische Gefängnisseelsorge die Bedeutung von fachlichen Standards. Damit sollen neben der religiösen Betreuung durch Gottesdienste mittel- und langfristig auch weitere Aufgabengebiete wie die Mitwirkung bei der Resozialisierung, die seelsorgliche Begleitung und eine Beratung der Beschäftigten im Justizvollzug hinzukommen. Das Forschungsprojekt hat deutlich zu den geforderten Qualifizierungen beigetragen. Darüber hinaus ermöglichte das Projekt für den gesamten Zeitraum eine bessere seelsorgliche Begleitung der muslimischen Insassen.

Das Forschungsprojekt ermöglichte, klarer zu benennen, wo weitere Klärungen in Auftrag gegeben werden müssen: Auf institutioneller und struktureller Ebene sind Strukturen wie Büroräume, Zugang zu den internen Kommunikationsformen, aber auch die Fragen zum Zeugnisverweigerungsrecht zu bearbeiten. Hierzu gehören auch Fortbildungsangebote für Beschäftigte im Justizvollzug zu den Themenbereichen Kultursensibilität und Islam, um Klischees und ungerechtfertigte Zuschreibungen zu verringern. Langfristig geht es darum, Strukturen dergestalt anzubieten und auszubauen, dass muslimische Seelsorge als integraler Bestandteil des Justizvollzugs erlebt werden kann. Die regelmäßige und vertrauensvolle Präsenz der vier wissenschaftlichen MitarbeiterInnen in den JVAs hat zu einer größeren Sensibilisierung hierfür und auch einer größeren Bereitschaft beigetragen, dies weiter umzusetzen.

Perspektivisches Ziel dieses Projekts war die Überführung in dauerhafte professionelle Strukturen. Die bisherige Praxis von ehrenamtlichen muslimischen SeelsorgerInnen, die auf Honorarbasis eine gewisse Aufwandsentschädigung erhalten, war übergangsweise eine hilfreiche Konstruktion. Mittel- und langfristig sind allerdings Alternativen notwendig, die eine verlässliche Beschäftigung auf Voll- oder Teilzeitbasis ermöglichen. Die Fortsetzung der bisherigen Praxis eines Einsatzes von muslimischen GefängnisseelsorgerInnen allein auf Honorarbasis erscheint nach den vorangegangenen Einsichten als wenig zielführend. Auch die Empfehlungen des Abschlussberichts betonen, dass entsprechende Haushaltsmittel für Vergütung, Supervision, Sachmittel sowie Aus- und Fortbildung von Seiten des Justizvollzugs bereitgestellt werden sollten. Hier erscheinen weitere Absprachen dringlich.

Die gestiegene Anzahl muslimischer Gefangener mit sehr unterschiedlichen Kenntnissen der deutschen Sprache sowie die in Deutschland üblichen Vorgehensweisen verstärkten für die Bediensteten den Wunsch nach muslimischen Ansprechpartnern. Ebenso stieg innerhalb der JVAs der Wunsch nach Deradikalisierungsprogrammen. Hierbei ist (auch nach den Empfehlungen der Länderübergreifenden Arbeitsgruppen) muslimische Gefängnisseelsorge klar von Extremismusprävention und Deradikalisierung zu unterscheiden. Eine entsprechende Analyse der Schnittmengen und Berührungspunkte zwischen der muslimischen Seelsorge und den anderen Betreuungsdiensten erfolgte in der Forschungsarbeit von Herrn Yavuz. Gleichzeitig verdeutlicht die gestiegene Zahl muslimischer Gefangener eine Klärung, wer als muslimischer Gefängnisseelsorger tätig werden darf, wie diese einzubinden sind und wie der Bedarf an muslimischen Seelsorgern so gedeckt wird, dass die verschiedenen Bereiche unterschieden bleiben und Seelsorge nicht mit anderen Diensten vermischt wird. Hier haben die verschiedenen beteiligten Akteure ihre jeweiligen ‚Hausaufgaben' ernst zu nehmen. Die vorgelegten Forschungsarbeiten von Herrn Ayar und Herrn Erdogan geben insbesondere für diese Fragen lohnende Einsichten und Anregungen.

Die muslimische Seelsorge in Deutschland hat sich in den letzten Jahren sowohl in der Wissenschaft als auch in der Praxis weiterentwickelt. Verschiedene neue Publikationen sind erschienen, und es gibt vermehrt muslimische Seelsorgeangebote in Justizvollzugsanstalten und anderen öffentlichen Einrichtungen. Nichtsdestotrotz befinden sich viele Forschungs- und Tätigkeitsfelder nach wie vor am Anfang. Die Forschungsarbeit von Frau Yavaş erarbeitete wertvolle Anregungen, nicht nur für zentrale seelsorgliche Themen bei der Gefangenenbetreuung, die vonseiten der Seelsorge zu beachten sind, sondern auch bezogen auf die Entwicklung muslimischer seelsorglicher Ausbildungsformate und die Frage, welche Themen und welche Haltung hierbei einzubeziehen sind. Hier sind weitere Forschungen anzusiedeln.

Die vorgelegten Forschungsarbeiten, insbesondere die von Herrn Yavuz, verweisen darauf, dass Konzepte zu entwickeln sind, um die Voraussetzung für die Anerkennung als Religionsgemeinschaft herzustellen und damit eine Klärung zum Zeugnisverweigerungsrecht zu ermöglichen. Ohne diese Klärung kann keine fachliche Gleichstellung zur christlichen Seelsorge erfolgen. Das Forschungsprojekt verdeutlichte die Notwendigkeit, fachlich adäquat ausgebildete muslimische SeelsorgerInnen auszubilden. Das Projekt ermöglichte

Seelsorgeausbildungen und Supervisionen für vier muslimische Seelsorger. Die Ausbildung zeigte eine signifikante Erhöhung der Anzahl der Ausbildungsstunden und Supervisionen. Damit entsprachen sie den Standards der Seelsorgekurse der christlichen Seelsorge. Die angebotenen Seelsorgefortbildungskurse waren alle auch in der Leitung interreligiös besetzt. Mittel- und langfristig müssen darüber hinaus vermehrt muslimische Fachleute ausgebildet werden, um die Anzahl der Seelsorgeausbildungen zu vergrößern und um die fachliche Konzeption muslimischer Seelsorgeausbildungen zu vertiefen. Hierzu gehört auch und besonders eine über die Ausbildung hinausgehende berufsbegleitende Supervision. Denn erst die in der berufsbegleitenden Supervision erlebte Differenzierung wird eine adäquate Reflexion der eigenen islamtheologischen Konzeptionen möglich machen. Die guten Erfahrungen, die die vier wissenschaftlichen MitarbeiterInnen in dem Projekt gemacht haben, hat alle darin ermutigt, sich hier weiter zu qualifizieren. Insofern war auch in dieser Hinsicht das Forschungsprojekt erfolgreich.

Mit der neu ausgebauten Islamakademie, an der Imame auf Deutsch ausgebildet und auch in der Seelsorge fortgebildet werden, vergrößert sich die Anzahl der in Deutschland ausgebildeten Imame, die auch fachlich im Bereich der Seelsorge ausgebildet wurden. Sie werden zukünftig als muslimische Seelsorger in öffentlichen Institutionen eingesetzt werden können. Weitere praktisch-theologische Ausbildungsgänge und -orte sind nach wie vor notwendig, aber die neuen Projekte sind richtungsweisend. Hierfür bildete dieses Forschungsprojekt einen wichtigen Grundstein, auf dem zukünftige Projekte aufbauen können.

Literaturverzeichnis

Abschlussbericht Länderoffene Arbeitsgruppe, „Empfehlungen für eine muslimische Gefängnisseelsorge" (2019), www.justiz.nrw.de/JM/ (letzter Zugriff 1.3.2022).

Deutsche Islam Konferenz, „Seelsorge in öffentlichen Einrichtungen" (März 2017), www.bmi.bund.de/ (letzter Zugriff 10.3.2022).

Pfündel, Katrin/Anja Stichs/Kerstin Tanis, *Kurzfassung der Studie „Muslimisches Leben in Deutschland 2020". Forschungszentrum des Bundesamtes*, Nürnberg: Bundesamt für Migration und Flüchtlinge 2021.

Cengiz Ayar

Erwartungen an muslimische GefängnisseelsorgerInnen

Eine empirische Studie am Beispiel des Männervollzugs

1 Einleitung

Muslimische Seelsorge in öffentlichen Einrichtungen hat sich in den vergangenen Jahren zu einem wichtigen Thema im öffentlichen Diskurs entwickelt. So befasste sich die Deutsche Islam Konferenz (DIK) in ihrer dritten Phase (2014–2017) mit den Themen der Wohlfahrtspflege und Seelsorge. In ihrem Abschlussdokument von 2017 heißt es: „Bund, Länder und die in der Deutschen Islam Konferenz vertretenen islamischen Organisationen bzw. Religionsgemeinschaften erachten die Etablierung einer islamischen Gefängnisseelsorge als dringlich."[1]

Die christliche Seelsorge ist dabei schon seit längerer Zeit fest etabliert und bietet dementsprechend unter anderem auch im Justizvollzug in hauptamtlicher Form seelsorgliche Dienste an. Hierzu sind diverse Qualitätsstandards für eine professionelle christliche Seelsorge entwickelt worden.[2] Die muslimische Seelsorge hingegen beginnt sich in Deutschland erst noch zu entwickeln. Sie wird seit Jahren zum größten Teil von Ehrenamtlichen angeboten. Reguläre hauptamtliche Beschäftigungsverhältnisse sind hier derzeit noch kaum vorzufinden, ebenso fehlen weiterhin grundlegende Qualitätsstandards.

Im Bereich der Gefängnisseelsorge wurde seelsorgliche Hilfeleistung für MuslimInnen in einigen niedersächsischen Justizvollzugsanstalten (JVA) von Imamen angeboten, die teilweise aus der Türkei für die entsprechenden Moscheegemeinden entsandt wurden. Politische Forderungen nach

1 Deutsche Islam Konferenz (DIK), „Seelsorge in öffentlichen Einrichtungen als Thema der Deutschen Islam Konferenz", S. 8, www.deutsche-islamkonferenz.de/SharedDocs/Anlagen/DIK/DE/Downloads/LenkungsausschussPlenum/20170314-la-3-abschlussdokument-seelsorge.pdf?blob=publicationFile (letzter Zugriff 1.1.2020).
Eine entsprechende Formulierung findet sich im selbigen Dokument für die Krankenhausseelsorge auf Seite 4.

2 Vgl. EKD, *Ich war im Gefängnis, und ihr seid zu mir gekommen – Leitlinien für die Evangelische Gefängnisseelsorge in Deutschland*, Hannover 2009, S. 41 f.

auslandsunabhängigen Diensten für Muslime wirkten sich auch auf die Gefängnisseelsorge aus, was dazu führte, dass bisherige Seelsorgeangebote durch die genannten Imame abgebrochen wurden.[3] Ein gesteigerter Bedarf an speziell muslimischer Seelsorge in den JVA ist jedoch vorhanden. Die unter anderem durch die Geflüchtetenzuwanderungen in den vergangenen Jahren erhöhte Anzahl muslimischer Gefangener, die teilweise sehr geringe Deutschkenntnisse besitzen, stellen die gesamte JVA mitsamt ihres Personals zudem vor neue Aufgaben. In diesen Einrichtungen besteht der Wunsch nach muslimischen Ansprechpersonen, die ihnen bezüglich der Anliegen muslimischer Gefangener behilflich werden und die zusätzlich entstandene Last kompensieren. Auch die christliche Seelsorge wäre durch eine muslimische Seelsorge entlastet, da sie aufgrund der Absenz muslimischer Betreuungsmöglichkeiten von vielen muslimischen Gefangenen angefragt wird. In dieser Hinsicht stellt das Forschungsprojekt *Professionalisierung muslimischer Gefängnisseelsorge im niedersächsischen Justizvollzug*, welches vom Institut für Islamische Theologie an der Universität Osnabrück durchgeführt und vom Niedersächsischen Justizministerium gefördert wurde, einen wichtigen Schritt dahingehend dar, diesem Bedarf entgegenzukommen und Impulse zur Etablierung einer professionalisierten muslimischen Seelsorge zu geben.[4]

1.1 Relevanz und Zielsetzung

Im deutschsprachigen Raum beginnt sich eine muslimische Seelsorge zu etablieren. Doch nach welchem Paradigma sie sich richten wird, ist noch nicht genau abzusehen. In den letzten Jahren wurden diverse Publikationen zur muslimischen Seelsorge herausgegeben, so etwa die Arbeiten von Ednan Aslan et al. (2015), Cemil Şahinöz (2018) und Tarek Badawia et al. (2020). Betrachtet man diese und weitere Publikationen, so werden unterschiedliche Begründungen und Ziele der muslimischen Seelsorge sichtbar. Laut Wolfram Reiss, dem

3 Vgl. Niedersächsisches Justizministerium, „Vertrag mit DITIB über Seelsorge in Gefängnissen wird gekündigt" (29.1.2019), www.mj.niedersachsen.de/startseite/aktuelles/presseinformationen/vertrag-mit-ditib-ueber-seelsorge-in-gefaengnissen-wird-gekuendigt--173378.html (letzter Zugriff 11.9.2020).

4 Vgl. Institut für Islamische Theologie der Universität Osnabrück, „Professionalisierung muslimischer Gefängnisseelsorge im niedersächsischen Justizvollzug" (o. D.), www.islamische-theologie.uni-osnabrueck.de/forschung/forschungsprojekte/professionalisierung_muslimischer_gefaengnisseelsorge.html (letzter Zugriff 11.9.2020).

Professor für Religionswissenschaft an der Universität Wien, weisen einerseits viele Ansätze

> in Richtung einer normativ-direktiven Seelsorge im Sinne von religiöser Rechtleitung und geistlicher Führung, Belehrung und Beratung, Information und Ermahnung [...]. Andererseits fällt auf, dass die ersten Ausbildungsgänge, die implementiert wurden, eher an non-direktiven psychotherapeutischen Seelsorgekonzepten ausgerichtet sind.[5]

Um eine entsprechende professionelle, nach bestimmten Standards praktizierte Seelsorge wie im Falle der christlichen Seelsorge zu erreichen, ist es wichtig, die Erwartungen an eine sich neu entwickelnde muslimische Gefängnisseelsorge zu erfassen und hiervon ausgehend zum Wohl der Menschen beizutragen. Denn

> Seelsorge, die sich an den Bedürfnissen und seelischen Belangen des Gegenübers orientiert und diese herauszufiltrieren und zu konkretisieren versucht, um aus der Analyse Wege des Heilwerdens der Person und ihrer Beziehungen zu Mitmenschen und Gott zu eröffnen, ist nach diesem Verständnis Lebenshilfe in der Reflexion und in der inneren Stärkung zugleich.[6]

Derzeit besteht noch Unklarheit darüber, was eine muslimische Gefängnisseelsorge macht oder machen sollte. Da bislang kaum Forschung zu den Erwartungen an sie betrieben wurde, versteht sich der vorliegende Aufsatz als wissenschaftlicher Beitrag hierzu. Sein Ziel ist es, das Erwartungsbild an muslimische GefängnisseelsorgerInnen herauszuarbeiten und somit darüber Erkenntnisse zu gewinnen, welche Standards und Kompetenzen für eine muslimische Gefängnisseelsorge beachtet werden sollten. Hierbei ist jedoch zu berücksichtigen, dass die Befragung in einer JVA durchgeführt wurde, welche ausschließlich aus einem Männervollzug besteht, weshalb sich hier dementsprechend bestimmte geschlechtsspezifische Unterschiede in den Erwartungen ergeben können. Grundsätzlich wird dadurch etwa auch vorausgesetzt, dass die Person des Seelsorgers ebenfalls männlichen Geschlechts ist. Während für den Frauenvollzug prinzipiell ähnliche Erwartungen gelten können, wäre dies ferner in einer eigenen Studie näher zu überprüfen. Wenn im Folgenden also von SeelsorgerInnen sowie allgemein von Gefangenen die Rede ist, sollte dies bedacht

---

5 Wolfram Reiss, „Islamische Seelsorge etabliert sich – aber welche?", in: *Handbuch der Religionen. Kirchen und andere Glaubensgemeinschaften in Deutschland und im deutschsprachigen Raum*, hrsg. von Michael Klöcker und Udo Tworuschka, Hohenwarsleben 2019, 59 und Ergänzungslieferung (Loseblattsammlung), S. 4 f.

6 Talat Kamran/Georg Wenz, „Einleitung", in: *Seelsorge und Islam in Deutschland – Herausforderungen, Entwicklungen und Chancen*, hrsg. von Georg Wenz und Talat Kamran, Speyer 2012, S. 9.

werden. Dementsprechend hat diese Arbeit auch eher explorativen Charakter. Sie verzichtet bereits im Vorhinein auf die Aufstellung von Hypothesen. Stattdessen befasst sie sich mit folgenden zwei Hauptfragen: Welche Erwartungen bestehen an den muslimischen Gefängnisseelsorger? Und was für eine muslimische Gefängnisseelsorge wird benötigt?

1.2 Methodik

Anhand halbstandardisierter Fragebögen wurden die Erwartungen der Gefangenen und Bediensteten der JVA Sehnde sowie der christlichen und muslimischen SeelsorgerInnen erfasst und kategorisiert. Hierdurch werden die Erwartungen vieler Personen ermittelt, verschiedene Perspektiven gewonnen und sowohl qualitative als auch quantitative Ergebnisse geliefert. Im Fokus soll jedoch die Perspektive der Gefangenen stehen, da es sich bei der Gefängnisseelsorge in erster Linie um einen Dienst an ihnen handelt. Die JVA Sehnde bot sich für dieses Forschungsvorhaben an, da ich selbst dort seit Dezember 2017 als muslimischer Seelsorger tätig bin. Hierdurch war schließlich sowohl eine höhere Erreichbarkeit der Gefangengen als auch eine größere Befragungsresonanz zu erwarten, als dies etwa für andere JVA der Fall gewesen wäre.

Da einerseits Gefangene und andererseits Nicht-Gefangene befragt wurden, mussten zwei verschiedene Fragebögen erstellt werden. Dies erforderte im Prozess der Erstellung ferner, auf die hierdurch bedingt unterschiedlichen Perspektiven und auch Bildungsniveaus einzugehen. Es galt vor allem, den Fragebogen für die Gefangenen leicht verständlich zu machen, weil sie tendenziell bildungsschwächer als die anderen Befragten waren und zudem in der JVA kaum über die notwendigen Ressourcen und Möglichkeiten verfügten, für sie fremde Begriffe und Konzepte zu recherchieren. Außerdem musste berücksichtigt werden, dass einige Gefangene nur geringe Deutschkenntnisse aufweisen, sodass ihnen ermöglicht wurde, sich auch in der eigenen Muttersprache ausdrücken zu können. So wurde für die Befragung ein Fragebogen verwendet, welcher neben der deutschen Variante auch in die Sprachen Arabisch und Türkisch übersetzt wurde. Er enthielt geschlossene, halboffene und offene Fragen. Die geschlossene Frage „Wie wichtig ist Ihrer Meinung nach die Wahrnehmung folgender Aufgaben durch den muslimischen Seelsorger?" diente zur Ermittlung der Relevanz bestimmter Aufgaben. Hierbei wurden 19 Items aus der zur Frage gehörenden Item-Batterie mittels einer sechsstufigen ordinalen Likert-Skala nach ihrer Wichtigkeit bewertet. Zu diesen Items gehören: seelsorgliche Gespräche mit Gefangenen, Alltagsgespräche mit Gefangenen, religiöse Unterweisung, Gottesdienst (Freitagsgebet), religiöse Feste, Konflikthilfe unter Gefangenen, Verhinderung von Subkulturen, Deradikalisierung, Vermittlung zwischen Anstaltsleitung und Gefangenen, seelsorgliche Gespräche mit Bediensteten, Mitarbeit in den Anstaltskonferenzen, Zusammenarbeit mit anderen Diensten innerhalb der JVA, Informieren der Anstaltsmitarbeiter über islamische Themen, Einsatz für humanere Lebensbedingungen, Resozialisierung, Begleitung bei Ausführungen von Gefangenen, Übergangsmanagement, Begleitung von Angehörigen und Förderung des gesellschaftlichen Engagements für Gefangene. Die Items im Fragebogen der Nicht-Gefangenen wurden mit einem oder wenigen Worten aufgelistet, während im Fragebogen der Gefangenen Sätze und Erklärungen zur leichteren Verständlichkeit formuliert wurden. Mit der halboffenen Frage „Welche Erwartungen haben Sie an Angebote des muslimischen Seelsorgers?", die sich lediglich an die Gefangenen richtete, wurden die Erwartungen in Bezug auf Gemeinschaft, kognitive und emotionale Bewältigung, Problemlösung und Sinnorientierung erfasst. Ferner wurden den Gefangenen folgende Fragen gestellt: „Welche religiösen/spirituellen Wünsche haben Sie?", „Welche Wünsche bezogen auf die Institution Gefängnis haben Sie?", „Welche materiellen Wünsche haben Sie?", „Wie sollte der muslimische Seelsorger sein?" Bei den einzelnen Fragen waren Mehrfachnennungen möglich, und die Gefangenen konnten unter „Sonstiges" eigene, nicht vorgegebene Antwortalternativen nennen. Die offene Frage „Welche weiteren Erwartungen an den muslimischen Seelsorger haben Sie?" gab allen Befragungsteilnehmenden die Möglichkeit, weitere Erwartungen zu äußern. Am Ende des Fragebogens wurden soziodemographische Daten der Befragten erhoben. Hierzu gehören Angaben zu Alter, Glaubensrichtung, Herkunft und gesprochene Sprachen.

Bei der Fragenformulierung nutzte ich meine beruflichen Erfahrungen, Ratschläge anderer SeelsorgerInnen und Aspekte aus dem Fragebogen der EKD-Seelsorge-Studie.[7] Die Fragebögen wurden vom 1. April 2020 bis 15. Mai 2020 an alle TeilnehmerInnen entweder persönlich oder per E-Mail übermittelt und die Rücksendung bis spätestens Ende Mai erbeten.

Bei der Auswertung wurden für die Darstellung der Ergebnisse aus der geschlossenen Frage die Bewertungen unter den jeweiligen Befragtengruppen zusammenaddiert und die Durchschnittswerte in Prozentwerte umgerechnet

---

7 Vgl. Kerstin Lammer, *Wie Seelsorge wirkt*, Stuttgart 2020, S. 417–424. Die EKD führte mittels vier Seelsorge-Modellprojekten eine empirische Evaluationsstudie durch. Hierin wurde den Fragen nachgegangen, wie sich Seelsorge auf ihre AdressatInnen, auf ihre AnbieterInnen und auf die Kirche auswirkt. In den Fragebögen, welche in diesen Projekten verwendet wurden, sind Fragen zu Erwartungen genannt, die in den von mir erarbeiteten Fragebögen als Ideen aufgegriffen wurden.

auf der Skala abgebildet. Hierbei wurde die Angabe „völlig unwichtig“ mit 0 % und die Angabe „sehr wichtig“ mit 100 % gleichgesetzt. Weiterhin wurden fehlende Angaben, sogenannte *missing values*, mitberücksichtigt und unter der Bezeichnung ‚(Item-)Nonresponse‘ aufgeführt. Unter ‚Item-Nonresponse‘ ist das absichtliche oder unabsichtliche Unterlassen einer Antwort für eine bestimmte Frage (‚Item‘) zu verstehen. Von ‚Unit-Nonresponse‘ wird gesprochen, wenn eine für die Stichprobe gezogene Person die Befragung verweigert bzw. aufgrund von Sprachproblemen, technischen Störungen o. ä. vorzeitig, aber schließlich komplett aus der Befragung ausscheidet. Durch die vorherige Übersetzung der Fragebögen in mehrere Sprachen sowie die Papierform der Erhebung konnte eine Unit-Nonresponse gänzlich vermieden werden, weshalb der Begriff ‚Nonresponse‘ im weiteren Verlauf hier stets als Item-Nonresponse zu verstehen ist. Hiervon abzugrenzen ist die bewusste Auswahl der im Fragebogen gegebenen Antwortmöglichkeit „keine Angabe“. So bedeuten beispielsweise bei Abb. 21 die Werte 2 % für „keine Angabe“ und 5 % für „Nonresponse“, dass 2 % der gesamten Gefangenen diese Antwortmöglichkeit wählten und 5 % von ihnen dieses Item ausgelassen haben. Die Anzahl der Nennungen bestimmter Items in den halboffenen Fragen wurde ebenfalls in Prozenten dargestellt. Weitere Nennungen unter „Sonstiges“ in den halboffenen Fragen und die Antworten auf die offene Frage hingegen wurden deskriptiv in die Auswertung aufgenommen. Erkenntnisse, die ich durch meine Tätigkeit als muslimischer Seelsorger und zahlreiche Fortbildungen erworben habe, werden deskriptiv unter den jeweiligen Kategorien in die Auswertung mit einbezogen.

Zunächst widmet sich dieser Beitrag den BefragungsteilnehmerInnen, welche hinsichtlich folgender Fragen analysiert werden: Welcher Glaubensrichtung gehören sie an? Wie alt sind sie? Was sind ihre Herkunftsländer? Seit wann leben sie in Deutschland? Welche Sprachen sprechen sie? Insbesondere die Betrachtung der Gefangenen und muslimischen SeelsorgerInnen ist wichtig, um Erkenntnisse im Hinblick auf derzeitige AdressatInnen und AnbieterInnen muslimischer Seelsorge zu erhalten. Im Anschluss werden die Ergebnisse zu den Erwartungen an einen muslimischen Gefängnisseelsorger dargelegt. Dabei werden die ermittelten Erwartungen erklärt, die unterschiedlichen Bewertungen der Befragtengruppen hinsichtlich der Relevanz dieser miteinander verglichen und weitere Äußerungen der Befragungsteilnehmenden aufgeführt. Abschließend werden meinerseits Schlussfolgerungen für eine muslimische Gefängnisseelsorge gezogen.

2 BefragungsteilnehmerInnen

Die Befragung wurde mit verschiedenen Personen durchgeführt, die in vier Gruppen zusammengefasst werden. Hierbei handelt es sich um die Gruppen der Gefangenen und Bediensteten der JVA Sehnde sowie der christlichen und muslimischen SeelsorgerInnen.

2.1 Gefangene der JVA Sehnde

Die Gefangenen bilden die erste Gruppe der Befragung. 75 Fragebögen - 44 in deutscher, 20 in arabischer und 11 in türkischer Sprache - wurden an Gefangene der JVA Sehnde verteilt. 46 dieser Fragebögen waren rückläufig, von denen wiederum 41 ausgewertet werden konnten.

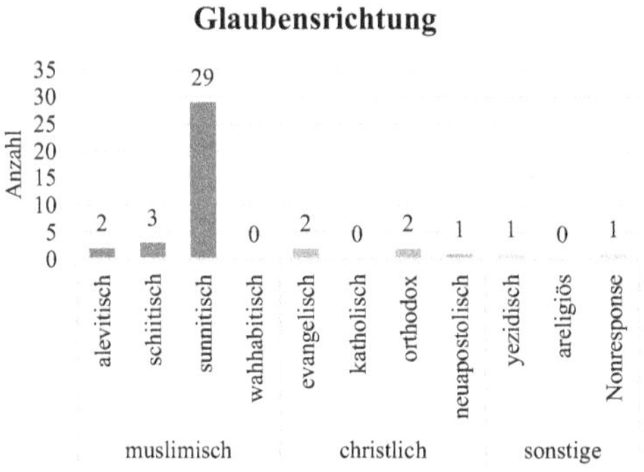

Abb. 1: Gefangene - Glaubensrichtung

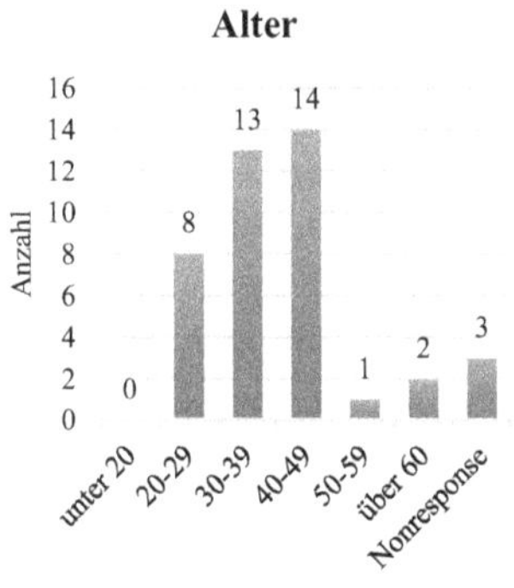

Abb. 2: Gefangene - Alter

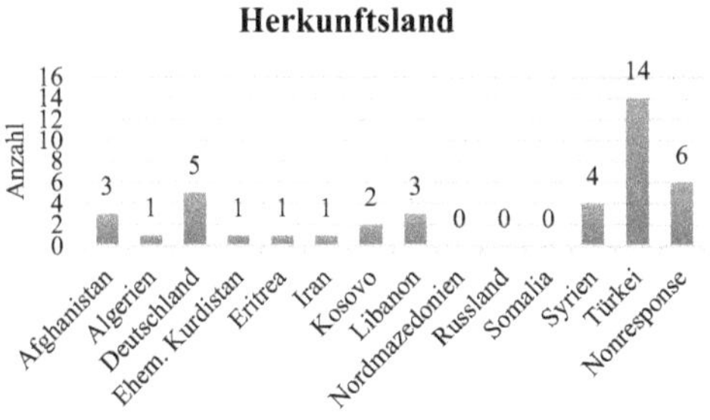

Abb. 3: Gefangene - Herkunftsland

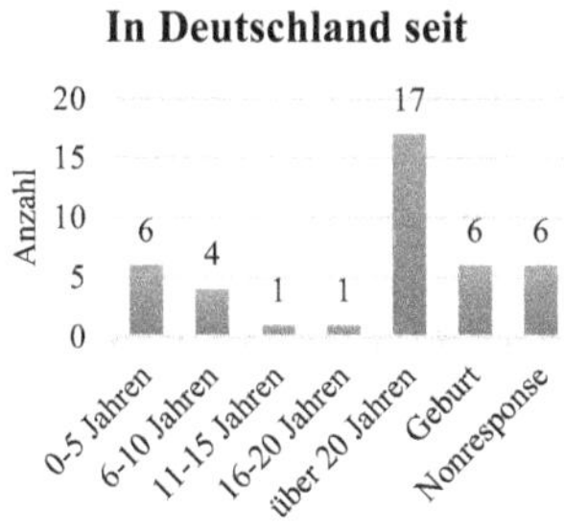

Abb. 4: Gefangene - In Deutschland seit ...

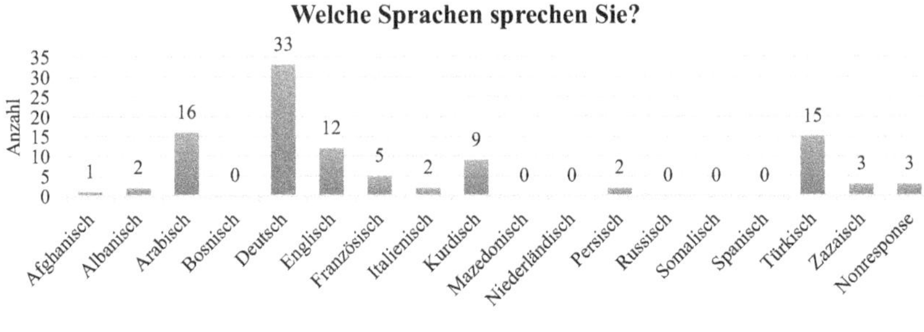

Abb. 5: Gefangene – Welche Sprachen sprechen Sie?

Bei den BefragungsteilnehmerInnen handelt es sich hauptsächlich um muslimische Gefangene sunnitischer Glaubensausrichtung, wobei keiner von ihnen angab, wahhabitisch zu sein. Ein Teilnehmer schrieb zu dieser Frage zusätzlich die Bemerkung „Anti Wahhabi!", während ein anderer „alhamdulillah" (wörtl. ‚Gott sei Dank') neben seiner Angabe, sunnitisch zu sein, vermerkte. Einer der Teilnehmer äußerte mir gegenüber in einem persönlichen Gespräch, dass er zwar sunnitisch sei, aber die Aufteilung der Muslime in verschiedene Glaubensrichtungen nicht richtig finde. Er sei der Meinung, dass es genüge, Muslim zu sein, und dass keine weiteren Unterscheidungen vorgenommen werden sollten.

Das meistgenannte Herkunftsland ist die Türkei, wobei hierunter viele Kurden vertreten sind, was dadurch feststellbar ist, dass hier auch angegeben wurde, die kurdische Sprache sprechen zu können. Während meiner Tätigkeit begegnete ich zudem Gefangenen aus Ägypten, Albanien, Bulgarien, Burkina Faso, der Elfenbeinküste, Griechenland, dem Irak, Libyen, Marokko, Pakistan, Palästina, Rumänien, Somalia, dem Sudan, Togo, Tschetschenien, Tunesien und der Ukraine.

2.2 Bedienstete der JVA Sehnde

In dieser Gruppe werden Bedienstete der JVA Sehnde aus dem Vollzugs- und Verwaltungsdienst, SozialarbeiterInnen und die Anstaltsleitung zusammengefasst. Insgesamt wurden an 35 Personen Fragebögen verteilt, von denen 32 rückläufig waren und schließlich ausgewertet werden konnten.

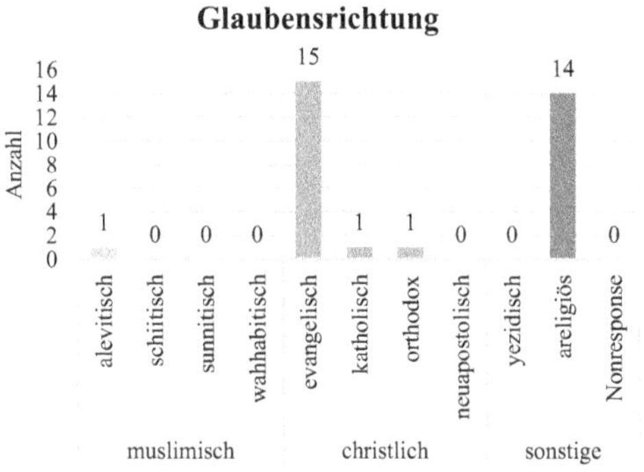

Abb. 6: Bedienstete - Glaubensrichtung

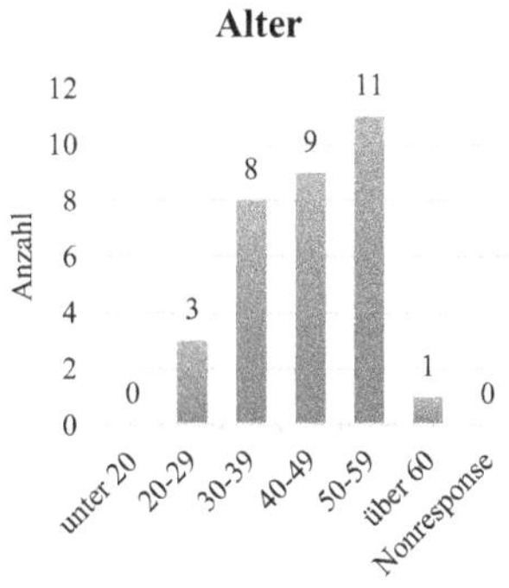

Abb. 7: Bedienstete - Alter

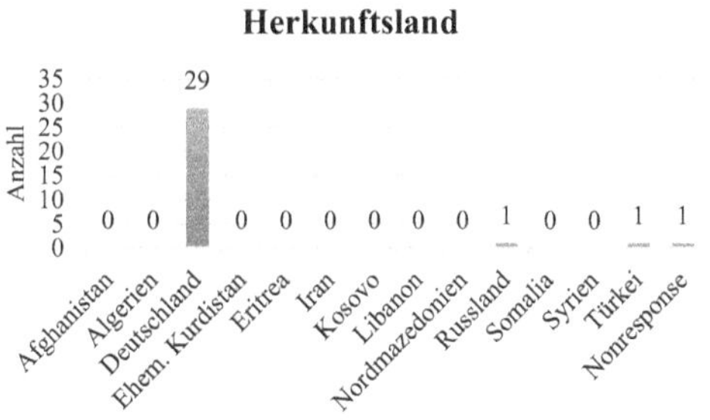

Abb. 8: Bedienstete - Herkunftsland

Abb. 9: Bedienstete - In Deutschland seit …

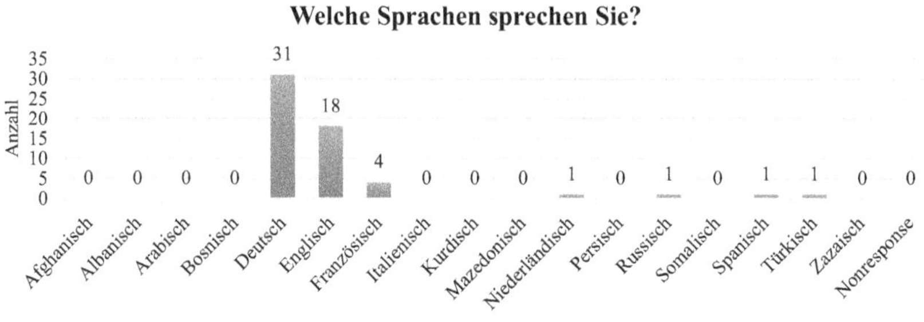

Abb. 10: Bedienstete - Welche Sprachen sprechen Sie?

47 % der Bediensteten sind evangelische Christen und 44 % gehören keiner Religion an. Die Bediensteten sind hauptsächlich im Alter von 30 bis 59 Jahren, stammen aus Deutschland und leben seit ihrer Geburt dort. Lediglich eine Person hat als Herkunftsland Russland und eine weitere Person die Türkei angegeben. Bei den Angaben zur Sprache ist zu erkennen, dass keine so große Vielfalt wie bei den Gefangenen vorliegt.

2.3 Christliche SeelsorgerInnen

An der Befragung nahmen acht christliche GefängnisseelsorgerInnen aus Niedersachsen teil, von denen sieben evangelisch sind. Alle christlichen GefängnisseelsorgerInnen stammen aus Deutschland und sind größtenteils älter als 49 Jahre.

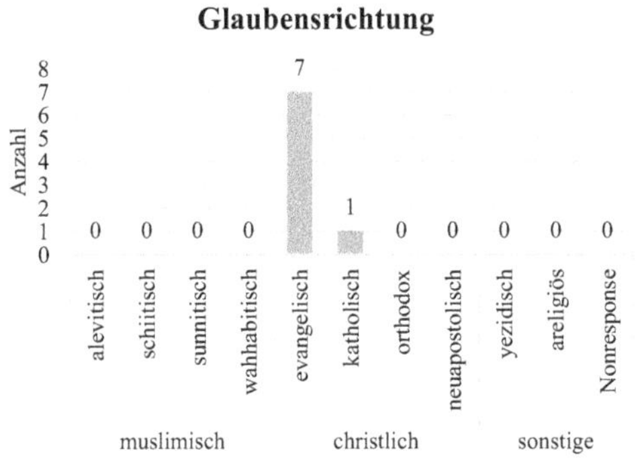

Abb. 11: Christl. SeelsorgerInnen – Glaubensrichtung

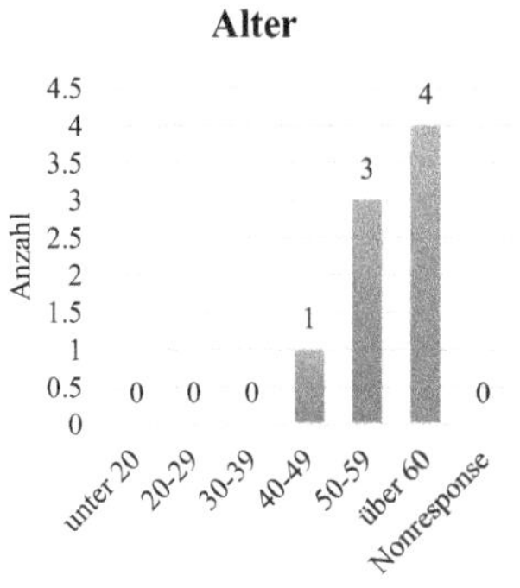

Abb. 12: Christl. SeelsorgerInnen – Alter

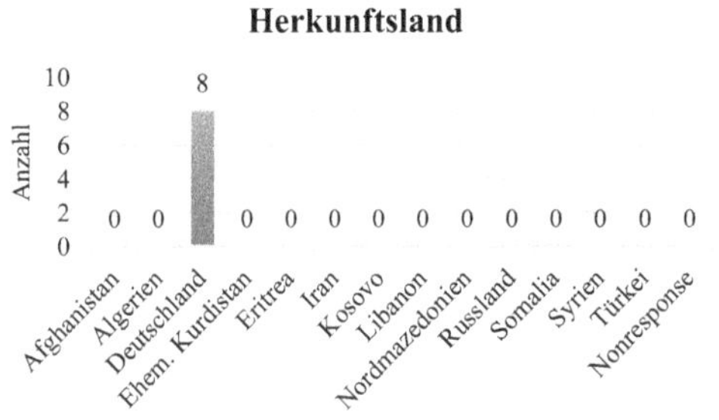

Abb. 13: Christl. SeelsorgerInnen – Herkunftsland

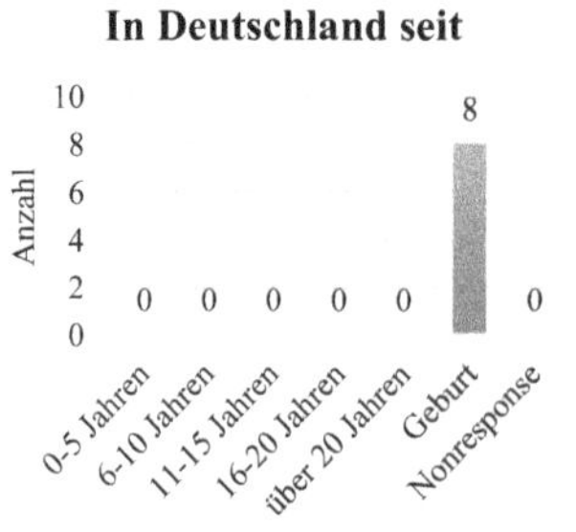

Abb. 14: Christl. SeelsorgerInnen – In Deutschland seit …

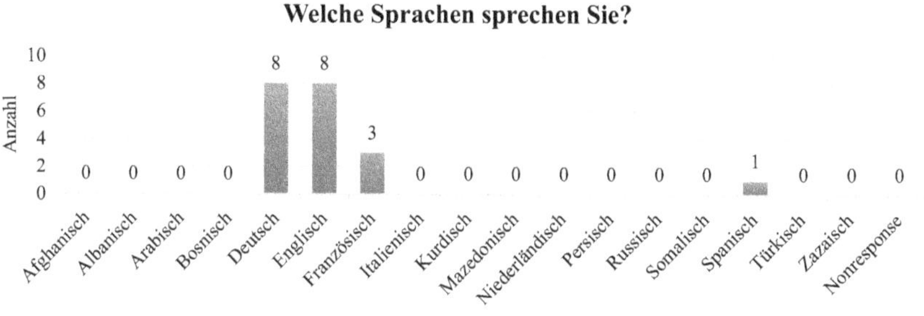

Abb. 15: Christl. SeelsorgerInnen - Welche Sprachen sprechen Sie?

2.4 Muslimische SeelsorgerInnen

Zu dieser Gruppe gehören muslimische GefängnisseelsorgerInnen aus Niedersachsen, Personen, die praktische Erfahrungen im Bereich der Gefängnisseelsorge besitzen, wie Ramazan Demir und Cemil Şahinöz, die muslimischen Verbandsvertreter der Schura Niedersachsen - Landesverband der Muslime in Niedersachsen e. V., Dr. Abdul Nasser Al-Masri, und der DITIB e. V., Seat Uzeirovski, sowie die muslimische Verbandsvertreterin der Muslime in Niedersachsen e. V., Nergiz Sagir, und schließlich der Direktor des Instituts für Islamische Theologie an der Universität Osnabrück, Bülent Uçar.

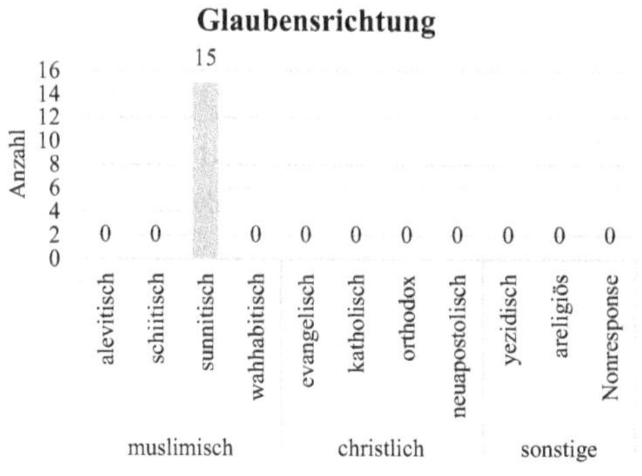

Abb. 16: Muslim. SeelsorgerInnen - Glaubensrichtung

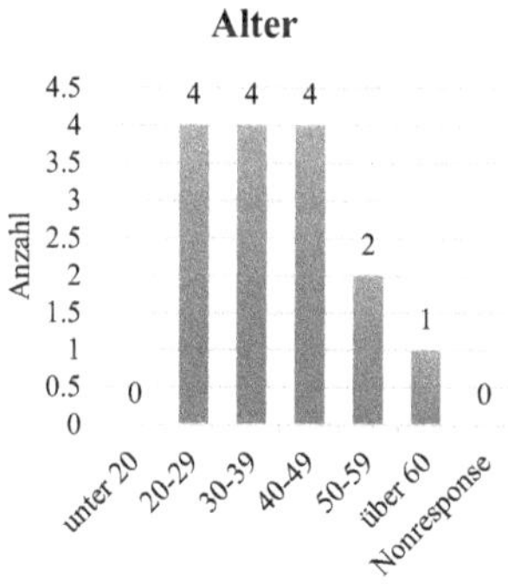

Abb. 17: Muslim. SeelsorgerInnen - Alter

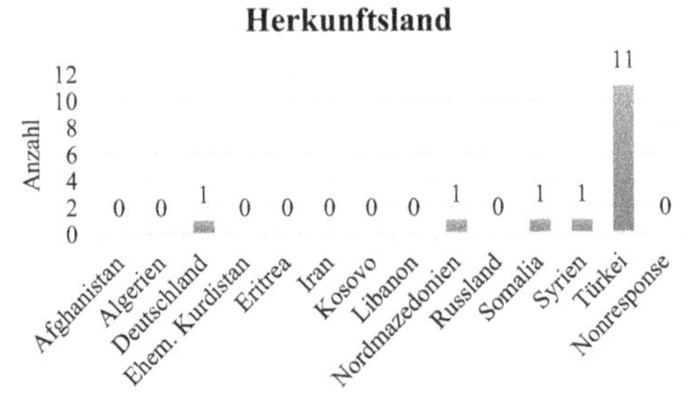

Abb. 18: Muslim. SeelsorgerInnen - Herkunftsland

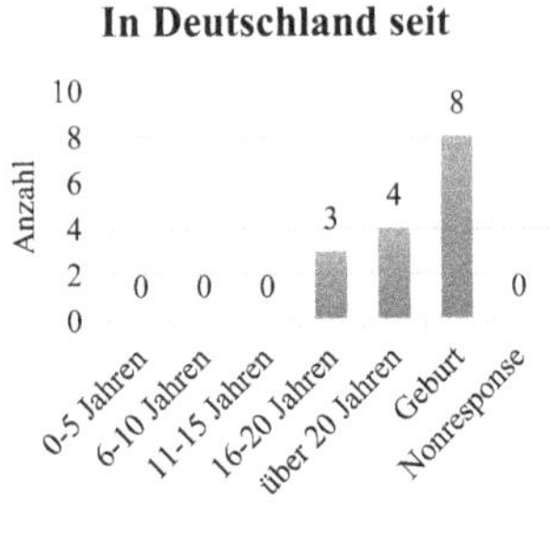

Abb. 19: Muslim. SeelsorgerInnen – In Deutschland seit …

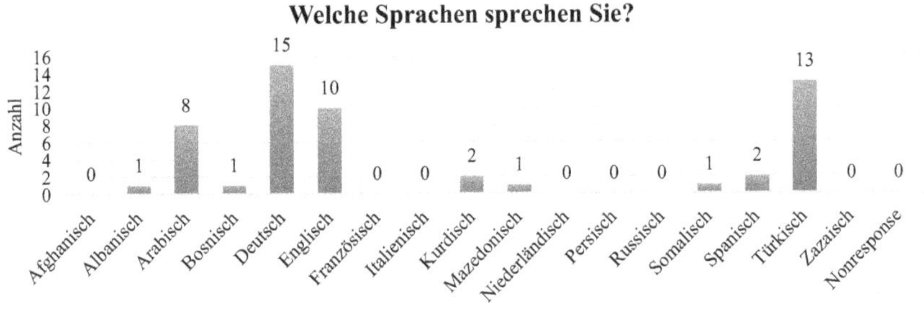

Abb. 20: Muslim. SeelsorgerInnen - Welche Sprachen sprechen Sie?

Alle TeilnehmerInnen sind sunnitische Muslime und weisen somit die gleiche Glaubensrichtung wie der Großteil der Gefangenen auf. Im Gegensatz zur Befragtengruppe der christlichen SeelsorgerInnen sind muslimische SeelsorgerInnen deutlich jünger und besitzen mehr Sprachkenntnisse. Sie leben seit mehr als 15 Jahren in Deutschland, wobei 53 % von ihnen auch in Deutschland geboren sind. 73 % der TeilnehmerInnen gaben als Herkunftsland die Türkei an.

3 Erwartungen an muslimische GefängnisseelsorgerInnen

In diesem Kapitel werden die Erwartungen an muslimische GefängnisseelsorgerInnen dargestellt. Wie bereits eingangs erwähnt, sind diese vor allem auf männliche Seelsorger zu beziehen. Bei diesen Erwartungen handelt es sich um psychosoziale, religiöse/spirituelle, systembezogene, materielle, personenbezogene und arbeitsorganisatorische Erwartungen.

3.1 Psychosoziale Erwartungen

Der Begriff des Psychosozialen wird in der Sozialpsychologie verwendet, um die psychologische Entwicklung des Menschen und das Verhältnis zu seiner Umwelt zu beschreiben.[8] Von SeelsorgerInnen wird hierbei erwartet, dass sie die Individuen in ihren unterschiedlichen Lebensbereichen und Lebensphasen auf psychosozialer Ebene unterstützend begleiten und Veränderungsprozesse in Gang setzen.

Seelsorgliches Gespräch

Die erste und auch wichtigste psychosoziale Erwartung ist das seelsorgliche Gespräch. Es öffnet einen freien Raum, um Gemeinschaft zu erfahren, Gedanken und Emotionen zu bewältigen und sowohl über Problemlösungen als auch über den Sinn des Lebens nachzudenken. Das seelsorgliche Gespräch kann im Rahmen einer Einzel- wie auch Gruppenseelsorge stattfinden, wobei zwischen diesen Unterschiede hinsichtlich der Konstellation, Vorgehensweise und Themenauswahl vorliegen. So findet bei der Einzelseelsorge ein vertrauliches, persönliches Gespräch zwischen SeelsorgerInnen und Seelsorgesuchenden statt. Die Anliegen letzterer bestimmen den Inhalt der Begegnung, wodurch die Seelsorgesuchenden Anerkennung erfahren und als Subjekte des Gespräches hervortreten. Sie sind nicht dazu verpflichtet, ein bestimmtes Ziel zu erreichen. Vielmehr können sie mit den SeelsorgerInnen reden, ohne negative Folgen befürchten zu müssen. Somit ermöglicht dieser vertrauliche Raum den seelsorgesuchenden Gefangenen, auch bisher unausgesprochene Erlebnisse und Themen anzusprechen sowie Probleme abzuarbeiten.[9] Neben dem befreienden Aspekt des Gespräches ergibt sich für die Gefangenen manchmal auch die erste Gelegenheit, sich mit sich selbst und den eigenen Taten auseinanderzusetzen.[10] Ferner wünschen sich Gefangene vom seelsorglichen Gespräch die Möglichkeit, ihre Situation besser verstehen zu können, Gefühle der Erleichterung zu erlangen

8 Vgl. Die AG Psychosoziale und Spirituelle Versorgung der Deutschen Gesellschaft für Palliativmedizin (DGP), „Definition der Begriffe ‚Psychosozial' und ‚Spiritualität' im hospizlich-palliativen Kontext – Positionspapier" (2019), S. 2, www.dgpalliativmedizin.de/images/Positionspapier_DGP_AG_Psychosoziale_Spirituelle_Begleitung.pdf (letzter Zugriff 25.6.2020).

9 Vgl. Alexander Funsch, *Seelsorge im Strafvollzug – Eine dogmatisch-empirische Untersuchung zu den rechtlichen Grundlagen und der praktischen Tätigkeit der Gefängnisseelsorge*, Baden-Baden 2015, S. 415–417.

10 Vgl. ebd., S. 420 f.

sowie schließlich neue Hoffnung zu gewinnen. So äußerten zwei der Befragten etwa folgende Erwartungen: „Er sollte Hoffnung geben können“[11] sowie: „Im Prinzip ist alles wichtig, die Gefangene sind automatisch unter Stress. Was wichtig ist in solchen Situation ist reden und das verständlich da manche nicht alles verstehen.“[12]

Daher kommt den Einzelgesprächen, welche ein muslimischer Seelsorger[13] in seiner Antwort hervorhebt, eine besondere Bedeutung zu: „Einzelgespräche sollten im Fokus sein, nicht Gruppengespräche.“[14]

Bei der Gruppenseelsorge begegnen Gefangene neben den SeelsorgerInnen auch anderen Gefangenen. Sie entkommen der Isolation und erleben eine Gemeinschaft, welche es ihnen ermöglicht, Sozialkompetenzen einzuüben und miteinander ins Gespräch zu kommen. Aus meiner praktischen Erfahrung als Seelsorger kann ich sagen, dass hierbei das Individuelle in den Hintergrund rückt und das Allgemeine – was viele Gefangene betrifft – angesprochen wird, da dieser Raum nicht so vertraulich ist wie bei der Einzelseelsorge und das Gesagte durchaus ungewollte Konsequenzen nach sich ziehen könnte. Somit sind Inhalte dieser Gruppengespräche primär religiöse und ethische Themen, gemeinsame Gebete und die Haftsituation. Ein muslimischer Seelsorger erwartet diesbezüglich noch Weiteres: „Weiterhin sind die Förderung des Gemeinschaftslebens der Gefangenen, die Förderung von Spiritualität und die Vermittlung ethischer Werte an Beispielen der Propheten besonders wichtig.“[15]

Das seelsorgliche Gespräch wird von allen Befragtengruppen als wichtig erachtet (siehe Abb. 21). Es ist allerdings bemerkenswert, dass der größte Wert bei der Befragtengruppe der muslimischen SeelsorgerInnen verzeichnet wird. Ein Grund hierfür könnte sein, dass die anderen Gruppen den muslimischen Seelsorger in seiner Person und seinen Aufgaben eventuell eher mit einem Imam in Verbindung bringen.

11 Fragebogen Nr. 9.

12 Fragebogen Nr. 15.

13 Um die Anonymität der Befragten zu bewahren, wird bei den Zitaten bzw. Bezügen auf konkrete Personen in diesem Kapitel lediglich die männliche Form verwendet. So können mit den Bezeichnungen „Bediensteter“, „christlicher Seelsorger“ und „muslimischer Seelsorger“, auch eine Bedienstete, eine christliche Seelsorgerin und eine muslimische Seelsorgerin gemeint sein.

14 Fragebogen Nr. 93.

15 Fragebogen Nr. 88.

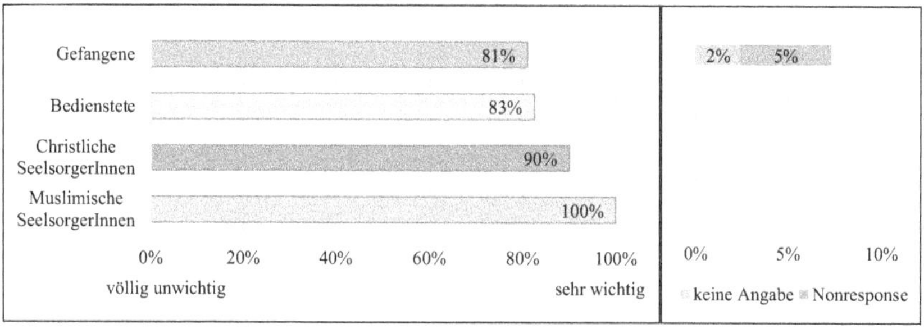

Abb. 21: Bewertung der Relevanz „Seelsorgliche Gespräche mit Gefangenen"

Bedienstete erwarten von muslimischen ebenso wie von den christlichen SeelsorgerInnen, dass sie die Gefangenen betreuen: „Betreuung d. Gef. musl. Glauben, so wie es die anderen Pastoren auch tun!"[16]

Bezüglich der eigenen Betreuung hegen sie allerdings keine großen Erwartungen. Die Bediensteten sehen seelsorgliche Gespräche mit Bediensteten als eher unwichtig an und sind einer anderen Meinung als die anderen Befragtengruppen, welche es als eher wichtig erachten (siehe Abb. 22).

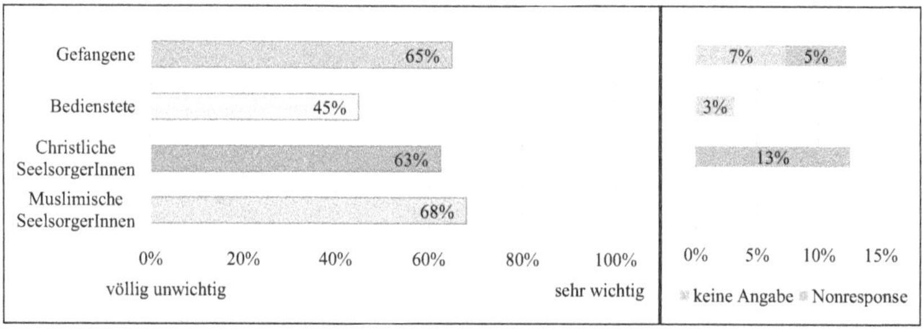

Abb. 22: Bewertung der Relevanz „Seelsorgliche Gespräche mit Gefangenen"

Im Folgenden werden einige Erwartungen dargelegt, die speziell dem seelsorglichen Gespräch gegenüber geäußert worden sind.

16 Fragebogen Nr. 62.

Gemeinschaft

Die Gefangenen werden durch die Haft sowohl von ihren Familien als auch FreundInnen getrennt und gelangen in ein für sie völlig ungewohntes Umfeld. Diese neue Situation führt zu Einsamkeit und der Suche nach neuen Kontakt- sowie Bezugspersonen, mit denen gemeinsame Unternehmungen und vertrauliche Gespräche möglich werden (siehe Abb. 23). Die Gruppen des Seelsorgers bieten den Gefangenen diese Gelegenheit und schaffen für sie somit eine kleine „Familie“ im Gefängnis. Sie erfahren das Gefühl, angenommen zu werden, und das Gefühl von Zugehörigkeit, ebenso wie sie Teilhabe und ein Gemeinschaftsgefühl erleben. Insbesondere bei sehr einschneidenden Erlebnissen wie dem Tod eines Familienangehörigen wird zumeist der Beistand durch andere benötigt.

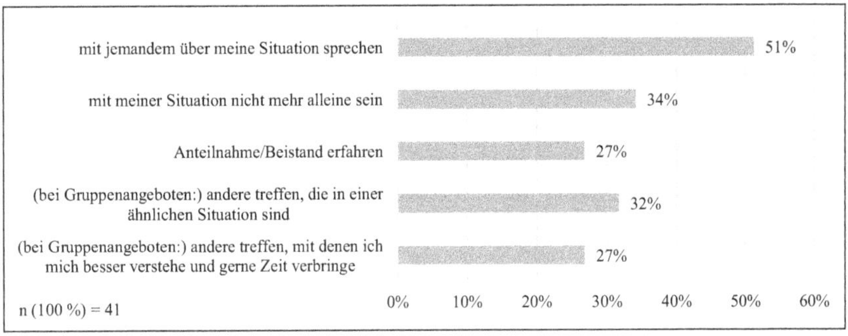

Abb. 23: „Wenn ich Gemeinschaft benötige, möchte ich …“

Die Gefangenen nutzten im Fragebogen die Möglichkeit, weitere Aspekte zu nennen. Sie äußerten, dass sie von anderen Ratschläge einholen[17] und in einer Gemeinschaft über systembezogene Themen reden möchten.[18] Andere Gefangene wiederum betonten, die Gemeinschaft Gottes erleben und die Einsamkeit mit religiöser/spiritueller Hilfe überbrücken zu wollen.[19] Besonders wichtig ist ihnen zudem die Präsenz des Seelsorgers. Er wird von ihnen in den Stationen erwartet, auch wenn sie keinen Antrag für ein Gespräch gestellt haben.[20]

17 Vgl. Fragebogen Nr. 11.
18 Vgl. Fragebogen Nr. 14.
19 Vgl. Fragebogen Nr. 9.
20 Vgl. Fragebogen Nr. 38.

Kognitive Bewältigung

Die Haftsituation bringt eine gedankliche Belastung der Gefangenen mit sich. Die SeelsorgerInnen sollen es ihnen ermöglichen, ihre Gedanken in einem vertraulichen Gespräch frei äußern zu können, und ihnen dabei helfen, ihre Gedanken zu ordnen. Hierdurch ergibt sich eine Auseinandersetzung mit der eigenen Geschichte, was dazu beitragen kann, sich selbst und die aktuelle Situation besser zu verstehen. Ferner entstehen ein Bewusstsein über die eigenen Probleme und ein grundsätzlicher Klärungsprozess der eigenen Lebenseinstellung. Zusammen mit den SeelsorgerInnen soll dieser Prozess in Gang gesetzt, von ihnen begleitet und mit ihrer Hilfe eine lebensplanerische Neuorientierung gewonnen werden (siehe Abb. 24).

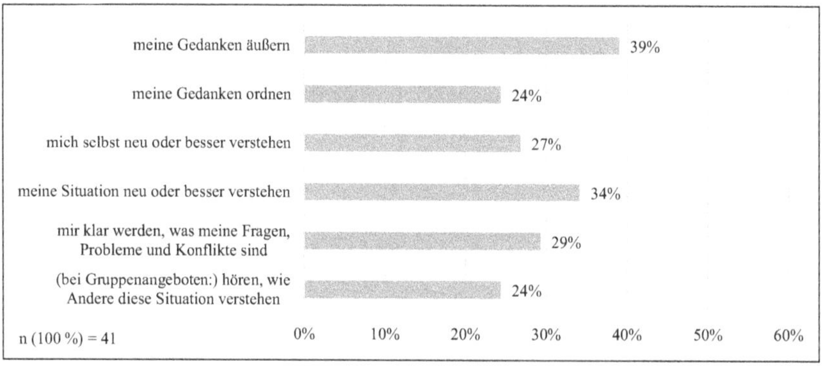

Abb. 24: „Wenn ich gedanklich belastet bin, möchte ich …"

Emotionale Bewältigung

Neben der gedanklichen Belastung sind Gefangene auch einer emotionalen Belastung ausgesetzt. Sie leiden unter Angst, Trauer, Hoffnungslosigkeit, Wut, Verzweiflung und vielem mehr. Der Seelsorger soll helfen, diesen Emotionen Zeit und Raum zu geben, sodass sie ihre Gefühle äußern und ihre Sorgen, Ängste und Probleme abladen können (siehe Abb. 25).

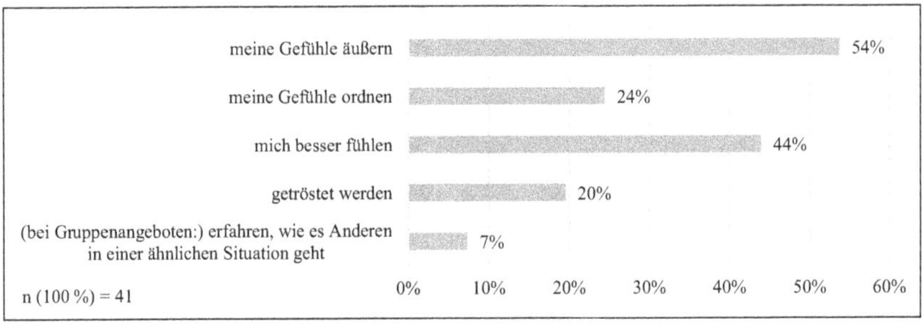

Abb. 25: „Wenn ich gefühlsmäßig belastet bin, möchte ich …"

Die SeelsorgerInnen werden von den Gefangenen meist als einzige Ansprechpartner angesehen, mit denen sie vertrauensvoll über ihre Emotionen reden können. Von ihnen werden Geborgenheit, Verständnis und ein Mitfühlen des Kummers erwartet. Darüber hinaus sollen sie neuen Lebensmut und Lebenskraft spenden sowie eine neue Lebensperspektive geben. So erwartet ein Bediensteter, dass die SeelsorgerInnen die Gefangenen emotional stabilisieren: „[E]motionale Stabilisierung der Gefangenen, Umgang mit Wut und kulturellen Unterschieden".[21]

Unter „Sonstiges" schrieben manche Gefangene etwa, dass sie durch ein gemeinsames Gebet mit dem (männlichen) Seelsorger die emotionale Belastung überwinden möchten:

- „Betten Andere ferstehen mich meisten nicht"[22]
- „Zu Zweit beten können".[23]

Problemlösung

Die Gefangenen wollen nicht nur über ihre vielfältigen Probleme reden, sondern auch Lösungen hierfür finden. Daher versuchen sie in Gesprächen mit verschiedenen Personen und Diensten, so auch den SeelsorgerInnen, eine Antwort oder einen Lösungsansatz zu erhalten. Außerdem möchten sie ihr weiteres Vorgehen planen und Handlungsorientierung für die Zukunft gewinnen. Dabei sind die SeelsorgerInnen Ansprechpartner, die vor allem eine ethische Orientierung geben können. Auch sollen ihnen Fragen über das richtige religiöse und ethische Handeln gestellt werden können (siehe Abb. 26).

21 Fragebogen Nr. 76.
22 Fragebogen Nr. 17.
23 Fragebogen Nr. 9.

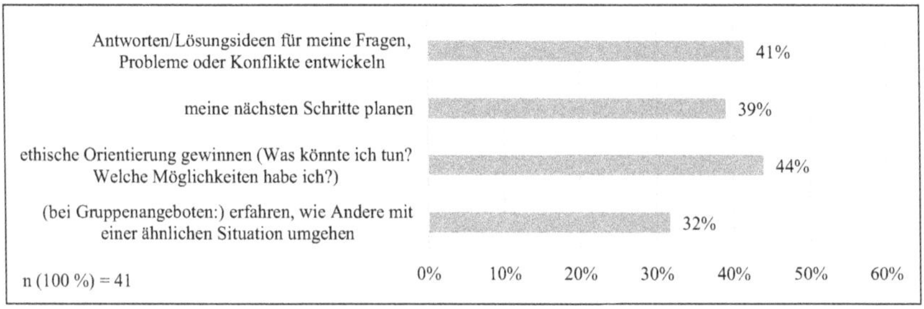

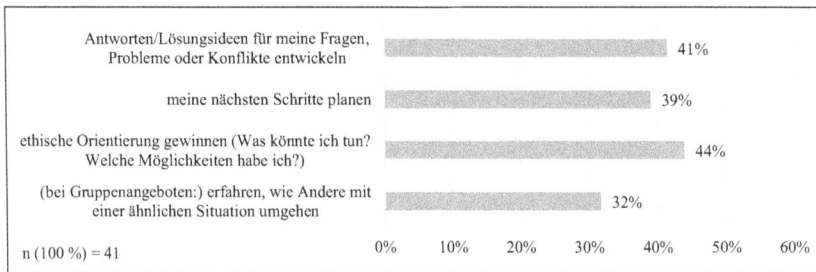

Abb. 26: „Wenn ich Probleme habe, möchte ich …"

Sinnorientierung

Die Haftsituation, diverse Schicksalsschläge und erlebte Krisen bringen Gefangene dazu, sich mit der Sinnfrage zu beschäftigen. Einige sehen keinen Sinn mehr im Leben, andere hinterfragen ihr bisheriges Sinnverständnis und weitere wiederum begeben sich auf eine neue Sinnsuche. Bleibt die Frage nach dem Sinn unbeantwortet, kann eine Verarbeitung der Schmerzen und Verluste erschwert oder unmöglich werden.[24] Die Gefangenen erwarten, dass die SeelsorgerInnen sie in ihrer Situation und auf ihrer Sinnsuche begleiten, neue Perspektiven für sie eröffnen und sie im Prozess der Sinnfindung unterstützen (siehe Abb. 27).

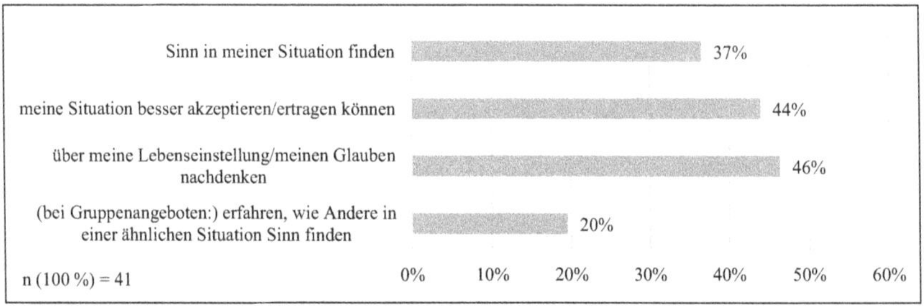

Abb. 27: „Wenn ich im Leben keinen Sinn mehr sehe, möchte ich …"

24 Vgl. Zuhal Ağılkaya-Şahin, „Hoffnung und Hoffnungslosigkeit als Konzept der muslimischen Seelsorge", in: *Grundlagen muslimischer Seelsorge – Die muslimische Seele begreifen und versorgen*, hrsg. von Tarek Badawia, Gülbahar Erdem und Mahmoud Abdallah, Wiesbaden 2020, S. 271.

Bei der Sinnfrage sehen die Gefangenen einen wichtigen Bezug zum Glauben. Einige exemplarische Äußerungen hierzu:

- „Mein Sinn ist der glaube ich Habe nur wenig Bruder hier“[25]
- „Bei Allah Zuflucht suchen, er wird mir den Weg (richtigen) weisen.“[26]
- „Die einzige Lösung ist der Dschihad auf Allahs Weg.“[27]

Die SeelsorgerInnen haben ein ‚richtiges‘ Verständnis über Koran und Hadithe zu vermitteln, da der Sinn in diesen Quellen gesucht und der Glaube als ein wichtiger sinnstiftender Faktor erachtet wird. Geschieht dies nicht durch die SeelsorgerInnen, so kann es durchaus passieren, dass andere Gefangene diese Rolle übernehmen und hierbei zu unerwünschten oder problematischen Standpunkten beitragen. Ein Gefangener erwähnte, dass er den ‚richtigen‘ Sinn des Lebens „lernen“ möchte: „Ich möchte lernen. Aber den Richtigen.“[28]

Alltagsgespräch

Die Gespräche, welche die SeelsorgerInnen führen, haben nicht nur seelsorglichen Charakter. Gefangene suchen im Gefängnisalltag Personen, mit denen sie tiefgehende Alltagsgespräche führen und ihre Sorgen oder Probleme beiseitelassen können. Hierfür kommen ihrerseits auch die SeelsorgerInnen in Betracht. Die anderen Befragtengruppen sehen die Alltagsgespräche mit Gefangenen ebenfalls als wichtig an (siehe Abb. 28).

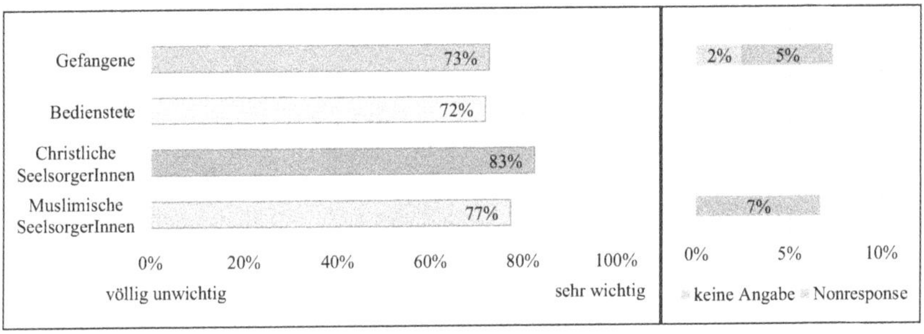

Abb. 28: Bewertung der Relevanz „Alltagsgespräche mit Gefangenen“

25 Fragebogen Nr. 17.
26 Fragebogen Nr. 36.
27 Fragebogen Nr. 23, aus dem Arabischen übersetzt.
28 Fragebogen Nr. 2, aus dem Türkischen übersetzt.

Resozialisierung

Resozialisierung wird in § 2 S. 1 StVollzG als die Befähigung eines Gefangenen, „künftig in sozialer Verantwortung ein Leben ohne Straftaten zu führen",[29] beschrieben. SeelsorgerInnen können bei diesen Bemühungen mitwirken, indem sie die Gefangenen unter anderem dazu anregen, eine Bereitschaft zur Umkehr zu entwickeln, sich mit der eigenen Schuld sowie der Wiedergutmachung auseinanderzusetzen und zu erkennen, dass ein sinnerfülltes Leben ohne Straffälligkeit möglich ist. Sie können zudem Gefangenen, die aus anderen Ländern zugewandert und nicht in Deutschland sozialisiert sind, dazu verhelfen, die Werte und Normen der hiesigen Gesellschaft wahrzunehmen und zu verstehen. Durch ein Bewusstsein über die gesellschaftliche Realität lassen sich eigene Handlungen besser in diesen Kontext integrieren.[30] In Begleitung der SeelsorgerInnen können insbesondere Erkenntnisse darüber gewonnen werden, wie ein Leben als MuslimIn in Deutschland möglich ist. Daher erachten sowohl die Gefangenen als auch die muslimischen SeelsorgerInnen die Resozialisierung als eine wichtige Aufgabe des Seelsorgers (siehe Abb. 29).

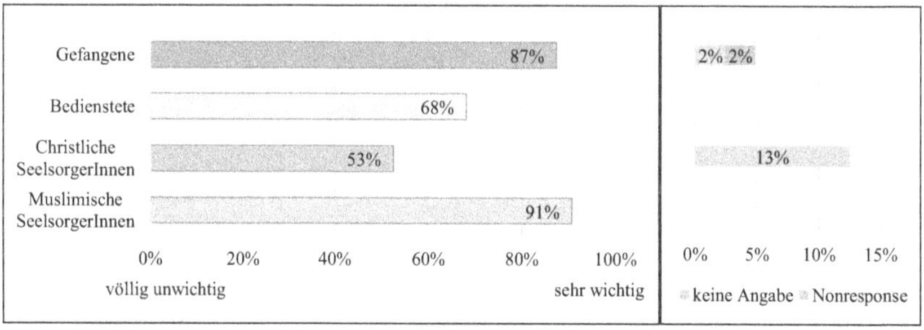

Abb. 29: Bewertung der Relevanz „Resozialisierung"

29 KrimLEX, „Resozialisierung" (o. J.), www.krimlex.de/artikel.php? BUCHSTABE=R& KL_ID=157 (letzter Zugriff 2.7.2020).

30 Vgl. Funsch, *Seelsorge im Strafvollzug*, S. 360–366.

Deradikalisierung

Deradikalisierung bezeichnet die Umkehrung des Prozesses, durch welchen bestimmte Personen zu ExtremistInnen wurden.[31] Insofern wird hiermit beabsichtigt, einem bestehenden extremistischen Weltbild entgegenzuwirken, welches entweder vor oder während der konkreten Haftzeit entstanden ist. Dieses extremistische Weltbild kann sich auf die Wahrnehmung bestimmter Ethnien, Kulturen, Religionen und/oder Weltanschauungen beziehen. Im Hinblick auf religiös-extremistische Positionen können vor allem SeelsorgerInnen einen großen Beitrag zur Deradikalisierung leisten. Als muslimische VertreterInnen und Respektspersonen für MuslimInnen können sie durch ihre eigenen Ansichten, ihr Gebaren und ihre Beziehung sowohl zu den Gefangenen als auch zu den Bediensteten eine wichtige Vorbildfunktion einnehmen. Zudem werden sie unter den Gefangenen als AnsprechpartnerInnen bei kritischen Themen und Diskussionen hinzugezogen. So dankte mir ein Gefangener dafür, dass ich als Seelsorger für ihn da war und ihn dadurch vor einer Radikalisierung bewahrte. Er war der Meinung, dass er und viele weitere Gefangene in der JVA sich durch andere Gefangene oder Umstände radikalisiert hätten, wenn es mich nicht gegeben hätte. Die hohen Erwartungen seitens der Gefangenen und Bediensteten bezüglich der Deradikalisierung sind auch den Ergebnissen der Befragung zu entnehmen (siehe Abb. 30).

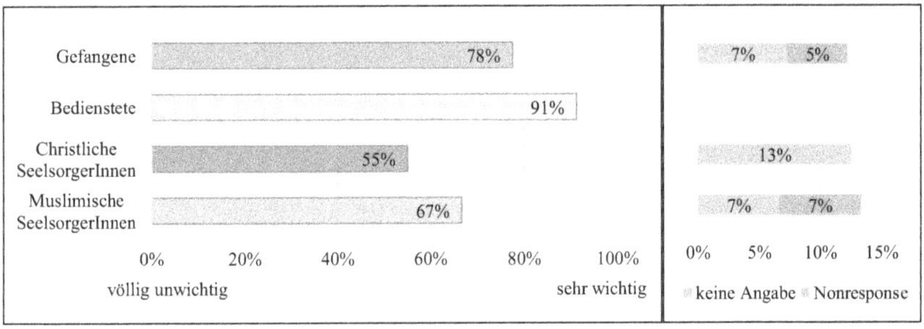

Abb. 30: Bewertung der Relevanz „Deradikalisierung"

Weiterhin wird in der Beantwortung der offenen Frage im Fragebogen deutlich, dass das Thema der Deradikalisierung alle Befragtengruppen beschäftigt

31 Vgl. Peter Neumann, „Radikalisierung, Deradikalisierung und Extremismus" (9.2.2013), www.bpb.de/apuz/164918/radikalisierung-deradikalisierung-und-extremismus?p=2 (letzter Zugriff 3.7.2020).

und hierzu unterschiedliche Meinungen vorliegen. So erwarten Bedienstete von den SeelsorgerInnen, dass sie Radikalisierungstendenzen bei Gefangenen erkennen, diesen entgegenwirken und sich diesbezüglich mit der Anstalt in Verbindung setzen. So schrieb eine bedienstete Person etwa: „Beim Erkennen von Radikalisierungstendenzen bei Gefangenen Mitteilung an die Anstalt (möglichst dem Fachbereichsleiter Sicherheit) und entsprechendes Einwirken auf den Gefangenen, sofern das sinnvoll erscheint."[32]

Ein christlicher Seelsorger hingegen ist der Ansicht, dass die Deradikalisierung nicht zu den Aufgaben muslimischer SeelsorgerInnen gehöre, da andernfalls der Staat die muslimische Seelsorge instrumentalisieren könne:

> Wichtig wäre aus meiner Sicht auch, sich gegen Deradikalisierungsprogramme abzugrenzen, diese Aufgabe haben andere zu machen, da sich die muslimische Seelsorge ansonsten vom Staat instrumentalisieren lässt und sich damit selbst ad absurdum führt.[33]

Ein muslimischer Seelsorger betrachtet dies aus einem anderen Blickwinkel und verweist zusätzlich auf die Präventionsarbeit:

> In der Tabelle fehlt meiner Meinung nach die Präventionsarbeit, die eine noch größere Bedeutung als die Deradikalisierungstätigkeit einnimmt. Aufgrund der Verschwiegenheitspflicht der Seelsorger kommen Gefangene eher zu ihnen anstatt zu anderen Diensten zu gehen, die ebenfalls Präventionsarbeit und Deradikalisierungstätigkeit anbieten. Daher gehören diese Arbeiten vor allem dem Aufgabenbereich der muslimischen Seelsorger an.[34]

Konflikthilfe unter Gefangenen

Die Haftsituation und der Gefängnisalltag führen des Öfteren dazu, dass Gefangene untereinander in Konflikte geraten. Außerdem können auch das Kollidieren unterschiedlicher politisch und religiös motivierter Ansichten Auseinandersetzungen entfachen. Da Gefangene in der Haft kaum Möglichkeiten haben, mit dem anderen darüber zu reden oder ihm auszuweichen, werden die Konflikte meist mit Gewalt ausgetragen, womit für die Gefangenen wiederum neue Probleme entstehen. SeelsorgerInnen können jedoch versuchen, mit den Betroffenen über das vorhandene Problem zu sprechen und gemeinsam mit ihnen Lösungswege zu finden. Diese Aufgabe wird von allen Befragtengruppen, bis auf die der christlichen SeelsorgerInnen, als wichtig empfunden (siehe Abb. 31).

---

32 Fragebogen Nr. 68.

33 Fragebogen Nr. 80.

34 Fragebogen Nr. 88.

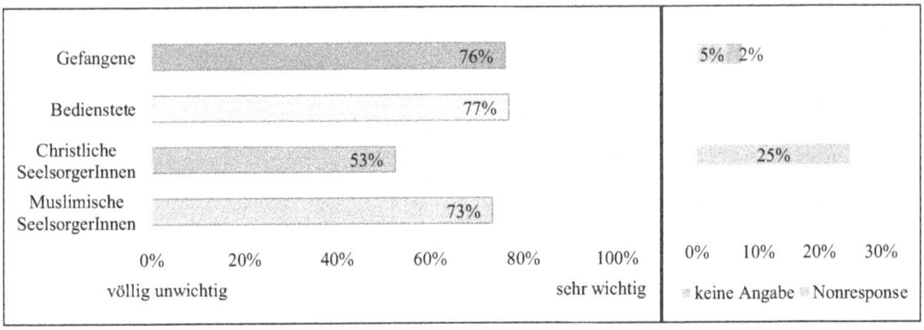

Abb. 31: Bewertung der Relevanz „Konflikthilfe unter Gefangenen"

Bei der offenen Frage äußerte ein Gefangener, dass er die Unterstützung von SeelsorgerInnen in einem Konfliktfall mit einem anderen Gefangenen benötige:

> Und die Gefangenen sehen den Muslim als terroristisch im Gefängnis an. Dies ist eine Wahrheit. Ich wünsche von Ihrer Hoheit, dass Sie erklären, dass ihre Gedanken nicht richtig sind. Ich habe eine echte Situation erlebt. Einer der Gefangenen stritt mit mir und sagte mir, dass ich ein terroristischer Muslim bin. Es geschah ein Schlag von mir gegen ihn.[35]

Verhinderung von Subkulturen

> Als Reaktion auf den Freiheitsentzug und zur Bewältigung der mit der Inhaftierung verbundenen Lebenssituation existieren in den Justizvollzugsanstalten [...] subkulturelle Gegenordnungen mit spezifischen Normen, einer gewissen Organisation und besonderen Gebräuchen.[36]

Diese Subkulturen bilden Teilsysteme innerhalb einer JVA, in denen Gefangene teilweise eigene Interessen durchsetzen und gegen die Ordnung und Regeln einer JVA verstoßen können. Dadurch erreichen sie eine gewisse Freiheit in der Haft.[37] Die Bediensteten, welche so gesehen der dominanten Kultur im Gefängnissystem angehören, möchten, dass Gefangene von dieser Kultur nicht abweichen, sodass sie mit ihnen nicht in Konflikt geraten. Die SeelsorgerInnen sollten sie bei der Aufrechterhaltung der dominanten Kultur unterstützen und der Entwicklung von Teilsystemen durch Gefangene entgegenwirken. Dementsprechend haben diesbezüglich unter den Befragten die Bediensteten die höchsten Erwartungen an die SeelsorgerInnen (siehe Abb. 32).

35 Fragebogen Nr. 24, aus dem Arabischen übersetzt.

36 Klaus Laubenthal, „Gefangenensubkulturen" (8.2.2010), www.bpb.de/apuz/32977/gefangenensubkulturen?p=all (letzter Zugriff 4.7.2020).

37 Vgl. ebd.

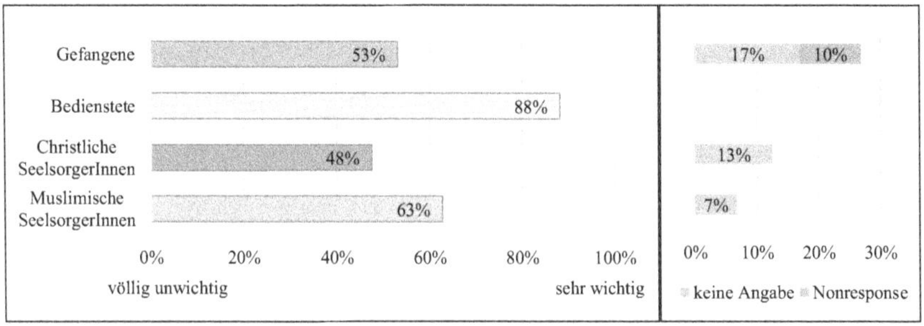

Abb. 32: Bewertung der Relevanz „Verhinderung von Subkulturen"

Begleitung bei Ausführungen von Gefangenen

Die Ausführung ist eine Vollzugslockerung für den Gefangenen, durch die er für eine festgelegte Tageszeit die Anstalt verlassen darf. Dabei befindet er sich unter der Aufsicht eines Vollzugsbediensteten.[38] In bestimmten Fällen, wie zum Beispiel bei Krankenhausaufenthalten oder der Beerdigung von Angehörigen, kann eine zusätzliche Begleitung durch SeelsorgerInnen bei Ausführungen sinnvoll sein und auch von den Gefangenen erwünscht werden. Im Allgemeinen bestehen diesbezüglich jedoch keine großen Erwartungen an die SeelsorgerInnen (siehe Abb. 33).

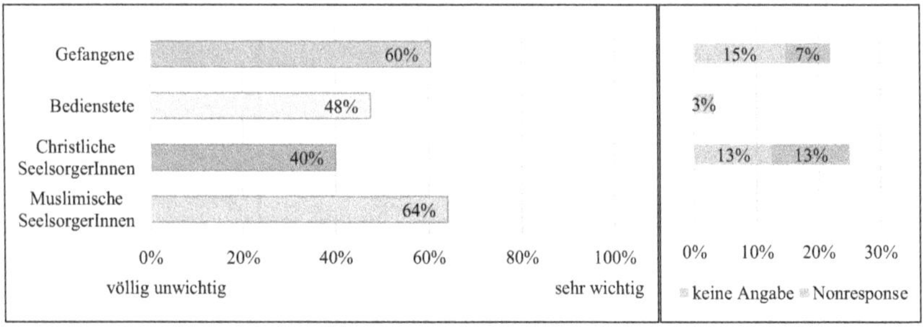

Abb. 33: Bewertung der Relevanz „Begleitung bei Ausführungen von Gefangenen"

38 Vgl. Bundesministerium der Justiz und für Verbraucherschutz, „Gesetz über den Vollzug der Freiheitsstrafe und der freiheitsentziehenden Maßregeln der Besserung und Sicherung (Strafvollzugsgesetz – StVollzG) § 11 Lockerungen des Vollzuges" (o. J.), www.gesetze-im-internet.de/stvollzg/__11.html (letzter Zugriff 4.7.2020).

Ein Bediensteter ist der Meinung, dass eine Begleitung in Einzelfällen sinnvoll sein könnte: „Begleitung von Lockerungen, Übergangsmanagement und Angehörigen kann in Einzelfällen sinnvoll sein, würde jedoch die vorherige Abstimmung mit der Abteilungsleitung erfordern.“[39]

Übergangsmanagement

„Übergangsmanagement ist eine fallbezogene und fallübergreifende Verknüpfung vollzugsinterner [… M]aßnahmen mit vollzugsexternen Reintegrationshilfen für (ehemalige) Gefangene […].“[40] Folglich entstehen durch das Übergangsmanagement Förderketten, die dazu beitragen, dass Gefangene erfolgreich in die Gesellschaft eingegliedert werden.[41] Die SeelsorgerInnen sind neben anderen diejenigen, die zur Schaffung von Förderketten beitragen und auch selbst ein Teil dieser Ketten werden können. So wurde ich von den Gefangenen gebeten, ihnen bei der Suche nach einer Wohnung, einem Arbeitsplatz und Behandlungsmaßnahmen behilflich zu sein. Ein Gefangener wünscht sich, die Suche noch vor der Entlassung abschließen und mit einem Ziel in die Freiheit gehen zu können: „Lösungen finden nach der Haft, und während der Haft vor Entlassung. Mit einem Ziel entlassen zu werden (Unterkunft) usw.“[42] Hinsichtlich des Übergangsmanagements haben unter den Befragten die Gefangenen die höchsten Erwartungen an die SeelsorgerInnen (siehe Abb. 34).

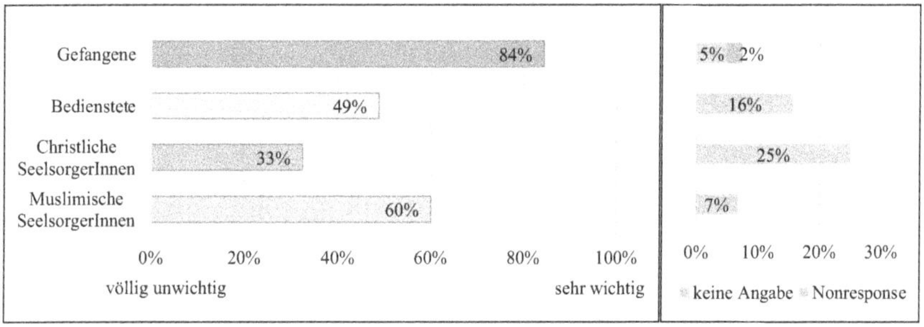

Abb. 34: Bewertung der Relevanz „Übergangsmanagement“

39 Fragebogen Nr. 63.

40 Wolfgang Wirth, „Übergangsmanagement im Strafvollzug: Anwendungsfelder – Schwerpunkte“, in: *Internetdokumentation des Deutschen Präventionstages*, hrsg. von Hans-Jürgen Kerner und Erich Marks, Hannover 2014, S. 5, www.praeventionstag.de/dokumentation/download.cms?id=1845&datei=Wirth2014_05_12-Uebergangsmanagement-DPT-Karlsruhe-DEF_1845.pdf (letzter Zugriff 4.7.2020).

41 Vgl. ebd.

42 Fragebogen Nr. 28.

Die SeelsorgerInnen können den Gefangenen vor allem dabei helfen, Kontakte zur Familie, zu FreundInnen und zu Moscheegemeinden, die sie unterstützen, zu knüpfen. Sie selbst können sie auch nach der Haft weiterhin begleiten, was ein Bediensteter in der Befragung ansprach: „[I]m Einzelfall auch Kontaktmöglichkeit für einen Gefangenen nach seiner Entlassung“.[43]

Angehörigenarbeit

Unter der Inhaftierung leiden nicht nur die Gefangenen selbst, sondern auch ihre Familien und die Beziehung zu diesen. Dabei steht das Wohl der Gefangenen sehr oft in einer engen Beziehung zum Wohl der Angehörigen. Für diese ergibt sich in der Begegnung mit den SeelsorgerInnen meist die einzige Gelegenheit, mit jemandem offen über ihre Probleme zu reden. Die SeelsorgerInnen können versuchen, Kontakt mit den Angehörigen aufzubauen, die negativen Folgen der Inhaftierung zu mildern, die interne Verbundenheit der Familie zu stärken und ihre konstruktiven Kräfte zu aktivieren.[44] Die Befragung ergab, dass alle Befragtengruppen bis auf die Bediensteten die Begleitung von Angehörigen als eher wichtig bewerten (siehe Abb. 35).

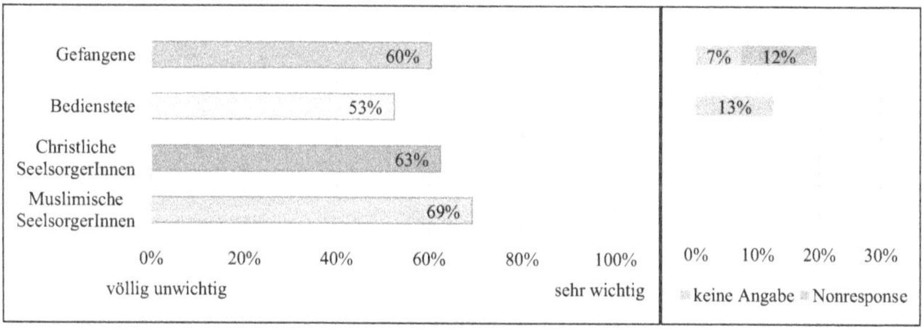

Abb. 35: Bewertung der Relevanz „Begleitung von Angehörigen“

Muslimische SeelsorgerInnen erwarteten von den SeelsorgerInnen, dass sie eine Brückenfunktion zwischen den Gefangenen und ihren Angehörigen wahrnehmen, wie beispielsweise durch folgende Angabe vertreten: „Die Kommunikation zwischen den Gefangenen und ihren Familien ermöglichen, vermitteln, also eine Brückenfunktion.“[45]

43 Fragebogen Nr. 66.
44 Vgl. EKD, *Ich war im Gefängnis*, S. 39.
45 Fragebogen Nr. 90.

Förderung des gesellschaftlichen Engagements für Gefangene

Zusätzlich zur Gefangenen- und Angehörigenarbeit wird von den SeelsorgerInnen auch eine Öffentlichkeitsarbeit erwartet. Sie sollen für eine Sensibilisierung innerhalb der Gesellschaft hinsichtlich der Situation der Gefangenen und ihrer Angehörigen sorgen.[46] Mehrere Gefangene äußerten mir gegenüber, dass sie sich von ihrem jeweiligen Konsulat alleingelassen fühlten, und fragten mich, ob ich die MitarbeiterInnen dort denn nicht auf die Situation und Belange der Gefangenen aufmerksam machen könne. Darüber hinaus wünschen sich manche Gefangene Besuche von Gemeindemitgliedern, um eine Gemeinschaft durch die Moscheegemeinden erfahren zu können. So ist ihnen eine Förderung des gesellschaftlichen Engagements für Gefangene wichtig (siehe Abb. 36).

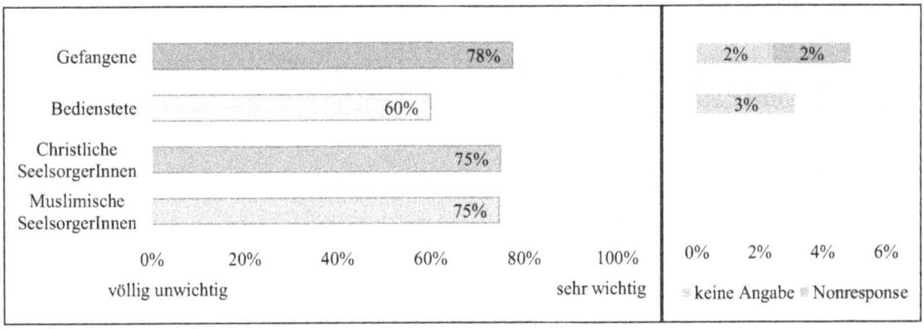

Abb. 36: Bewertung der Relevanz „Förderung des gesellschaftlichen Engagements für Gefangene“

3.2 Religiöse/spirituelle Erwartungen

Die religiöse/spirituelle Dimension besitzt einen hohen Stellenwert für viele Gefangene. Die Wahrnehmung dieser Dimension verhilft den Gefangenen dazu, ein inneres Gleichgewicht sowie eine bessere Beziehung sowohl zu anderen Menschen als auch zu Gott aufzubauen. Mithilfe der hieraus gewonnenen Kraft und Hoffnung können wiederum Einsamkeit und eigene Probleme bewältigt werden.[47] Daher wurden die Gefangenen auch nach ihren religiösen/spirituellen Bedürfnissen befragt. Trotz dessen, dass auch einige NichtmuslimInnen an

46 Vgl. EKD, *Ich war im Gefängnis*, S. 39.

47 Vgl. M. Naci Kula, „Ah Etmek ya da Af Etmek: Manevi Danışmanlık Açısından Hapishane Olgusuna Hz. Yusuf Örneği ile Bakmak“, in: *Cezaevi Hizmetlerinde Manevi Danışmanlık ve Rehberlik*, hrsg. von Mahmut Zengin, Nuri Tınaz, Ali Ayten und Halil Ekşi, Istanbul 2019, S. 322 f.

der Befragung teilnahmen, sind bei den religiösen/spirituellen Aspekten hohe Erwartungswerte zu verzeichnen (siehe Abb. 37).

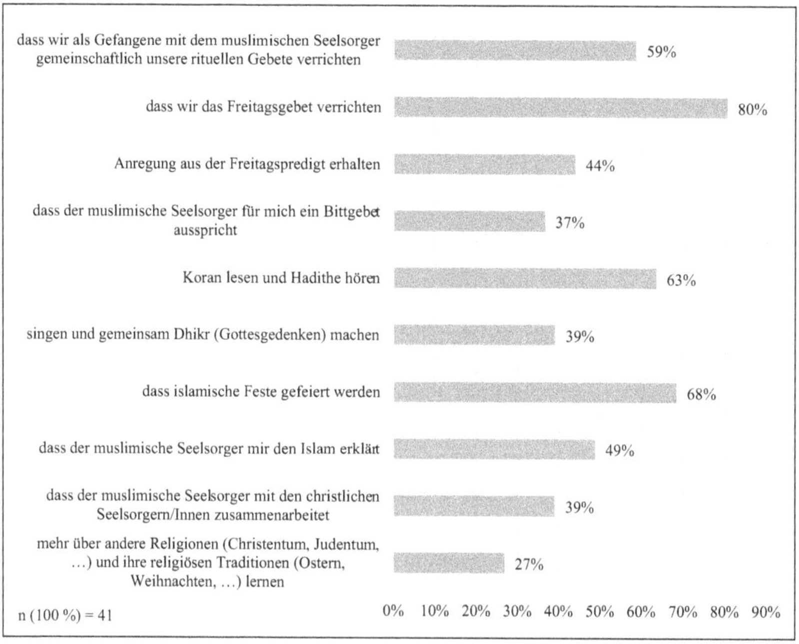

Abb. 37: „Welche religiösen/spirituellen Wünsche haben Sie?“ – „Ich möchte ...“

Gottesdienst

Gottesdienste sind besondere Ereignisse, bei denen Gefangene eine Begegnung mit Gott erleben, ihn in reumütiger Umkehr um Vergebung bitten und versuchen, ihren Pflichten ihm gegenüber (wieder) nachzukommen. Sie sind Orte, an denen Gefangene für eine bestimmte Zeit dem Gefängnisalltag entkommen und innere Ruhe finden möchten. Eine besondere Art des Gottesdienstes ist das islamische Freitagsgebet. Bei der Befragung gaben 80 % der Gefangenen an, das Freitagsgebet verrichten zu wollen (siehe Abb. 37), und äußerten die Erwartung an die SeelsorgerInnen, noch öfter Freitagsgebete anzubieten, weil das Freitagsgebet in der JVA Sehnde derzeit nur einmal im Monat verrichtet wird.[48] Das Freitagsgebet wird seitens der christlichen und muslimischen SeelsorgerInnen ebenfalls als sehr wichtig erachtet (siehe Abb. 38).

48 Vgl. Fragebogen Nr. 23.

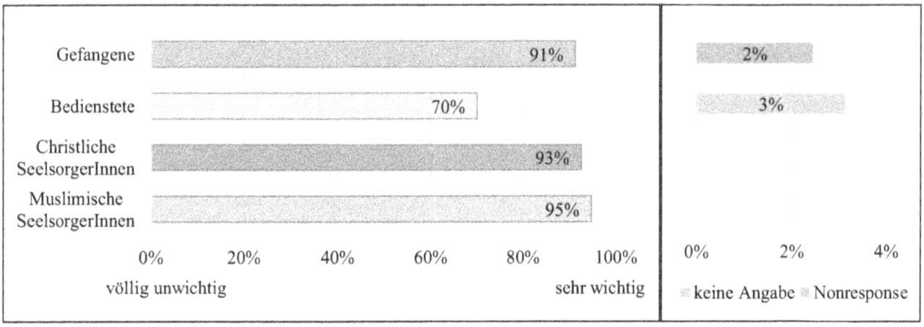

Abb. 38: Bewertung der Relevanz „Gottesdienst (Freitagsgebet)“

Beim Freitagsgebet wird außerdem eine Freitagspredigt gehalten, in welcher der Seelsorger unterschiedliche Themen in verschiedenen Sprachen anspricht. Für die Gefangenen ist allerdings das Verrichten des Freitagsgebetes offenbar wichtiger, da im Vergleich zu 80 % der Gefangenen, die das Freitagsgebet verrichten wollen, nur 44 % der Gefangenen Anregungen aus der Freitagspredigt erhalten möchten (siehe Abb. 37). Es wurde zwar nicht speziell danach gefragt, an welchem Ort das Freitagsgebet verrichtet werden soll, jedoch drückte ein Gefangener seinen Wunsch nach einem eigenen Raum hierfür aus. In der Kirche bzw. dem Multifunktionsraum der JVA scheint er sich nicht beheimatet zu fühlen: „Es gibt keinen Ort für das Freitagsgebet außer in der Kirche!!!“[49]

Neben dem gemeinschaftlichen Freitagsgebet können auch die täglichen fünf Pflichtgebete in Gemeinschaft verrichtet werden. 59 % der Gefangenen wünschen sich, diese Gebete ebenso mit anderen Gefangenen und dem Seelsorger verrichten zu können (siehe Abb. 37). Ein Gefangener möchte seine rituellen Pflichtgebete immer beten und meint, dass er es derzeit nicht könne: „Ich bin Muslim und möchte meine fünf täglichen rituellen Gebete oder das Freitagsgebet verrichten.“[50] Dies könnte eventuell daran liegen, dass er aufgrund seiner Arbeitstätigkeit innerhalb der JVA keine Möglichkeit findet, sein Mittagsgebet zu verrichten und sich in der Absicht an den Seelsorger wendet, bei diesem Unterstützung zu finden.

Eine weitere gottesdienstliche Handlung ist das Bittgebet, womit die Gefangenen ihre Schwächen akzeptieren und bei einer höheren Instanz, nämlich Gott, die Erfüllung ihrer Wünsche erbitten. Im Vertrauen darauf, dass dieser

---

49 Fragebogen Nr. 23, aus dem Arabischen übersetzt.

50 Fragebogen Nr. 24, aus dem Arabischen übersetzt.

ihnen helfen wird, empfinden die Gefangenen Erleichterung und Sicherheit.[51] Um diese Verbindung zu Gott bestmöglich aufbauen zu können, wünschen sich die Gefangenen von SeelsorgerInnen, ihnen einige gängige Bittgebete beizubringen. Darüber hinaus möchten 37 % der Gefangenen, dass auch die SeelsorgerInnen ein Bittgebet für sie aussprechen (siehe Abb. 37).

Religiöse Unterweisung

Die religiöse Unterweisung durch die SeelsorgerInnen ermöglicht den Gefangenen, Kenntnisse über den Islam zu erhalten, um diesen entsprechend sowohl während als auch außerhalb der Haft leben zu können. Durch die religiöse Unterweisung kann den Gefangenen verdeutlicht werden, wie ein muslimisches Leben in einer säkularen, pluralistischen Gesellschaft und vor allem in ihrer aktuellen Situation möglich ist, ohne mit der eigenen Religion oder Tradition brechen zu müssen. Die religiöse Unterweisung kann somit zu Gedankens- und Verhaltensänderungen bei den Gefangenen führen und ihr Leben positiv beeinflussen. Des Weiteren wird die Zeit, in der über den Islam gesprochen und Neues gelernt wird, von den Gefangenen als wertvolle Zeit in der Haft empfunden. Deshalb wünscht sich ein Gefangener eine Ausweitung derartiger Angebote: „Mehr Unterricht in Religion".[52]

Dieser Wunsch zeigt sich auch bei der Bewertung der Relevanz der religiösen Unterweisung (siehe Abb. 39).

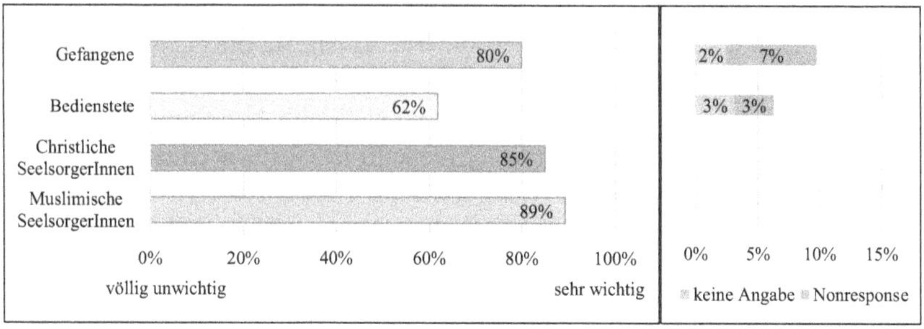

Abb. 39: Bewertung der Relevanz „Religiöse Unterweisung"

51 Vgl. Kula, „Ah Etmek ya da Af Etmek", S. 324.
52 Fragebogen Nr. 32.

Die SeelsorgerInnen werden als AnsprechpartnerInnen für religiöse Belange wahrgenommen. So erwarten 49 % der Gefangenen von diesen, dass sie ihnen den Islam erklären (siehe Abb. 37). Hierbei können sie selbst oder in Absprache mit den Gefangenen entscheiden, über welche Themen gesprochen werden soll. Zu den Themen sollten aber auch Grundkenntnisse über den Islam gehören. Viele Gefangene haben kaum islamischen Religionsunterricht erhalten, wissen daher nicht, wie das rituelle Gebet verrichtet wird, und erwarten, dass die SeelsorgerInnen es ihnen beibringen: „Ich bitte sie zu erklären, wie man die Gebetswaschung macht und wie man das rituelle Gebet verrichtet, weil einige nicht die richtige Vorgehensweise kennen und sich schämen zu fragen."[53] Ein anderer Gefangener gibt an: „Gebete lernen (viele können nicht mal die Grundkenntnisse)".[54]

Ferner gaben 63 % der Gefangenen an, dass sie mit den SeelsorgerInnen im Koran lesen und über Hadithe sprechen möchten. Die SeelsorgerInnen sollen ihnen ein ‚richtiges' Islam- und Koranverständnis vermitteln und ihre Verständnisfragen in Bezug auf bestimmte Verse beantworten. Darüber hinaus sollen sie sie die Koranrezitation im originalen Wortlaut, also in der arabischen Sprache, lehren. Gewünscht wird daher das „Lernen des arabischen Alphabetes"[55] und: „Ich möchte wieder den Koran lesen / und ich möchte die täglichen 5 rituellen Gebete verrichten".[56]

Eine Seelsorgetätigkeit oder eine religiöse Unterweisung ist für manche Gefangenen sinnentleert und nicht richtig, wenn kein Bezug zu Koran und Hadithen genommen wird. Weiterhin haben die SeelsorgerInnen darauf zu achten, dass sie in ihren Gesprächen als authentisch anerkannte Hadithe anführen und Ansichten einiger bestimmter Gruppen vermeiden: „Mehr über Hadithe sprechen"[57]; „Keine Überlieferungen von der Wahhabitischen Sekte! Kein P. Vogel und angehörige von Ihn weil er ein Kafir ist! Terroristen sind das!"[58]

Neben der religiösen Unterweisung sollte der Seelsorger – der Meinung eines muslimischen Seelsorgers nach – die Gefangenen im Übrigen über ihre Kultur unterrichten: „Er sollte außerdem die Gefangenen über ihre Kultur und Religion informieren."[59]

53 Fragebogen Nr. 39, aus dem Arabischen übersetzt.
54 Fragebogen Nr. 36.
55 Fragebogen Nr. 36.
56 Fragebogen Nr. 3, aus dem Türkischen übersetzt.
57 Fragebogen Nr. 36.
58 Fragebogen Nr. 37.
59 Fragebogen Nr. 91.

Religiöse Feste

Religiöse Feste[60] gehören zur islamischen Kultur und sind besondere Tage, die mit der Familie, den Verwandten und den Freunden gefeiert werden. In der Haft ist es allerdings nicht möglich, diese Feste in gewohnter Form zu begehen. Dennoch kann der Seelsorger die Begehung religiöser Feste organisieren und ermöglichen, dass Freude und Gemeinschaft erlebt werden. Dementsprechend wünschen sich 68 % der Gefangenen, dass islamische Feste in der JVA gefeiert werden (siehe Abb. 37). Die Bewertung der Relevanz des Items „religiöse Feste" verdeutlicht, dass diese besonders den christlichen und muslimischen SeelsorgerInnen sehr wichtig sind (siehe Abb. 40).

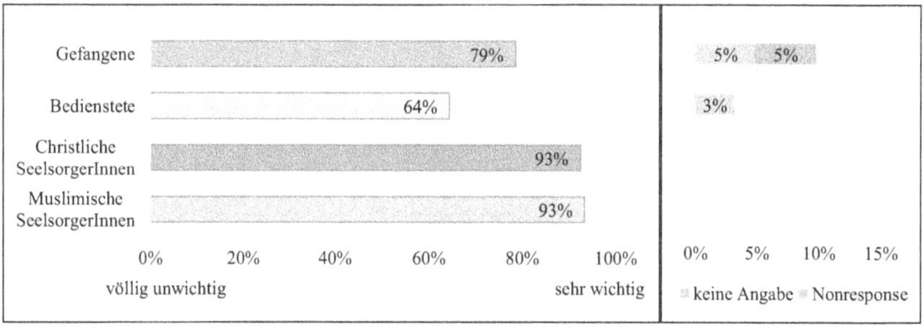

Abb. 40: Bewertung der Relevanz „religiöse Feste"

Gesang und Gottesgedenken

Der Koran erinnert die Gläubigen daran, dass ihre Herzen auch in schwierigen Situationen im Gedenken an Allah zur Ruhe kommen können (vgl. Koran 13/28). Diese beruhigende und heilende Wirkung des Gottesgedenkens kann der Seelsorger bei seiner Tätigkeit nutzen und die spirituelle Erfahrung für die Gefangenen spürbar machen. Dazu können unter anderem die Koranrezitation, die Lobpreisung Gottes oder religiöse Lieder verwendet werden. Bei der Befragung gaben 39 % der Gefangenen an, singen und gemeinsam *ḏikr* (Gottesgedenken, das oft melodisch oder ritualisiert praktiziert wird) praktizieren zu wollen (siehe Abb. 37).

60 Gemeint sind hiermit das Ramadanfest und das Opferfest.

Islamische Eheschließung

Die Erwartung an (spezifisch männliche) Seelsorger, islamische Eheschließungen zu vollziehen, wurde zwar bei der Befragung nicht als Antwortmöglichkeit aufgelistet und auch von den Gefangenen selbst nicht genannt, doch wird der Wunsch hiernach gelegentlich von einigen Gefangenen geäußert. Diese Gefangenen sind weder standesamtlich noch nach islamischer Tradition verheiratet. Sie haben aber Freundinnen, die sie in der JVA besuchen. Damit sie dabei keine islamrechtlich verbotenen Beziehungen ausleben, bitten einige Gefangene die Seelsorger, möglichst schnell religiöse Eheschließungszeremonien (ohne standesamtliche Trauung) für sie zu arrangieren.

Befreiung von Dschinn und Magie

Während meiner Tätigkeit als Seelsorger begegnete ich einigen Gefangenen, die sich von Dschinnen belästigt fühlten. Sie erwähnten, dass sie dadurch von Albträumen geplagt würden, nicht schlafen könnten und viel litten. Indessen gingen andere Gefangene davon aus, dass jemand Magie gegen sie angewendet habe und ihnen aufgrund dessen ständig Schlimmes widerfahre. In diesen Fällen wird der Seelsorger als möglicher Erlöser von diesen Leiden angesehen. Sie erwarten von ihm, dass er sie durch Koranrezitationen, Bittgebete und andere Methoden von den Dschinnen und der Magie befreit. Andere Dienste in der JVA verstünden sie nicht und/oder schenkten ihnen keinen Glauben, sodass diese schließlich auch nicht als Hilfsangebote wahrgenommen werden.

Interreligiöse Arbeit

Die religiöse Vielfalt in der Gesellschaft spiegelt sich auch in der JVA wider, sodass es auch dort interreligiöser Zusammenarbeit bedarf. Die Befragung ergab, dass sich 39 % der Gefangenen eine Zusammenarbeit christlicher und muslimischer SeelsorgerInnen wünschen (siehe Abb. 37). Bei den interreligiösen Projekten sollten mehrere Ziele verfolgt werden. In erster Linie können mithilfe dieser Projekte, in denen christliche und muslimische SeelsorgerInnen und Gefangene zusammenkommen, beidseitiger Wissensaustausch und -zuwachs ermöglicht werden. 27 % der Gefangenen drückten bei der Befragung den Wunsch aus, mehr über andere Religionen und deren religiöse Traditionen lernen zu wollen (siehe Abb. 37). Weiterhin können hiermit Vorurteile abgebaut, ein Dialog aufgebaut, das ‚Eigene' und ‚Andere' reflektiert und eine Perspektivenerweiterung im Denken und Handeln vollzogen werden. Dies sollte somit auch Gefangene dazu anregen, friedlich und freundschaftlich in einem Gefängnis miteinander umzugehen, wo doch meist angespannte und eher feindselige Stimmungen zu erleben sind. Ein Gefangener erwartet diesbezüglich, dass die SeelsorgerInnen eine Brückenfunktion übernehmen:

> Er sollte in der Lage sein eine Brücke zwischen den Religionen zu bauen, in dem Er gemeinsame Werte aufzeigt, die Rolle von Personen hervorhebt die in der Bibel wie Koran vorkommen (z. B. Jesus und Maria). Er sollte einen Dialog zwischen Christen und Muslime führen können, in dem Er gemeinsame Gesprächskreise/Aktivitäten ausführt.[61]

Ein christlicher Seelsorger verweist ebenfalls auf eine Brückenfunktion der SeelsorgerInnen: „Dialog und Kooperation mit Christen. Bruecken In Die Gesellschaft Bauen“.[62] Weiterhin wünscht sich ein muslimischer Seelsorger eine Zusammenarbeit christlicher und muslimischer SeelsorgerInnen: „Mit anderen Seelsorgern (also christliche Seelsorger) gemeinsame Angebote durchführen.“[63] Dazu bedarf es, wie ein Bediensteter formuliert, einer Bereitschaft und eines Einsatzes: „Eintreten für interreligiöse Arbeit“.[64]

3.3 Systembezogene Erwartungen

Das Gefängnis ist ein System, in dem mehrere arbeitende Dienste, Hierarchien, Regeln, Prozedere und verschiedene Möglichkeiten parallel zueinander existieren. Unter dem Punkt ‚systembezogene Erwartungen‘ werden hierbei die Funktionen und Tätigkeiten der SeelsorgerInnen, die sie in diesem System wahrnehmen sollen, aufgegriffen. Dazu wurden die Gefangenen gefragt, welche Wünsche sie in Bezug auf die Institution Gefängnis an die SeelsorgerInnen haben. Aus den Ergebnissen wird ersichtlich, dass viele der Gefangenen ganz mannigfaltige Erwartungen an sie knüpfen. So wünschen sich etwa 71 % der Gefangenen, dass die SeelsorgerInnen sich für ihre individuellen Interessen einsetzen (siehe Abb. 41).

61 Fragebogen Nr. 9.
62 Fragebogen Nr. 79.
63 Fragebogen Nr. 90.
64 Fragebogen Nr. 72.

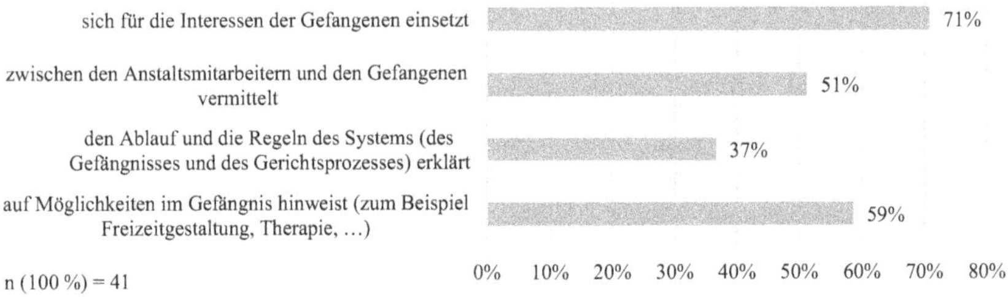

Abb. 41: „Welche Wünsche bezogen auf die Institution Gefängnis haben Sie?" – „Ich möchte, dass der muslimische Seelsorger ..."

Ein Gefangener merkt jedoch an, dass er ein derartiges Engagement zwar gut fände, dies jedoch nicht im Aufgabengebiet der Seelsorger verorte: „Wäre zwar schön, aber gehören nicht zu den Aufgaben des Seelsorgers."[65]

Wegweisung im System

Die Gefangenen befinden sich durch die Haft in einem neuen System. Um sich in diesem Gefüge orientieren, die eigenen Probleme lösen und eigene Anliegen durchsetzen zu können, suchen sie sich die Unterstützung anderer. So werden auch diesbezüglich Erwartungen an die SeelsorgerInnen gestellt. 37 % der Gefangenen wünschen sich, dass die SeelsorgerInnen ihnen den Ablauf und die Regeln des Systems (des Gefängnisses und des Gerichtsprozesses) erklären (siehe Abb. 41). Andererseits erwarten 59 % der Gefangenen, dass die SeelsorgerInnen sie auf die Möglichkeiten im Gefängnis hinweisen (siehe Abb. 41), zu denen beispielsweise eine individuelle Freizeitgestaltung, weitergehende berufliche oder schulische Ausbildungen sowie therapeutische Maßnahmen etwa in Bezug auf Substanzmissbrauch oder Spielsucht sowie zur Gewaltprävention gehören. Gegebenenfalls sollen die SeelsorgerInnen sie dabei unterstützen, diese Angebote und Maßnahmen wahrzunehmen und die Gefangenen zu den entsprechenden Stellen weitervermitteln.

Zusammenarbeit mit anderen Diensten innerhalb der JVA

Ein gegebenes System kann nur dann reibungslos funktionieren, wenn die Zusammenarbeit zwischen allen seinen Bestandteilen und Teilnehmenden gewährleistet wird. Dementsprechend ist eine gute Zusammenarbeit der SeelsorgerInnen mit den sonstigen Diensten innerhalb der JVA wärmstens erwünscht (siehe Abb. 42).

65 Fragebogen Nr. 36.

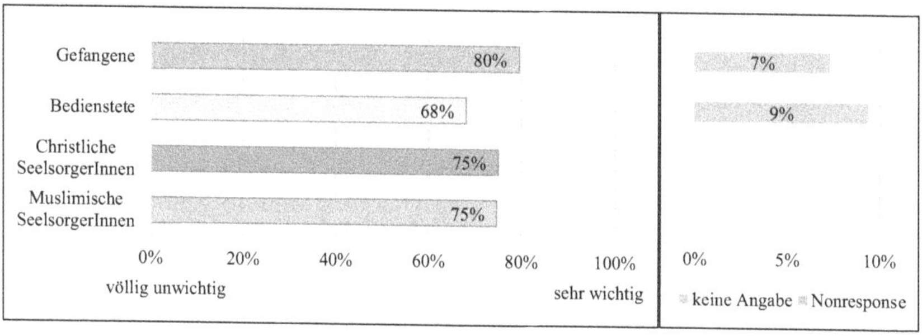

Abb. 42: Bewertung der Relevanz „Zusammenarbeit mit anderen Diensten innerhalb der JVA"

Eine Zusammenarbeit kann in unterschiedlichen Formen geschehen. Wichtig dabei sind der Dialog und der konkrete Umgang miteinander. Hierdurch kann ermöglicht werden, dass SeelsorgerInnen und andere AnstaltsmitarbeiterInnen die Tätigkeiten der jeweils anderen Dienste verstehen und sich in ihrer Arbeit nicht auf eine Weise verhalten, welche den Erfolg der unterschiedlichen Angebote gegenseitig aushebelt.[66] Darum erwarten die Bediensteten einen Gesprächsaustausch mit den SeelsorgerInnen: „[B]essere Kommunikation mit den Bediensteten der Stationen Unwissenheit sorgt für eine kritische Haltung".[67] Zudem kann es für die Bediensteten in bestimmten Fällen hilfreich sein, wenn sie über den Zustand eines Gefangenen informiert werden: „Bei wichtigen Gesprächen bitte die Bediensteten mit integrieren oder ein Feedback geben!"[68]; „Einen Gesprächsaustausch mit Kollegen, soweit es die Schweigepflicht erlaubt. Zum Beispiel über die Gemütslage des Gefangene."[69]

Außerdem ist für eine erfolgreiche Zusammenarbeit ein offener und guter Umgang nötig: „Die aktuelle Zusammenarbeit sollte so weiterlaufen. Offener und fairer Umgang ist als sehr angenehm einzustufen."[70]; „Ein offener und respektvoller Umgang miteinander. Gegenseitiges Verständnis für die unterschiedlichen Aufgaben der einzelnen Mitarbeiter in der Anstalt. Gute Zusammenarbeit mit den übrigen Seelsorgern."[71]

66 Vgl. Funsch, *Seelsorge im Strafvollzug*, S. 452.
67 Fragebogen Nr. 76.
68 Fragebogen Nr. 55.
69 Fragebogen Nr. 69.
70 Fragebogen Nr. 67.
71 Fragebogen Nr. 58.

Die Bediensteten weisen darauf hin, dass besonders eine Zusammenarbeit der christlichen und der muslimischen Seelsorge erwünscht wird. Regelmäßige Treffen untereinander, gemeinsame Koordinierung der Seelsorge und gegenseitige Unterstützung bei Einzelfällen sind einige dieser Kooperationsmöglichkeiten: „Zusammenarbeit/Koordinierung aller Seelsorge (evangelisch, katholisch, muslimisch) um eine Gleichgewichtung und ausgeglichen Präsenz aller Religionen zu gewährleisten",[72] „Zusammenarbeit mit der christlichen Seelsorge in dem möglichen Rahmen".[73]

Indessen stößt man hier auf bestimmte Grenzen, da unter anderem nicht der gleiche rechtliche Status auf beiden Seiten besteht. Eine gemeinsame Besprechung ist nur begrenzt möglich, wobei ein christlicher Seelsorger eine gemeinsame Dienstbesprechung ganz ausschließt: „Kontakt zur christlichen Seelsorge, aber keine gemeinsamen Dienstbesprechungen."[74]

Darüber hinaus ist eine Zusammenarbeit mit den Sozialarbeitenden, dem psychologischen Dienst, der medizinischen Abteilung, der Anstaltsküche und vor allem der Anstaltsleitung, welche ein muslimischer Seelsorger anspricht,[75] nötig. In der Zusammenarbeit verschiedener Dienste kann den Gefangenen besser geholfen werden, da hierdurch Probleme früher erkannt und schneller gelöst werden. Ein Gefangener weist auf diesen Aspekt hin: „Hin und wieder mal sich enger mit den Gefangenen beschäftigen die aus der Reihe tanzen oder extrem abhängig hier sind. Dazu die info sich von JVA zusammenarbeit holen."[76]

Vermittlung zwischen Bediensteten und Gefangenen

Die Konflikte, welche für die Gefangenen in der Auseinandersetzung mit sich selbst oder anderen Gefangenen sowie im Zusammenhang mit dem typischen Tagesablauf in der JVA entstehen, wirken sich ebenso wie Verständnisprobleme, die sich aufgrund von Sprachbarrieren und kulturellen Differenzen ergeben, teils stark auf das Verhältnis zwischen den Bediensteten und den Gefangenen aus. So lassen die Gefangenen ihre Frustrationen oftmals an den Bediensteten aus, während letztere schlicht dazu verpflichtet sind, für Sicherheit und Ordnung zu sorgen.[77] Insofern erwarten JVA-Bedienstete von den SeelsorgerInnen auch die

---

72 Fragebogen Nr. 76.

73 Fragebogen Nr. 78.

74 Fragebogen Nr. 84.

75 Vgl. Fragebogen Nr. 90.

76 Fragebogen Nr. 28.

77 Vgl. Sekretariat der deutschen Bischofskonferenz (Hg.), *„Denkt an die Gefangenen, als wäret ihr mitgefangen" (Hebr 13,3) – Der Auftrag der Kirche im Gefängnis*, Die deutschen Bischöfe Nr. 84, Bonn 2006, S. 26.

Beachtung dieser Aspekte: „Immer einen Blick auf die Sicherheit und Ordnung der Anstalt haben.“[78] Hierdurch entsteht schließlich ein Spannungsfeld teils konfligierender Interessen verschiedener Gruppen, in welches die SeelsorgerInnen hineingezogen werden. Dabei sollen sie Leben und Arbeit im Gefängnis insofern erleichtern, als bestehende Spannungen zwischen den Gruppen durch Vermittlung sukzessive abgebaut werden. Bei der Befragung wünschten sich 51 % der Gefangenen, dass die SeelsorgerInnen diese Funktion der Vermittlung zwischen den Anstaltsmitarbeitenden und den Gefangenen wahrnehmen (siehe Abb. 41). Einige der Bediensteten begrüßen ebenfalls das Wirken der SeelsorgerInnen: „! Ihr seit ein wichtiger Bestandteil, der Verständnis bei den Gef. übermittelt. Danke dafür!“[79]; „Hilfe bei Konflikten, welche auf religiöser oder kultureller Basis beruhen“.[80] Entsprechend wird auch in gewissen Fällen seitens der Gefangenen erwartet, dass die SeelsorgerInnen ihre Anliegen an die Anstaltsleitung weitertragen und zwischen beiden Parteien vermittelnd auftreten (siehe Abb. 43).

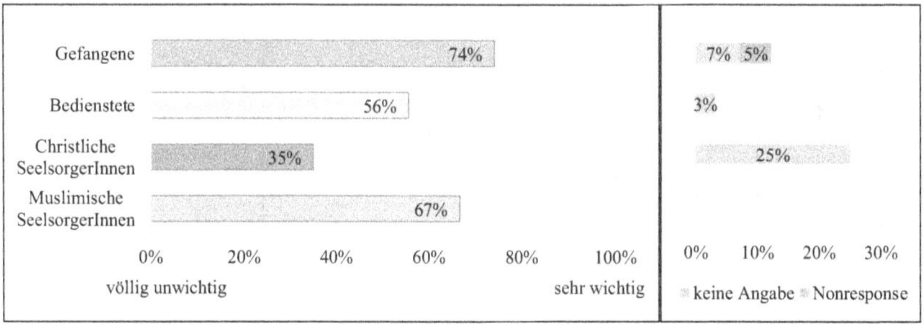

Abb. 43: Bewertung der Relevanz „Vermittlung zwischen Anstaltsleitung und Gefangenen“

Die Position, welche die SeelsorgerInnen zwischen den Gruppen einnehmen, ist von besonderer Bedeutung. Ohne sich auf eine Seite zu stellen, sollten sie beiden Gruppen zuhören, die gegenseitige Information fördern und mit ihnen versuchen, die für alle geeignetsten Lösungswege zu finden. So erwartet dies etwa auch

78 Fragebogen Nr. 68.
79 Fragebogen Nr. 55.
80 Fragebogen Nr. 72.

ein christlicher Seelsorger: „Vollzugsloyal und Kritisch; unser Justizvollzug ist maximal die zweitbeste Lösung, nach der besten suchen wir noch. …“[81]

Einsatz für humanere Lebensbedingungen

Humanere Lebensbedingungen zu schaffen, gehört zu den zentralen Anliegen der Gefangenen. Durch die Haft gelangen sie in einen neuen Lebensraum und erleben veränderte Lebensumstände. Ihnen wird vieles entzogen, was sie zuvor besessen haben und ungestört nutzen konnten. Drastische Einschränkungen werden bereits im gewöhnlichen Alltag deutlich spürbar. Die JVA ist bestrebt, einen respektvollen Umgang und angemessene Lebensbedingungen herzustellen, indem sie zum Beispiel die Gefangenen menschenwürdig in der Haft unterbringt, für ihre physische und psychische Gesundheit sorgt, sinnvolle Freizeitbeschäftigungen schafft und den Gefangenen dabei unterstützend zur Seite steht, gegebene soziale Kontakte auch während der Inhaftierung aufrechtzuerhalten.[82] Dennoch ist dies für viele Gefangene nicht ausreichend, sodass sie einen Einsatz der SeelsorgerInnen für humanere Lebensbedingungen als wichtig erachten (siehe Abb. 44).

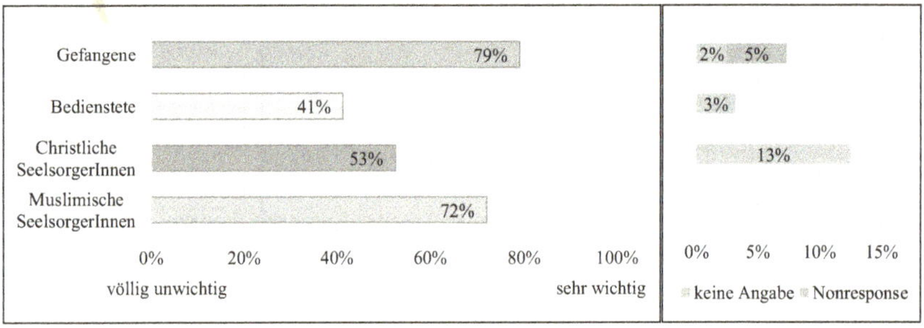

Abb. 44: Bewertung der Relevanz „Einsatz für humanere Lebensbedingungen“

Mehrere Gefangene nutzten die offenen Antwortmöglichkeiten, um hierdurch weitergehende individuelle Anliegen und Erwartungen zu äußern. Dabei wurde vorwiegend der Wunsch nach mehr Fernsehsendern in der eigenen Sprache

81 Fragebogen Nr. 79.

82 Vgl. Justizvollzugsanstalt Sehnde, „Unser Auftrag“ (o. J.), justizvollzugsanstalt-sehnde.niedersachsen.de/wir_ueber_uns/unsere_vollzugseinrichtung/unser_auftrag/-82513.html (letzter Zugriff 12.7.2020).

genannt: „Es soll mit der Anstaltsleitung gesprochen und die TV-Programme vermehrt werden. In unserer eigenen Sprache sollte es mehr als nur ein Programm geben. Wir würden uns freuen, wenn Sie uns diesbezüglich behilflich werden.“[83]; „Wir benötigen arabische Fernsehsender um die Gegenwart zu leben.“[84]

Ein besserer Umgang mit den Gefangenen ist ein weiterer Wunsch, der häufiger auftaucht. Gefangene merken an, dass auf besondere Bedürfnisse der muslimischen Inhaftierten nicht angemessen eingegangen werde, was ihr Leben in der JVA erschwere. Die Muslime würden gegenüber den anderen Gefangenen in allen Angelegenheiten, auch der Religionsausübung, benachteiligt. Dies wird etwa in folgenden Angaben deutlich: „Das man einfach menschlich mit uns umgeht“[85]; „Dieses Gefängnis ist nicht geeignet für Muslime. Alle beschweren sich über sie.“[86]

Bezogen auf die Religionsausübung erwartet ein muslimischer Seelsorger die Verbesserung der Möglichkeiten für die muslimischen Gefangenen: „Den Gefangenen die Möglichkeiten bezüglich der Religion geeigneter machen, zum Beispiel Duschkabinen, halal Essen und Gottesdienste/rituelle Gebete.“[87]

Muslimische Gefangene sprechen zudem ihre besonderen Bedürfnisse während des islamischen Fastenmonats Ramadan an. Da das Fastenbrechen hier zumeist am späten Abend bzw. im Sommer sogar in der Nacht stattfindet, wünschen sie sich geeignete Möglichkeiten, ihre religiöse Praxis mit der Realität im Vollzug zu harmonisieren. So wird etwa gewünscht, eigene Kochmöglichkeiten für diesen Zeitraum zur Verfügung gestellt zu bekommen: „Im Monat Ramadan eine kleine Kochplatte (Herd) für die Fastenden zum Erwärmen des Essens, wenn möglich. Denn zur Zeit des Fastenbrechens ist Einschluss.“[88]

Auch allgemein wird das derzeitige Speiseangebot kritisiert:

> Das Essen soll verbessert werden. Es sollte etwas menschenwürdiger sein. Gott sei Dank ich danke immer. Aber mit den gleichen Zutaten können bessere Gerichte zubereitet werden. Dadurch würde mehr gespart werden. Denn das Essen wird in sehr hohem Maße in den Müll geworfen.[89]

---

83 Fragebogen Nr. 2, aus dem Türkischen übersetzt. Gemeint sind hier mit den TV-Programmen Fernsehsender.
84 Fragebogen Nr. 23, aus dem Arabischen übersetzt.
85 Fragebogen Nr. 34.
86 Fragebogen Nr. 23, aus dem Arabischen übersetzt.
87 Fragebogen Nr. 90.
88 Fragebogen Nr. 2, aus dem Türkischen übersetzt.
89 Fragebogen Nr. 2, aus dem Türkischen übersetzt.

Informieren der AnstaltsmitarbeiterInnen über islamische Themen

Die teils fehlenden, teils nur basalen Kenntnisse der JVA-MitarbeiterInnen über den Islam und unterschiedliche muslimisch geprägte Kulturen können ein weitgehendes Unverständnis gegenüber den besonderen Bedürfnissen, religiösen Praktiken und Lebensweisen von MuslimInnen bedingen. Muslimische SeelsorgerInnen können hier aufgrund ihrer theologischen und interkulturellen Kompetenzen als vermittelnde Instanz auftreten, was zum Aufbau von Verständnis gegenüber den Gefangenen beitragen kann. So erhoffen sich auch die befragten Bediensteten, ihre bestehenden Wissens- und Verständnislücken durch den Kontakt mit muslimischen SeelsorgerInnen füllen zu können, wie in folgenden Erwartungen deutlich wird: „Vermittlung von religiösen Besonderheiten"[90]; „Die Information der Bediensteten über islamische Themen finde ich mit Hinblick auf Verständnisaufbau gegenüber der Gefangenen sehr sinnvoll."[91]

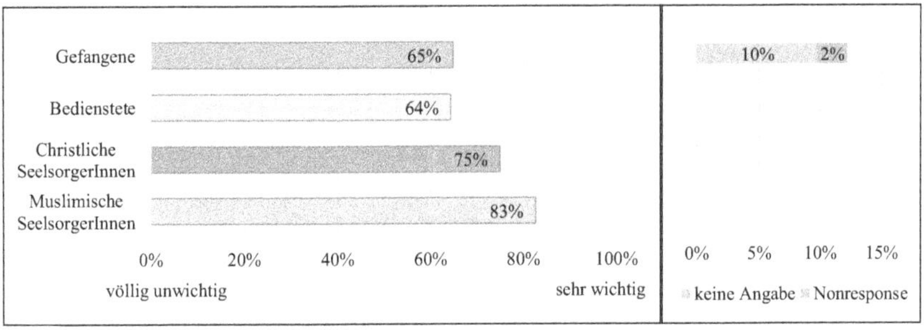

Abb. 45: Bewertung der Relevanz „Informieren der AnstaltsmitarbeiterInnen über islamische Themen"

Bei den Themen, zu denen Informationsbedarf besteht, handelt es sich insbesondere um rituelle sowie lebenspraktische Aspekte, die sich in der ein oder anderen Form auf den Alltag in der JVA auswirken, so etwa die rituelle Waschung, die rituellen Gebete, das Koran- und Hadith-Verständnis, religiöse Kalligraphie, Redewendungen, rituell erlaubtes Essen *(ḥalāl)*, Fasten und Fastengebote, Gegenstände für den religiösen Gebrauch (z. B. Gebetsteppich, Gebetskette, Gebetsmütze) und die islamische Ehe. Eine Unkenntnis über solche Themen

90 Fragebogen Nr. 72.

91 Fragebogen Nr. 71.

kann zu Missverständnissen und falschen Einschätzungen führen. Geschieht hier also, wo nötig, keine Aufklärung durch die SeelsorgerInnen, können schlimmstenfalls deplatzierte Maßnahmen durch Bedienstete ergriffen werden, welche fatale Auswirkungen auf die weitere Entwicklung der Gefangenen mit sich bringen können. So bittet ein Gefangener den Seelsorger, ihm in seinem Fall zu helfen und sowohl die Bediensteten als auch die Gefangenen über den Islam ‚aufzuklären'. Sie würden ihm nämlich aufgrund seiner religiösen Observanz vorwerfen, terroristischer Gesinnung zu sein, obwohl dies nicht stimme:

> O geehrter Bruder, ich möchte, dass Sie so gütig sind und sich über manche Haltungen einiger Bediensteten des Gefängnisses gegenüber den Muslimen vergewissern. [...] Diese Lage führt zur Verabscheuung des Christentums und zu anderen unethischen Gedanken, die aus falschen Gedanken von den Bediensteten des Gefängnisses über die islamische Religion folgen. Hier im Gefängnis Sehnde gibt es viele Bedienstete des Gefängnisses. Und die Gefangenen sehen den Muslim im Gefängnis als terroristisch an. Dies ist eine Wahrheit. Ich wünsche von Ihrer Hoheit, dass Sie erklären, dass ihre Gedanken nicht richtig sind.[92]

Mitarbeit in den Anstaltskonferenzen

Die Teilnahme an den Anstaltskonferenzen ermöglicht den SeelsorgerInnen, über aktuelle Geschehnisse informiert zu bleiben, die seelsorglichen Belange anzusprechen und mit den Bediensteten unterschiedlicher Abteilungen einen Austausch zu führen.

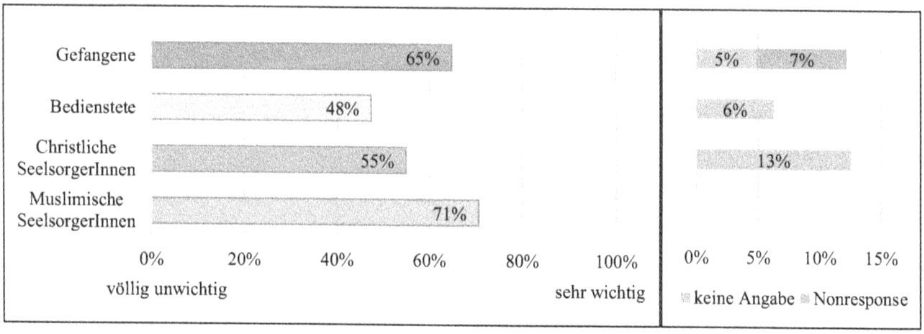

Abb. 46: Bewertung der Relevanz „Mitarbeit in den Anstaltskonferenzen"

92 Fragebogen Nr. 24, aus dem Arabischen übersetzt.

Abgesehen von der Teilnahme an der Anstaltskonferenz erwartet ein Gefangener zudem, dass die SeelsorgerInnen auch in sonstige Konferenzen und Besprechungen einbezogen werden:

> Es wäre schön, wenn, seitens der JVA, auch Herr Imam Ayar in die vollstreckungsrechtlichen Belange eingebunden werden könnte (z. B. Vollzugsplanungen, oder Begleiter bei Lockerungen wie z. B. begleitete Ausführungen/Ausgänge).[93]

3.4 Materielle Erwartungen

Die Haft bringt eine Einschränkung in Bezug auf materielle Bedürfnisse mit sich. Die Gefangenen dürfen nur noch in begrenztem Maße Gegenstände in ihrem Haftraum besitzen, einkaufen und finanzielle Unterstützung erhalten. Daher wurden sie gefragt, welche materiellen Wünsche sie an die SeelsorgerInnen haben. Auch wenn ein Gefangener äußert, dass ihm materielle Belange nicht wichtig sind,[94] ist zu erkennen, dass viele materielle Erwartungen an den Seelsorger gestellt werden (siehe Abb. 47).

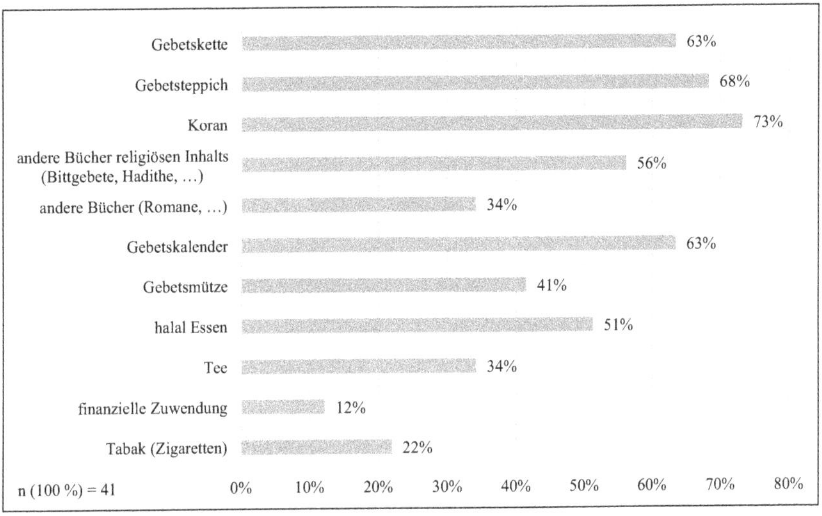

Abb. 47: „Welche materiellen Wünsche haben Sie?" – „Ich möchte, dass der muslimische Seelsorger mir Folgendes mitbringt: …"

93 Fragebogen Nr. 14.

94 Vgl. Fragebogen Nr. 14.

Gegenstände des religiösen Gebrauchs

Die meisten materiellen Erwartungen beziehen sich auf Gegenstände des religiösen Gebrauchs. So ist mit 73 % der Angaben der meistgewünschte Gegenstand ein (eigenes) Koranexemplar. Daneben werden von 56 % der Gefangenen auch andere Bücher religiösen Inhalts gewünscht, um den Islam besser verstehen und praktizieren zu können. Hierzu gehören besonders Bücher über Hadithe[95], Bittgebete, religiöse Grundkenntnisse und zum Erlernen der religiösen Praxis. Hingegen möchten 34 % der Gefangenen, dass der Seelsorger (auch) andere Bücher, wie Romane, mitbringt (siehe Abb. 47).

Um die religiösen Pflichtgebete verrichten zu können, wünschen sich 68 % der Gefangenen einen Gebetsteppich und 63 % von ihnen einen Gebetskalender. Weiterhin wollen 63 % der Gefangenen eine Gebetskette und 41 % von ihnen zudem auch eine Gebetsmütze (siehe Abb. 47). Darüber hinaus erwarten Gefangene, dass der Seelsorger CDs, welche Koranrezitationen, religiöse Lieder oder religiöse Themen beinhalten, und andere Geschenke mitbringt: „CD mit Koran u. Gesang CD Mit religiösen inhalt“[96]; „[M]ehrere Geschenke über den Islam schenken.“[97]

Ernährung

Die Gefangenen können sich in der Haft für eine „normale“ Mischkost, für eine vegetarische Option oder für die sogenannte „Moha“-Kost eintragen. Die „Moha“-Kost, welche extra für MuslimInnen angeboten wird, ist allerdings nicht *ḥalāl*, d. h. nicht nach gängigen islamisch-rituellen Speisegeboten erlaubt. Somit haben MuslimInnen die Möglichkeit, sich entweder für die vegetarische Kost zu entscheiden oder selbst zu kochen, was sich jedoch nicht alle Gefangene jeden Tag leisten können. Deshalb möchten 51 % der Gefangenen, dass die SeelsorgerInnen ihnen den Verzehr von *ḥalāl*-Speisen ermöglichen (siehe Abb. 47). Außerdem möchten die Gefangenen gelegentlich mit den SeelsorgerInnen gemeinsam essen. Dazu bitten sie diese, ihnen Essen, welches sie vermissen, von außerhalb der JVA mitzubringen: „Gemeinsames Essen z. B. 1x Monat.“[98]; „Aber nur wenn Ihnen ein Büge [Budget, d. A.] bzw. Geldsatz zu Verfügung steht!“[99]

---

95 Vgl. Fragebogen Nr. 23.
96 Fragebogen Nr. 17.
97 Fragebogen Nr. 32.
98 Fragebogen Nr. 38.
99 Fragebogen Nr. 8.

Finanzielle Zuwendung

Die Haft wird für Gefangene, die durch die Gerichts- und Anwaltskosten finanziell belastet sind, kaum Geld haben und keine finanzielle Unterstützung durch die Familie erhalten, noch schwieriger. Sie können in der Haft arbeiten und etwas Geld verdienen, um sich erwünschte Extraartikel leisten oder ihr Telefonguthaben aufladen zu können. Doch nicht alle Gefangenen finden bezahlte Beschäftigungsmöglichkeiten. Teilweise verschulden sich einige sogar zusätzlich bei anderen Gefangenen, um ihre Bedürfnisse befriedigen zu können. Daher möchten 12 % der Gefangenen von den SeelsorgerInnen auch finanzielle Zuwendungen erhalten (siehe Abb. 47).

Sonstige Sachspenden

Die finanzielle Not führt dazu, dass Gefangene die SeelsorgerInnen mitunter um bestimmte Sachspenden bitten. Hierzu gehören Batterien für Armbanduhren, Gebetskompasse, Wecker, Kleider und Briefmarken.

Eine begehrte Sachspende in der Haft stellt vor allem Tabak dar. Bei der Befragung gaben 22 % der Gefangenen an, dass die SeelsorgerInnen ihnen Tabak (Zigaretten) mitbringen sollten (siehe Abb. 47). Im Gegensatz dazu sehen es einige Gefangene nicht als die Aufgabe der SeelsorgerInnen, ihnen Tabak zur Verfügung zu stellen: „Bei allem Respekt das gehört nicht zu den Aufgaben des Imam natürlich wäre es schön Tabak für Neuinhaftierte zu stellen o. a.“[100]

Ein anderer Gefangener streicht bemerkenswerterweise die Antwortmöglichkeit „Tabak (Zigaretten)“ durch[101] und möchte damit ausdrücken, dass muslimische SeelsorgerInnen so etwas nicht mitbringen sollten. Es ist anzunehmen, dass er an die SeelsorgerInnen zudem die Erwartung stellt, selbst nicht zu rauchen.

3.5 Personenbezogene Erwartungen

GefängnisseelsorgerInnen bewegen sich in einer Institution, in der es für eine erfolgreiche Arbeit spezifischer Kompetenzen und Haltungen bedarf.[102] Die mitgebrachten Grundvoraussetzungen und die erfüllten Anforderungen an die seelsorgliche Praxis bestimmen dabei die Qualität und die Akzeptanz der Seelsorge. Um die erwarteten Grundvoraussetzungen und die zu erfüllenden

100 Fragebogen Nr. 36.
101 Vgl. Fragebogen Nr. 4.
102 Vgl. EKD, *Ich war im Gefängnis*, S. 41.

Anforderungen ermitteln zu können, wurden die Gefangenen gefragt, wie sie sich die Person der SeelsorgerInnen sowie den interpersonellen Kontakt mit diesen vorstellen. Hierbei ist zu konstatieren, dass den Gefangenen besonders die Vertrauenswürdigkeit, das Zuhören und gute Islamkenntnisse wichtig sind (siehe Abb. 48).

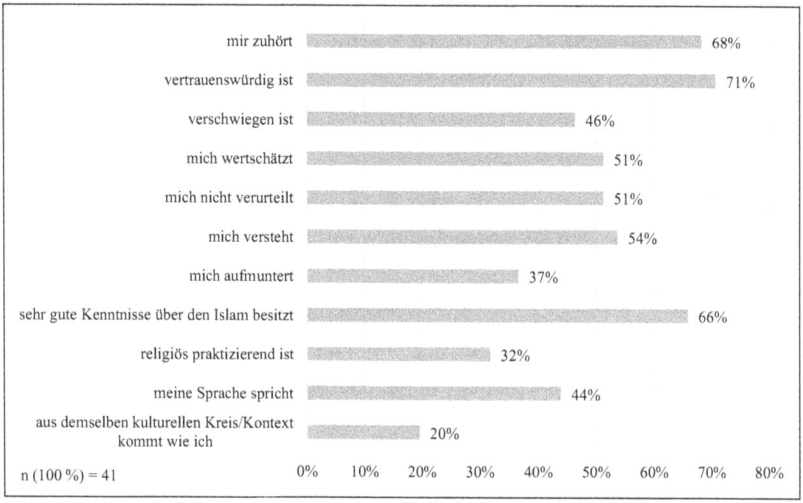

Abb. 48: „Wie sollte der muslimische Seelsorger sein?" – „Ich wünsche mir, einer Person zu begegnen, die …"

Die Befragtengruppen brachten weitere Erwartungen an die Person des Seelsorgers zum Ausdruck, in denen verschiedene Kompetenzen erwähnt sind. Betrachtet man darüber hinaus die zuvor in dieser Arbeit beschriebenen Erwartungen, wird ersichtlich, dass ein breites Kompetenzspektrum für eine Seelsorgetätigkeit notwendig ist.

Theologische und spirituelle Kompetenzen

SeelsorgerInnen sind religiöse RepräsentantInnen und AnsprechpartnerInnen für religiöse Belange. Dies setzt voraus, dass sie über angemessene theologische Kenntnisse, vor allem im Bereich der islamischen Glaubens- und Rechtslehre, der Koranexegese, der Hadithlehre sowie der islamischen Ethik, verfügen. 66 % der Gefangenen wünschen sich demnach, dass die SeelsorgerInnen „sehr gute" Kenntnisse über den Islam besitzen (siehe Abb. 48). Mithilfe theologischer Expertise sollen sie qualifizierte Antworten auf ihre Fragen geben, ihre Lebenserfahrungen deuten und ihnen neue Perspektiven für die Zukunft ermöglichen. Auch ein muslimischer Seelsorger weist darauf hin, wie wichtig theologische Kompetenzen sind: „Der Seelsorger muss [...] theologische Kompetenzen besitzen, die bei der Ausführung der Seelsorgetätigkeit von großer Bedeutung sind."[103] Ebenfalls benötigen die SeelsorgerInnen liturgische Fähigkeiten, um besonders in Gottesdiensten die Gefangenen mit all ihren Sinnen ansprechen[104] und somit den Islam sowie seine beruhigende Kraft wirksam vermitteln zu können. Dies ist wiederum nur möglich, wenn die SeelsorgerInnen spirituell kompetent sind. Ohne eine individuell gelebte, lebendige Beziehung zu Gott wirkt die Seelsorge nämlich unglaubwürdig und ist schlicht nicht ausübbar.[105] Die Beziehung zu Gott zeigt sich unter anderem in der Reflexion der eigenen Gläubigkeit und in der Ausübung der religiösen Praxis, welche sich 32 % der Gefangenen von den SeelsorgerInnen wünschen (siehe Abb. 48).

Interreligiöse und interkulturelle Kompetenzen

Die SeelsorgerInnen begegnen in der JVA Gefangenen aus unterschiedlichen Herkunftsländern, die verschiedene Sprachkenntnisse und kulturelle Prägungen aufweisen sowie unterschiedlichen Glaubensrichtungen angehören. Im Umgang mit diesen Gefangenen sind Kenntnisse über ihre kulturelle und religiöse Zugehörigkeit, Moralvorstellungen, Traditionen sowie religiösen Einstellungen und Verhaltensweisen notwendig.[106] Ein muslimischer Seelsorger erwartet daher Kultursensibilität.[107] Ferner bedarf es auch der Bereitschaft, für alle Menschen da zu sein, sich mit ihnen auf den Weg zu begeben und ihnen unter Berücksichtigung ihrer kulturellen und religiösen Besonderheiten hilfreich beizustehen.[108] Ein Gefangener ist der Ansicht, dass dies durch den Seelsorger der JVA Sehnde gegeben ist:

> Ich bin Evangelist [sic] und in meiner JVA gibt es eine evangelische Seelsorge! Aber, so wie die evangelische Seelsorge für jeden Inhaftierten ein Ansprechpartner ist (egal, welcher Glaubensrichtung er angehört), so sollte dieses ebenso auch der muslimische Seelsorger sein. In der JVA Sehnde ist dieses der Fall! Ich finde, in Herrn Imam Ayar hat die JVA Sehnde einen exzellenten musl. Seelsorger! Er ist auch für mich als Christ

---

103 Fragebogen Nr. 88.
104 Vgl. Doris Nauer, *Seelsorge – Sorge um die Seele*, Stuttgart 2010, S. 256.
105 Vgl. EKD, *Ich war im Gefängnis*, S. 43.
106 Vgl. ebd., S. 46.
107 Vgl. Fragebogen Nr. 94.
108 Vgl. Nauer, *Seelsorge*, S. 272 f.

da! Er bringt mir (als Christ) den muslimischen Glauben ein Stück näher, erklärt mir dessen Bräuche und hat es geschafft, daß der Islam keine fremde Welt mehr für mich ist und somit auch nicht mehr die muslimischen Mitgefangenen! Er hat geholfen, Vorurteile abzubauen und somit ‚Spannungen', die oft existieren, wenn das ‚andere' fremd ist. Zudem ist Herr Imam Ayar auch für mich als Christ ein vertrauensvoller Ansprechpartner für alle Probleme, die ein Leben in Haft mit sich bringt! Er hört zu und er kümmert sich. Er gibt das Gefühl, dass alle Glaubensrichtungen eine ‚Gemeinschaft' bilden, hier hinter Gittern.[109]

Sprachliche Kompetenzen

Die Sprache ist ein besonderes Instrument der Seelsorge, welches den SeelsorgerInnen Zugang zu den Lebens- wie Gedankenwelten der Gefangenen verschafft und die Arbeit mit ihnen ermöglicht. Die Gefangenen können in der ihnen vertrauten Muttersprache besser über ihre tiefsten Gefühle, ihre eigenen Befindlichkeiten und ihre eigenen Lebenserfahrungen sprechen. Da viele Gefangene nicht in Deutschland aufgewachsen und der deutschen Sprache nicht oder nur kaum mächtig sind, fehlt ihnen diese Möglichkeit in der Haft. So erwarten die Befragten, dass die SeelsorgerInnen zusätzlich zur deutschen Sprache weitere Sprachkenntnisse besitzen. 44 % der Gefangenen wünschen sich, dass die SeelsorgerInnen gute Kenntnisse ihrer jeweiligen Muttersprache teilen (siehe Abb. 48). In Anbetracht dessen sind im Kontakt mit muslimischen Gefangenen in bundesdeutschen Haftanstalten besonders die Sprachen Albanisch, Arabisch, Kurdisch und Türkisch von Bedeutung. Ein Bediensteter erachtet vor allem aber auch deutsche Sprachkenntnisse für wichtig: „sehr gute Kenntnisse der deutschen Sprache + arabischer oder türkischer Sprache."[110]

Personale Kompetenzen

Für das Gelingen seelsorglicher Arbeit ist entsprechend der Erwartung eines christlichen Seelsorgers eine Selbstreflexion erforderlich.[111] Die SeelsorgerInnen sollten also fähig sein, sich selbst, ihre persönlichen Gefühle, Verhaltensweisen, Stärken, Schwächen, Fähigkeiten und Grenzen kritisch wahrzunehmen und zu verstehen. Diese Wahrnehmung ermöglicht ihnen, eine eigene berufliche Identität und eine eigenständige Persönlichkeit als SeelsorgerInnen zu

109 Fragebogen Nr. 14.
110 Fragebogen Nr. 72.
111 Vgl. Fragebogen Nr. 79.

entwickeln,[112] sodass sie selbst Initiativen ergreifen und ihr eigenes Vorgehen bestimmen können. Durchsetzungsvermögen, hohes Engagement und Verantwortungsbewusstsein gehören ebenso zu den Fähigkeiten, die für eine Tätigkeit in der JVA mitgebracht werden sollten.

Soziale und kommunikative Kompetenzen

Im Umgang mit anderen sind soziale und kommunikative Kompetenzen wichtig, um mit ihnen in Kontakt treten und die Beziehung zu ihnen aufrecht erhalten zu können. Zu diesen Kompetenzen gehört insbesondere Empathie. Die SeelsorgerInnen sollten an anderen Menschen und ihrer inneren Gedanken- wie Gefühlswelt interessiert sein. Durch gutes und aktives Zuhören können sie den Gefangenen vermitteln, dass sie sich für ihre KlientInnen Zeit nehmen und sie verstehen möchten. Die Verschwiegenheit der SeelsorgerInnen hilft den Gefangenen, die Barriere des Vertrauensaufbaus schneller zu überwinden, und gibt ihnen die Sicherheit, dass alles, was im Gespräch den SeelsorgerInnen anvertraut wurde, auch dort bleibt. Im Hinblick auf das Vertrauen, welches sich in Beziehungen ergibt, ist ein sensibler Umgang mit Nähe und Distanz zu berücksichtigen. Die SeelsorgerInnen sollten fähig sein, „Kommunikationsstrukturen, insbesondere Übertragungs- und Gegenübertragungsphänomene, in Beziehungen zu erkennen und adäquat einbeziehen zu können".[113] Dementsprechend wünschen sich 68 % der Gefangenen, zuhörenden, 71 % vertrauenswürdigen, 54 % verstehenden, 51 % wertschätzenden und nicht verurteilenden, 46 % verschwiegenen und 37 % aufmunternden SeelsorgerInnen zu begegnen (siehe Abb. 48). Um die Seelsorgetätigkeit in einer JVA ausüben zu können, sind neben den genannten Aspekten ebenso Authentizität, Mitmenschlichkeit, Humor[114], Offenheit[115], Zuverlässigkeit als auch Vertrauenswürdigkeit und Transparenz der JVA gegenüber notwendig. So äußern diesbezüglich ein Bediensteter und ein muslimischer Seelsorger folgende Erwartungen: „Vermittlung von Kompetenz ü. Zuverlässigkeit sowie Engagement. Kein Missionierungseifer. Akzeptanz der Sicherheitsvorgaben einer JVA."[116]; „Erreichbarkeit und Offenheit, Transparenz

112 Vgl. Christoph Morgenthaler, *Seelsorge*, Gütersloh 2009, S. 227; EKD, *Ich war im Gefängnis*, S. 44.
113 Ebd.
114 Vgl. Fragebogen Nr. 79.
115 Vgl. Fragebogen Nr. 9.
116 Fragebogen Nr. 66.

(der JVA gegenüber); es sollte dem SeelsorgerInnen gelingen, der inhaftierten Person das aufrichtige Gefühl von Raum, Zeit und Vertrauen geben zu können."[117]

Arbeitsfeldbezogene Kompetenzen

SeelsorgerInnen müssen über den Ort ihrer Tätigkeit informiert sein.[118] Sie brauchen

> Grundkenntnisse über Geschichte, Auftrag, Funktionen, Ziele und Wirkweisen des Strafvollzuges und über seine konkrete Ausgestaltung in der jeweiligen Justizvollzugsanstalt. Sie sollen unterschiedliche Vollzugsarten, ihre spezifischen Organisationsformen und Arbeitsweisen kennen und politisch-ökonomische Entwicklungen im Strafvollzug kritisch begleiten können.[119]

In Bezug auf den Umgang mit Gefangenen ist es wichtig, dass SeelsorgerInnen kriminologische Grundkenntnisse besitzen, um nachvollziehen zu können, welche Anlässe, Motivationen und Umstände manche Personen zu bestimmten Straftaten führen können und welche Bedeutung diese sowie schließlich auch die Auseinandersetzung mit ihnen im Leben der Gefangenen spielen. In diesem Kontext ist nicht zuletzt auch ein solides Grundwissen über gegebene wie potenzielle Abhängigkeitsstrukturen nötig, damit SeelsorgerInnen diese verstehen und adäquat vorgehen können.[120]

Psychologische Kompetenzen

Die SeelsorgerInnen sollten genügend Kenntnisse über psychologische Grundlagen besitzen, um den Gefangenen gerecht werden zu können und ihnen durch unreflektiert unprofessionelles Verhalten nicht zu schaden.[121] Daher wünschen sich muslimische SeelsorgerInnen zum Beispiel Weiterbildungen in psychologischer Gesprächsführung.[122] Einige Gefangene leiden unter psychischen Erkrankungen und erhoffen sich die Hilfe der SeelsorgerInnen.[123] Wenn die SeelsorgerInnen diese Leiden erkennen können, ergibt sich hieraus ein breiter Handlungsspielraum, der von einer angemessenen Auswahl der Besuchszeiten

---

117 Fragebogen Nr. 96.
118 Vgl. Fragebogen Nr. 72.
119 EKD, *Ich war im Gefängnis*, S. 45.
120 Vgl. ebd.
121 Vgl. Nauer, *Seelsorge*, S. 257.
122 Vgl. Fragebogen Nr. 88.
123 Vgl. Fragebogen Nr. 3.

und Gesprächsstrategien bis hin dazu reichen kann, adäquat einschätzen zu können, wann es angebracht ist, die Hilfe des psychologischen Dienstes hinzuzuziehen.[124]

Meines Erachtens bedarf es für die Seelsorgetätigkeit in einer JVA des Weiteren ethischer, pädagogischer und organisatorischer Kompetenzen. Wie ein Gefangener allerdings bemerkte, können SeelsorgerInnen nicht alle genannten Kompetenzen in vollem Maße in sich vereinen.[125] Allerdings wurden zur Person der SeelsorgerInnen nicht nur Kompetenzerwartungen geäußert. Ein muslimischer Seelsorger erwartet etwa, dass die SeelsorgerInnen ein eigenes Familienleben haben sollen.[126] Weiterhin wünscht sich ein Bediensteter eine deutlich nach außen wahrnehmbare Distanzierung des Seelsorgers von radikalisierenden Einrichtungen.[127]

3.6 Arbeitsorganisatorische Erwartungen

Die BefragungsteilnehmerInnen äußerten nicht nur Erwartungen an die SeelsorgerInnen. Sie verwiesen darauf, dass bestimmte Rahmenbedingungen für die Arbeit muslimischer SeelsorgerInnen insbesondere auch in der Gefängnisseelsorge nötig sind und diese klar geregelt sein sollten. Muslimische SeelsorgerInnen arbeiten derzeit noch unter besonderen Bedingungen, welche es ihnen erschweren, ihre Tätigkeit angemessen ausüben zu können.

Beschäftigungsart

Die Beschäftigungsart ist ein solcher Aspekt, den vor allem die muslimischen Seelsorger betonen. Sie erwarten, dass muslimische SeelsorgerInnen hauptamtlich, entweder in Voll- oder Teilzeit, eingestellt werden[128] und nicht weiter auf ehrenamtlicher Basis operieren müssen.[129] Eine Vollzeitbeschäftigung würde es ihnen ermöglichen, den Gefangenen mehr Zeit zu widmen und mehr Dienste für sie anzubieten.

---

124 Vgl. Nauer, *Seelsorge*, S. 301 f.
125 Vgl. Fragebogen Nr. 36.
126 Vgl. Fragebogen Nr. 90.
127 Vgl. Fragebogen Nr. 76.
128 Vgl. Fragebogen Nr. 95.
129 Vgl. Fragebogen Nr. 99.

Möglichkeiten

Die begrenzten Möglichkeiten der muslimischen SeelsorgerInnen, welche teilweise Unzufriedenheit mit der aktuellen Situation hervorrufen, spiegeln sich in den Erwartungen wider. Die Gefangenen wünschen sich, mehr Zeit mit den muslimischen SeelsorgerInnen auch außerhalb von angemeldeten Gruppenangeboten zu verbringen. Sie erhoffen sich, dass die Möglichkeiten der muslimischen Seelsorge ausgebaut und die im Fragebogen genannten Aufgaben verwirklicht werden:

> „Er sollte auch außerhalb der Gruppenangebote sich in Ruhe mit den Gefangenen unterhalten und mehr Zeit verbringen dürfen."[130]
> „DAS ES ENDLICH MAL DAZU KOMMT Das Wenningstens etwas davon verwörklicht Wird."[131]
> „Für mich wäre es wichtig das die muslimische Seelsorge mehr mit den gefangenen über deren Problemen unterstützt. Ob es finanziell z. B. wie Briefmarken, wenn es mal eng ist mit Tabak oder Telefongespräche mit Elternteil."[132]
> „Ich wünsche mir, dass Sie sich, abgesehen von ihrer Seelsorgetätigkeit für Muslime, um Gottes Willen mit den Akten der Muslime befassen, welche in eine Situation des Unrechthabens geführt wurden und auch welche schwere Strafen erhalten haben."[133]

Ein christlicher Seelsorger erachtet ebenfalls die Möglichkeiten für begrenzt:

> Ich habe manchmal ‚eher wichtig' angekreuzt, weil ich in den Feldern die Möglichkeiten eines muslimischen Seelsorgers für begrenzt halte. Die Hauptaufgabe sehe ich darin, den musl. Gefangenen Ansprechpartner zu sein und in der Anstalt muslim. Werte und Kulturen zu vermitteln, die durchaus je nach Herkunftsländern sehr verschieden sein können.[134]

Ein muslimischer Seelsorger hingegen äußert die Erwartung der Durchführung sozialer Aktivitäten: „Soziale Aktivitäten mit den Inhaftierten unternehmen."[135]

Ausstattung

Eine Begrenztheit liegt gleichfalls bei der Ausstattung muslimischer Seelsorge vor. Diesbezüglich erwartet ein muslimischer Seelsorger die Bereitstellung eines eigenen Büros, geeigneter Räume für Gottesdienste und Gespräche, eines eigenen Computers und der Anstaltsschlüssel. Deren Vorhandensein würde eine

130 Fragebogen Nr. 25, aus dem Türkischen übersetzt.
131 Fragebogen Nr. 10.
132 Fragebogen Nr. 28.
133 Fragebogen Nr. 4, aus dem Türkischen übersetzt.
134 Fragebogen Nr. 82.
135 Fragebogen Nr. 98.

gewisse Eingebundenheit der muslimischen SeelsorgerInnen in die Institution bedeuten: „Eigenes Büro, Räumlichkeit, PC, Schlüssel sollten vorhanden sein."[136]

Gleichwertige Stellung mit christlicher Seelsorge

Die Eingebundenheit in die Institution zeigt sich außerdem darin, welche Stellung die SeelsorgerInnen innerhalb dieser einnehmen. Eine gleichwertige Stellung, wie es ein Bediensteter erwartet, würde verdeutlichen, dass die muslimische Seelsorge als ein wichtiger Teil des Systems aufgefasst werde: „[G]leichwertige Stellung als Vollzeitbeschäftigter oder Honorarkraft".[137]

Neben der gleichwertigen Stellung betonen muslimische Seelsorger, dass sie auch die gleichen Rechte und Möglichkeiten wie die christlichen Seelsorger erhalten möchten:

> Es wäre wichtig, das die islamischen Seelsorger gleichgestellt sind wie die christlichen Seelsorger. Die gleichen Möglichkeiten wie auch Bewegungsfreiheit in der JVA erhalten, damit die Betreuung der Gefangenen noch umfangreicher wird.[138]

Ein anderer äußert sich wie folgt:

> Muslimische Seelsorger sollten die gleichen Rechte wie christliche Seelsorger besitzen. Muslimische Seelsorger sollten von Bediensteten wahrgenommen werden, also als Ansprechpartner, und ernst genommen werden.[139]

Seelsorgliche Verschwiegenheit

Um eine vollkommene Gleichstellung von christlicher und muslimischer Seelsorge erreichen zu können, bedarf es weiterhin der rechtlichen Grundlage der muslimischen Seelsorge, der Unabhängigkeit vom Staat und der Klärung der Frage zur seelsorglichen Verschwiegenheit. So weisen christliche SeelsorgerInnen ausdrücklich darauf hin, dass diese Aspekte zu berücksichtigen seien:

> Wichtig wäre zu klären, inwieweit die seelsorgerliche Verschwiegenheit gilt. Es ist ein bedeutsamer Unterschied zwischen dieser und dem christlichen Beicht- und Seelsorgegeheimnis. Ich erwarte, dass dies in Gesprächen auch deutlich kommuniziert wird. [...] Seelsorge muss vom Staat völlig unabhängig geschehen und dafür braucht es eiegntlich [sic] das Seelsorgegeheimnis.[140]

---

136 Fragebogen Nr. 93.
137 Fragebogen Nr. 76.
138 Fragebogen Nr. 89.
139 Fragebogen Nr. 90.
140 Fragebogen Nr. 80.

Ein weiterer Unterschied besteht hinsichtlich des Zeugnisverweigerungsrechts. Während christliche SeelsorgerInnen nicht verpflichtet sind, geplante Straftaten anzuzeigen, existiert für muslimische SeelsorgerInnen kein Zeugnisverweigerungsrecht. Ein muslimischer Seelsorger möchte, dass dieses Recht auch für ihn und seine KollegInnen gilt: „Zeugnisverweigerungsrecht sollte erteilt werden.“[141]

Netzwerkarbeit

Für die Entwicklung einer professionellen muslimischen Seelsorge in Deutschland bedarf es unter anderem der Erarbeitung von Qualitätsstandards, des Aufbaus neuer Strukturen und der Zusammenarbeit sowohl mit vollzuginternen als auch -externen Personen und Organisationen. Daher erwartet ein muslimischer Seelsorger den hierfür nötigen Einsatz: „Einsatz bei der Etablierung, Standardisierung und Professionalisierung der muslimischen (Gefängnis-)Seelsorge; Netzwerkarbeit, Zusammenarbeit mit anderen muslimischen Organisationen“.[142]

Der Wunsch eines Gefangenen weist auf ein weiteres Netzwerk hin. Er hebt hier noch einmal hervor, wie wichtig es ist, muslimische Ansprechpartner in JVA zu haben:

> Es sind hier viele Anforderungen an den muslimischen Seelsorger aufgelistet. Ich wünsche als Inhaftierter, dass es in Zukunft auch an vielen anderen Positionen muslimische Vertreter gibt, die uns besser verstehen und unsere Geschichten nachvollziehen können. Derzeit gibt es leider kaum bzw. sehr wenige Ärzte, Therapeuten, Psychologen etc. in den Haft- und Therapieanstalten.[143]

Mit der Einstellung muslimischer SeelsorgerInnen wird somit ein wichtiger Weg in diese Richtung aufgenommen.

4 Fazit

In diesem Beitrag wurden Ergebnisse meiner empirischen Studie zu den Erwartungen von Gefangenen und Bediensteten der JVA Sehnde sowie christlichen und muslimischen SeelsorgerInnen an die muslimische Gefängnisseelsorge vorgestellt. Ziel war es festzustellen, welche Art von Seelsorge gewünscht ist, welche Erwartungen speziell an die Person der SeelsorgerInnen gestellt werden

141 Fragebogen Nr. 93.
142 Fragebogen Nr. 100.
143 Fragebogen Nr. 27.

und wessen es aus Sicht der Befragten schließlich bedarf, um die muslimische (Gefängnis-)Seelsorge mit der christlichen gleichstellen zu können. Dabei konnte ein bedeutendes und nach wie vor bestehendes Forschungsdesiderat um wichtige Erkenntnisse erhellt werden. Allerdings gilt zu betonen, dass die untersuchte Stichprobe sich auf Gefangene und Bedienstete in einem Männervollzug bezieht und es weiterer Forschung bedarf, um die vielleicht abweichenden Bedarfe anderer JVA, speziell auch von Frauenhaftanstalten, zu ermitteln. Auch ist zu betonen, dass lediglich eine einzelne JVA Gegenstand der Untersuchung war und die Ergebnisse der Studie daher nicht als repräsentativ gelten können.

Die Ergebnisse der Befragung verdeutlichen nichtsdestotrotz, dass die muslimische Gefängnisseelsorge vor besonderen Herausforderungen steht. Einerseits sind SeelsorgerInnen auszuwählen, die der religiösen, sprachlichen bzw. kulturellen und ethnischen Diversität unter den Gefangenen gerecht werden und ihnen gleichermaßen als AnsprechpartnerInnen fungieren können. Andererseits sind sie mit vielen unterschiedlichen, teils widersprüchlichen Erwartungen konfrontiert. Aufgrund dieser teilweisen Widersprüchlichkeit können sich auch große Fallstricke bei dem Eingehen oder Nichteingehen auf spezifische Erwartungen ergeben.

Mit ihrem Status und ihren Kompetenzen als SeelsorgerInnen nehmen muslimische GefängnisseelsorgerInnen eine besondere Stellung unter den MitarbeiterInnen in der JVA ein. Dies führt dazu, dass sie auch für Eigeninteressen der Gefangenen und Bediensteten angesprochen werden. Während Gefangene sich wünschen, dass die muslimischen GefängnisseelsorgerInnen sich für ihre Interessen einsetzen, legen Bedienstete großen Wert darauf, dass sie bereits radikalisierte Gefangene deradikalisieren und ihre Arbeit bei den nichtradikalisierten präventive Wirkung entfaltet und sie außerdem insgesamt Sicherheit und Ordnung der JVA beachten. Besonders in der JVA besteht also mitunter auch die Gefahr, dass den muslimischen GefängnisseelsorgerInnen von außen Rollen zugewiesen und sie für fremde Interessen instrumentalisiert werden können. Ergo bedarf es einer tiefgehenden Reflexion und der Vergewisserung der eigenen Motive und Ziele, um einer Fremdbestimmung entgegen zu lenken und autonom über die eigene Funktion und Rolle entscheiden zu können. Darüber hinaus wird es nötig sein, angesichts eigener Möglichkeiten und Kompetenzen Prioritäten zu setzen, da nicht allen potenziellen oder reellen Erwartungen gleichermaßen und gleichzeitig entsprochen werden kann. Ferner sind etwaige Konkurrenzsituationen zu anderen Diensten der JVA zu vermeiden. Vielmehr ist eine Aufgabenteilung unter den einzelnen Diensten inklusive der Seelsorge, besonders auch angepasst auf individuelle Bedarfe der KlientInnen, zu bevorzugen.

Insgesamt zeigt sich also, dass es keine abgeschlossene, definitive Aufgabenbeschreibung für die muslimische Seelsorge geben kann und SeelsorgerInnen hier notwendigerweise eine gewisse Freiheit zukommt, eigene Akzente in ihrer Seelsorgetätigkeit zu setzen, um den teils sehr unterschiedlichen konkreten Bedarfen gerecht werden zu können. Angesichts der vielfältigen Erwartungen lässt sich schlussfolgern, dass eine muslimische Gefängnisseelsorge mit lediglich kerygmatischem oder therapeutischem Ansatz den an sie gestellten Anforderungen nicht genügen wird. Vielmehr ist eine multidimensionale muslimische Gefängnisseelsorge vonnöten, die individuell und kontextsensibel operiert. Eine solche ganzheitliche Sorge um den Menschen kann insbesondere bei den Gefangenen Akzeptanz finden und zu ihrem seelischen Wohlbefinden in der Haft beitragen.

Schließlich ergeben sich aus den Ergebnissen der Untersuchung auch zwei wesentliche Aufgaben: Die eine Aufgabe besteht darin, während der Haftzeit seelsorgliche Gespräche mit den Gefangenen zu führen, in denen die SeelsorgerInnen als vertrauenswürdige Person für sie da sind, ihnen zuhören und sie begleiten. Die andere Aufgabe bezieht sich auf die Beachtung religiöser bzw. spiritueller Aspekte. Auch diese dürfen nicht vernachlässigt werden, um die Bedürfnisse der Gefangenen nicht zu ignorieren und als muslimische AnsprechpartnerInnen akzeptiert zu werden. So sind vor allem die Durchführung von Freitagsgebeten, die religiöse Unterweisung und das Feiern islamischer Feste von besonderer Bedeutung.

Aus dieser Arbeit resultiert zudem, dass die muslimische Seelsorge ihre eigenen Definitionen und Konzepte entwickeln muss, um den an sie herangetragenen Erwartungen und der von ihr angestrebten Professionalisierung gerecht zu werden. Dazu verfügen die Religionsgemeinschaften über ein Selbstbestimmungsrecht (Artikel 140 Grundgesetz i. V. m. Artikel 137 Weimarer Reichsverfassung), welches ihnen ermöglicht, über die Definition ihrer Tätigkeiten und Inhalte der Seelsorge selbst zu bestimmen. Eine wichtige Orientierung auf diesem Weg bietet ihnen die christliche Seelsorge, mit der sich viele Parallelen zur muslimischen Seelsorge ergeben. Jedoch werden auch unterschiedliche Aspekte in der muslimischen Seelsorge zu beachten sein, die in der christlichen Seelsorge nicht vorhanden sind oder hier womöglich schon als überholt gelten.

Im Hinblick auf die Ausbildung und Tätigkeit muslimischer GefängnisseelsorgerInnen sehe ich zudem eine Notwendigkeit darin, dass diese ein Theologiestudium absolvieren sowie an psychologisch orientierten Fortbildungen teilnehmen, sich mit dem Strafvollzugsgesetz auskennen, in einer JVA hospitieren und praktische Erfahrungen in Begleitung erfahrener muslimischer GefängnisseelsorgerInnen sammeln, bevor sie mit einer eigenständigen Seelsorgetätigkeit beginnen. Des Weiteren plädiere ich dafür, dass geeignete institutionelle Rahmenbedingungen für die Ausübung der Seelsorgetätigkeit geschaffen werden. In erster Linie sollte muslimischen GefängnisseelsorgerInnen eine hauptamtliche Vollzeitbeschäftigung ermöglicht werden. Vergegenwärtigt man sich die vielen an sie herangetragenen Erwartungen, so ist festzustellen, dass eine Seelsorgetätigkeit in einer JVA durch eine/n einzige/n muslimische/n GefängnisseelsorgerIn, der/die darüber hinaus lediglich auf Teilzeit- oder Honorarbasis angestellt ist, kaum auf professionellem Niveau durchgeführt werden kann. Abgesehen von der Beschäftigungsart ist die muslimische Gefängnisseelsorge sowohl hinsichtlich räumlicher als auch finanzieller Ausstattung, bestehender Befugnisse und rechtlicher Voraussetzungen auszubauen. Diese genannten Aspekte sind zu berücksichtigen, um eine Gleichstellung der muslimischen Seelsorge mit der christlichen sowie eine vergleichbare Professionalisierung erreichen und theologisch-seelsorglich ausgebildete Muslime für diese psychisch belastende Arbeit anwerben zu können.

Literaturverzeichnis

Ağılkaya-Şahin, Zuhal, „Hoffnung und Hoffnungslosigkeit als Konzept der muslimischen Seelsorge“, in: *Grundlagen muslimischer Seelsorge – Die muslimische Seele begreifen und versorgen*, hrsg. von Tarek Badawia, Gülbahar Erdem und Mahmoud Abdallah, Wiesbaden 2020, S. 253–277.

Bundesministerium der Justiz und für Verbraucherschutz, „Gesetz über den Vollzug der Freiheitsstrafe und der freiheitsentziehenden Maßregeln der Besserung und Sicherung (Strafvollzugsgesetz – StVollzG) § 11 Lockerungen des Vollzuges“, www.gesetze-im-internet.de/stvollzg/__11.html (letzter Zugriff 4.7.2020).

Deutsche Islam Konferenz (DIK), „Seelsorge in öffentlichen Einrichtungen als Thema der Deutschen Islam Konferenz“, www.deutsche-islamkonferenz.de/SharedDocs/Anlagen/DIK/DE/Downloads/LenkungsausschussPlenum/20170314-la-3-abschlussdokument-seelsorge.pdf?__blob=publicationFile (letzter Zugriff 1.1.2020).

Die AG Psychosoziale und Spirituelle Versorgung der Deutschen Gesellschaft für Palliativmedizin, „Definition der Begriffe ‚Psychosozial‘ und ‚Spiritualität‘ im hospizlich-palliativen Kontext – Positionspapier“, www.dgpalliativmedizin.de/images/Positionspapier_DGP_AG_Psychosoziale_Spirituelle_Begleitung.pdf (letzter Zugriff 25.6.2020).

EKD, *Ich war im Gefängnis, und ihr seid zu mir gekommen – Leitlinien für die Evangelische Gefängnisseelsorge in Deutschland*, Hannover 2009.

Funsch, Alexander, *Seelsorge im Strafvollzug – Eine dogmatisch-empirische Untersuchung zu den rechtlichen Grundlagen und der praktischen Tätigkeit der Gefängnisseelsorge*, Baden-Baden 2015.

Institut für Islamische Theologie der Universität Osnabrück, „Professionalisierung muslimischer Gefängnisseelsorge im niedersächsischen Justizvollzug", www.islamische-theologie.uni-osnabrueck.de/forschung/forschungsprojekte/professionalisierung_muslimischer_gefaengnisseelsorge.html (letzter Zugriff 11.9.2020).

Justizvollzugsanstalt Sehnde, „Unser Auftrag", justizvollzugsanstalt-sehnde.niedersachsen.de/wir_ueber_uns/unsere_vollzugseinrichtung/unser_auftrag/-82513.html (letzter Zugriff 12.7.2020).

Kamran, Talat/Georg Wenz, „Einleitung", in: *Seelsorge und Islam in Deutschland – Herausforderungen, Entwicklungen und Chancen*, hrsg. von Georg Wenz und Talat Kamran, Speyer 2012, S. 7–15.

KrimLEX, „Resozialisierung", www.krimlex.de/artikel.php? BUCHSTABE=R&KL_ID=157 (letzter Zugriff 2.7.2020).

Kula, M. Naci, „Ah Etmek ya da Af Etmek: Manevi Danışmanlık Açısından Hapishane Olgusuna Hz. Yusuf Örneği ile Bakmak", in: *Cezaevi Hizmetlerinde Manevi Danışmanlık ve Rehberlik*, hrsg. von Mahmut Zengin, Nuri Tınaz, Ali Ayten und Halil Ekşi, Istanbul 2019, S. 311–329.

Lammer, Kerstin, *Wie Seelsorge wirkt*, Stuttgart 2020.

Laubenthal, Klaus „Gefangenensubkulturen" (8.2.2010), www.bpb.de/apuz/32977/gefangenensubkulturen?p=all (letzter Zugriff 4.7.2020).

Morgenthaler, Christoph, *Seelsorge*, Gütersloh 2009.

Nauer, Doris, *Seelsorge – Sorge um die Seele*, Stuttgart 2010.

Neumann, Peter, „Radikalisierung, Deradikalisierung und Extremismus" (9.7.2013), www.bpb.de/apuz/164918/radikalisierung-deradikalisierung-und-extremismus? p=2 (letzter Zugriff 3.7.2020).

Niedersächsisches Justizministerium, „Vertrag mit DITIB über Seelsorge in Gefängnissen wird gekündigt", www.mj.niedersachsen.de/startseite/aktuelles/presseinformationen/vertrag-mit-ditib-ueber-seelsorge-in-gefaengnissen-wird-gekuendigt--173378.html (letzter Zugriff 11.9.2020).

Reiss, Wolfram, „Islamische Seelsorge etabliert sich – aber welche?", in: *Handbuch der Religionen. Kirchen und andere Glaubensgemeinschaften in Deutschland und im deutschsprachigen Raum*, hrsg. von Michael Klöcker und Udo Tworuschka, Hohenwarsleben 2019, 59. Ergänzungslieferung (Loseblattsammlung), S. 1–28.

Sekretariat der deutschen Bischofskonferenz (Hg.), *„Denkt an die Gefangenen, als wäret ihr mitgefangen" (Hebr 13,3) – Der Auftrag der Kirche im Gefängnis, Die deutschen Bischöfe Nr. 84*, Bonn 2006.

Wirth, Wolfgang, „Übergangsmanagement im Strafvollzug: Anwendungsfelder – Schwerpunkte", in: *Internetdokumentation des Deutschen Präventionstages*, hrsg. von Hans-Jürgen Kerner und Erich Marks, Hannover 2014, www.praeventionstag.de/Dokumentation.cms/2823 (letzter Zugriff 4.7.2020).

Enes Erdoğan

Professionelle Standards der muslimischen Seelsorge

1 Einleitung

Im November 2019 startete das Projekt *Professionalisierung muslimischer Gefängnisseelsorge im niedersächsischen Justizvollzug* am Institut für Islamische Theologie der Universität Osnabrück, in dessen Rahmen auch die vorliegende Arbeit entstand. Hierbei wurden vier wissenschaftliche MitarbeiterInnen damit beauftragt, zum einen seelsorgliche Tätigkeiten in Justizvollzugsanstalten durchzuführen und des Weiteren im Bereich der muslimischen Gefängnisseelsorge jeweils ein Forschungsthema wissenschaftlich zu bearbeiten. Im Fokus dieses Beitrags steht die Rolle von Standards in der Professionalisierung muslimischer Gefängnisseelsorge. Die muslimische Seelsorge in Deutschland hat sich in den letzten Jahren sowohl in der Wissenschaft als auch in der Praxis entscheidend weiterentwickelt. Verschiedenste Publikationen sind erschienen; muslimische Seelsorgeangebote, etwa in Justizvollzugsanstalten und anderen öffentlichen Einrichtungen, nehmen in ihrer Anzahl stetig zu. Nichtsdestotrotz befinden sich viele Forschungs- und Tätigkeitsfelder nach wie vor an ihrem Anfang. Insbesondere die Aufarbeitungen wissenschaftlicher Aspekte sind hier deutlich jüngeren Datums als die der praktischen, da die muslimische Seelsorge in Deutschland aus einem konkreten Bedarf heraus erwuchs und nun erst mit einiger Verzögerung zusätzlich theoretisch wie theologisch aufgearbeitet wird.[1]

Wie diese Aufarbeitung geschehen soll, wird jedoch kontrovers diskutiert. Während manche dafür plädieren, Konzepte der christlichen Seelsorge zu übernehmen und diese mit islamischen Inhalten zu füllen, meinen andere, dass eine genuin islamische Konzeptionierung erforderlich sei, um tatsächlich von einer ‚islamischen' Seelsorge im engeren Sinne sprechen zu können.[2] Eine

---

1 Vgl. Hansjörg Schmid, „Muslimische Seelsorge – von der Praxis zur theologischen Reflexion", in: *Grundlagen muslimischer Seelsorge – Die muslimische Seele begreifen und versorgen*, hrsg. von Tarek Badawia, Gülbahar Erdem und Mahmoud Abdallah, Wiesbaden 2020, S. v.

2 Der Leiter und Geschäftsführer des Mannheimer Instituts für Integration und Interreligiöse Arbeit e. V., Talat Kamran, mit dem im Rahmen dieser Arbeit ein Interview durchgeführt wurde, ist der Ansicht, dass die Seelsorge bereits seit dem

zum Teil ähnliche Diskussion gibt es auch innerhalb der christlichen Seelsorge, wenn hier von einigen bei Seelsorgekonzepten eine „angemessene theologische Fundierung“[3] vermisst wird, was mit der zunehmenden Aufnahme humanwissenschaftlicher Methoden in die Seelsorge in Verbindung zu stehen scheint. Aus einem Interview mit Talat Kamran, dem Leiter und Geschäftsführer des Mannheimer Instituts für Integration und Interreligiöse Arbeit e. V., ging hervor, dass der Diskurs über die Konzeptionierung der islamischen Seelsorge mit der Frage zusammenhänge, ob Seelsorge in den islamischen Quellen vorkomme oder nicht. Kamran ist der Überzeugung, dass Seelsorge bereits seit Anbeginn des Islams ein fester Bestandteil der Religion sei, und er wünsche sich deswegen eine genuin islamische Konzeptionierung, anstatt sie von anderen Religionen einfach zu übernehmen.[4]

Wir befinden uns derzeit in einer Situation, in welcher muslimische SeelsorgerInnen in Deutschland entweder auf ehrenamtlicher Grundlage, auf Honorarbasis oder durch Arbeitsverträge beschäftigt werden, dabei jedoch ganz unterschiedliche Ausbildungsgrade und Kompetenzen aufweisen. Dies führt zwangsläufig zu einer hohen Varianz im Hinblick auf Ausbildung, Methodik und Durchführung des Seelsorgeangebots, weshalb gesagt werden kann, dass eine standardisierte Professionalisierung der muslimischen Seelsorge derzeit noch nicht erreicht ist. Aus diesem Grund wird auch beklagt, dass es in Deutschland einen Mangel an qualifizierten muslimischen SeelsorgerInnen gebe.[5]

Dieser Qualitätsmangel wird deutlich, wenn die muslimische Seelsorge mit ihrer „älteren Schwester“[6], der christlichen Seelsorge, verglichen wird:

> Allerdings ist die Qualität dieser Seelsorge und der rechtliche Rahmen der in Deutschland geltenden Seelsorgestandards bei den muslimischen Religionsgemeinschaften nicht

---

Beginn des Islams Teil der Religion sei und dass islamische Seelsorgekonzepte aus einem innerislamischen Diskurs erarbeitet werden müssten. Talat Kamran, persönliche Kommunikation (13.8.2020).

3 Vgl. Gerhard Reitzinger, *Wer trägt Seelsorge? Pastoraltheologische Untersuchungen zu einer kirchlichen Grundfrage*, Theologie LXXXVII, Berlin 2009, zitiert nach: Ednan Aslan, Magdalena Abdaoui und Dana Charkasi, *Islamische Seelsorge. Eine empirische Studie am Beispiel von Österreich*, Berlin 2015, S. 61.

4 Talat Kamran, Persönliche Kommunikation (13.8.2020).

5 Süddeutsche Zeitung, „Niedersachsen: professionelle Gefängnisseelsorge für Muslime“, www.sueddeutsche.de/panorama/justiz-osnabrueck-niedersachsen-professionelle-gefaengnisseelsorge-fuer-muslime-dpa.urn-newsml-dpa-com-20090101-200218-99-964298 (letzter Zugriff 17.8.2020).

6 Vgl. Schmid, „Muslimische Seelsorge“, S. v.

äquivalent zu den evangelischen und katholischen Kirchen. Diesen Standard einzuführen wäre die Aufgabe der muslimischen Religionsgemeinschaften.[7]

Der Vergleich und Bezug zur christlichen Seelsorge ist naheliegend, da die christlichen Religionsgemeinschaften die Seelsorge in ihrer derzeit verbreiteten Form maßgeblich definiert und geprägt haben. Aus diesem Grund heißt es auch in einer Pressemeldung:

> Die Justizminister der Länder hätten sich im vergangenen November darauf geeinigt, dass die Gefängnisseelsorge für muslimische Gefangene denselben fachlichen Standards wie der christlichen Gefängnisseelsorge genügen solle.[8]

Nicht ohne Grund fällt immer wieder der Begriff der *Standards*, wenn es um die Professionalisierung einer Tätigkeit geht. Standards klären Rahmenbedingungen und Voraussetzungen, sorgen für ein gewisses Maß an Einheitlichkeit und stellen eine Bewertungsgrundlage dar. Auch der Soziologe Cemil Şahinöz verbindet die professionelle Seelsorge mit einer Institutionalisierung und Systematisierung, zu der er unter anderem spezifische Standards, eine spezielle Ausbildung und Qualitätskontrollen zählt.[9] Auf der anderen Seite stellt sich jedoch die Frage, inwiefern eine Tätigkeit, die sich ‚Seelsorge' nennt und somit den Anspruch hegt, für die Seele der Menschen Sorge zu tragen, überhaupt standardisierbar ist. Der Psychotherapeut Ibrahim Rüschoff geht sogar so weit und verwendet die Abwesenheit von Standards im Bereich der Methoden als Unterscheidungsmerkmal zwischen Seelsorge und Psychotherapie bzw. zwischen Seelsorge und Beratung.[10]

---

7 Mustafa Cimşit, „Islamische Seelsorge – Eine theologische Begriffsbestimmung", in: *Journal für Religionskultur* 231 (2017), S. 1–12.

8 Süddeutsche Zeitung, „Niedersachsen: professionelle Gefängnisseelsorge für Muslime".

9 Vgl. Cemil Şahinöz, *Seelsorge im Islam – Theorie und Praxis in Deutschland*, Bielefeld 2018, S. 67.

10 Vgl. Ibrahim Rüschoff, „Seelsorge, Therapie und Beratung – begriffliche und professionelle Differenzierungen", in: *Grundlagen muslimischer Seelsorge – Die muslimische Seele begreifen und versorgen*, hrsg. von Tarek Badawia, Gülbahar Erdem und Mahmoud Abdallah, Wiesbaden 2020, S. 61–70.

Tab. 1: Darstellung nach Rüschoff[11]

	Psychotherapie	Beratung	Seelsorge
Methoden	– stark methodisch – theoriegeleitet – unterschiedlich direktiv	– methodisch flexibel – überwiegend nondirektiv	– weniger methodisch – offener – teils direktiv – auch anleitend
	– wissenschaftlichen Standards verpflichtet	– sachlichen Standards verpflichtet	– offen (Gebet, Gespräche, Koranlesen, Wallfahrt usw.)
	– keine gemeinsamen spirituellen Handlungen		– gemeinsame spirituelle Handlungen (Gebet etc.) möglich

1.1 Relevanz und Aktualität

Wie bereits erwähnt, entstand die muslimische Seelsorge aus einem praktischen Bedürfnis heraus, weshalb sie sich (erst jetzt) mit der Herausforderung einer theoretischen Grundlagenarbeit konfrontiert sieht. Da zahlreiche muslimische SeelsorgerInnen in Deutschland aktiv sind, ohne jedoch eine professionelle Ausbildung genossen zu haben, ist die Frage, wie die muslimische Seelsorge in Deutschland professionalisiert werden kann, hochaktuell. Aktuelle Bestrebungen, wie zum Beispiel die des Mannheimer Instituts für Integration und interkulturellen Dialog e. V. und der Religiösen Betreuung muslimischer Inhaftierter in Berlin,[12] zu denen insbesondere auch die Standardisierung der Seelsorge gehört, verdeutlichen die Aktualität des Forschungsgegenstandes. Zu den neueren Veröffentlichungen zu den Standards der muslimischen Gefängnisseelsorge gehören die *Richtlinien der SCHURA Niedersachsen für den Dienst der muslimischen Seelsorge in den Justizvollzugseinrichtungen des Landes Niedersachsen* vom September 2020.[13]

11 Ebd.

12 Vgl. Sybill Knobloch und Mohammed Imran Sagir, „Das Berliner Modell der Religiösen Betreuung muslimischer Inhaftierter“, in: *Grundlagen muslimischer Seelsorge – Die muslimische Seele begreifen und versorgen*, hrsg. von Tarek Badawia, Gülbahar Erdem und Mahmoud Abdallah, Wiesbaden 2020, S. 383–388.

13 Schura Niedersachsen, „Richtlinien der SCHURA Niedersachsen für den Dienst der muslimischen Seelsorge in den Justizvollzugseinrichtungen des Landes Niedersachsen“ (1.9.2020), abrufbar unter Schura Niedersachsen, „Startseite“, www.schura-niedersachsen.de (letzter Zugriff 18.9.2020).

1.2 Methodik

Wie auch in anderen facettenreichen Dienstleistungen üblich, herrscht hinsichtlich der muslimischen Seelsorge keine einheitliche Definition vor. Aus pragmatischen Gründen wird muslimische Seelsorge im Folgenden jedoch verstanden als „ein islamisch-religiöses Handeln für hilfsbedürftige Menschen und als Dienst an MuslimInnen in Einrichtungen und Anstalten".[14]

In dieser Arbeit gilt es zunächst, eine theoretische und semantische Klärung der Begriffe der Professionalisierung und der Standards vorzustellen, um diese im späteren Verlauf auf die muslimische Seelsorge übertragen zu können. Für konkrete Standards werden Ansätze aus der christlichen Seelsorge als Grundlage genommen, da diese in Deutschland etabliert und anwendbar zu sein scheinen, weshalb die Vermutung naheliegt, dass viele dieser Standards auch für die muslimische Seelsorge relevant sein können. Für die Erarbeitung der christlichen Seelsorgestandards werden Dienstordnungen und Leitlinien der römisch-katholischen und evangelischen Konfessionen analysiert und mit zusätzlichen Erläuterungen aus ExpertInneninterviews gestützt. Für die römisch-katholische Seelsorge wird dabei die *Ordnung für den Dienst der katholischen Seelsorge in den Justizvollzugsanstalten, einschließlich den Abschiebungshaftanstalten, den Jugendarrestanstalten und der Forensik des Landes Niedersachsen* von 2012 als Grundlage genommen. Für die evangelische Seelsorge wird die *Ordnung der Gefängnisseelsorge in der Evangelisch-lutherischen Landeskirche Hannovers* verwendet. Hinzu kommen die *Leitlinien für die Evangelische Gefängnisseelsorge in Deutschland* der Evangelischen Konferenz für Gefängnisseelsorge in Deutschland sowie Leitbilder für die katholische Gefängnisseelsorge aus den Dokumenten *Grundlagen der Gefängnisseelsorge im Erzbistum Köln*[15] sowie *„Denkt an die Gefangenen, als wäret ihr mitgefangen" (Hebr 13,3) – Der Auftrag*

---

14 Vgl. Gülbahar Erdem, „Seelsorge für Muslime? Fragestellungen, Ressourcen und Konzepte – eine muslimische Perspektive", in: *Grundlagen muslimischer Seelsorge – Die muslimische Seele begreifen und versorgen*, hrsg. von Tarek Badawia, Gülbahar Erdem und Mahmoud Abdallah, Wiesbaden 2020, S. 13–36. Diese Beschreibung der muslimischen Seelsorge wurde ausgewählt, da sie die zentralen Bestandteile und Merkmale zu umfassen scheint und da sie sich als Arbeitsdefinition für die folgende Forschungsarbeit eignet.

15 An dieser Stelle wurden die Grundlagen der Gefängnisseelsorge für das Erzbistum Köln angeführt, obwohl alle weiteren Texte für Niedersachsen oder für Deutschland im Allgemeinen Geltung haben, da das Dokument für das Erzbistum Köln hinsichtlich des Aufbaus und der Inhalte Ähnlichkeiten zu den anderen Texten besitzt, wodurch ein Vergleich nachvollziehbarer wird.

der Kirche im Gefängnis. Bei der Auswahl der Quellen wurden insbesondere Dienstordnungen für das Bundesland Niedersachsen ausgewählt, da eine Bearbeitung aller vorhandenen Dienstordnungen den Rahmen dieser Arbeit übersteigen würde. Anschließend werden zentrale Bestandteile dieser Standards auf ihre Übertragbarkeit auf die muslimische Seelsorge anhand islamisch-theologischer Grundlagen überprüft. Als theologische Grundlagen dienen hierbei nicht nur islamischen Primärtexte wie der Koran und die Sunna, sondern auch theologische und mystische Texte der muslimischen Gelehrsamkeit, die für die Mehrheit der Muslime ebenfalls normativen Charakter haben.

Des Weiteren wurden im Rahmen dieser Arbeit drei ExpertInneninterviews durchgeführt, die jeweils in unterschiedlicher Weise im Verlauf der Arbeit aufgegriffen werden. Es handelt sich hierbei um Interviews mit Heinz-Bernd Wolters,[16] Pastoralreferent für katholische Seelsorge sowie Bundesvorsitzender der Katholischen Gefängnisseelsorge in Deutschland, mit Talat Kamran,[17] Leiter und Geschäftsführer des Mannheimer Instituts für Integration und interreligiösen Dialog e. V., und Igor Lindner,[18] Vorsitzender der Evangelischen Konferenz für Gefängnisseelsorge in Deutschland. Dabei war das Interview mit Heinz-Bernd Wolters in erster Linie richtungsweisend für den Aufbau dieses Forschungsbeitrags, da für diesen maßgebliche Themen wie Dienstordnungen, Kirchenstaatsverträge und strukturelle Elemente der Seelsorge angesprochen und erläutert wurden. Das Interview mit Talat Kamran handelte primär von der Seelsorgeausbildung des Mannheimer Instituts und den zugehörigen Ausbildungsstandards. Da Igor Lindner Vorsitzender der Evangelischen Konferenz für Gefängnisseelsorge in Deutschland ist, hat es sich angeboten, im Interview ausführlich über den Aufbau und die Funktionsweise der Konferenz zu sprechen. Darüber hinaus wurden Curricula der Fort- und Weiterbildungen sowie Konzepte der Seelsorge in den Leitlinien erörtert.

Da ich als Mitglied des oben erwähnten Forschungsprojektes *Professionalisierung muslimischer Gefängnisseelsorge im niedersächsischen Justizvollzug* diese Arbeit verfasste, in dessen Rahmen über mehrere Monate praktische Erfahrungen im Justizvollzug sammeln konnte sowie durch die zahlreichen Fortbildungen in anhaltendem Kontakt zu anderen muslimischen SeelsorgerInnen in Niedersachsen stand, werde ich meine eigenen Erfahrungen bezüglich der Kompetenzstandards und der strukturellen Rahmenbedingungen

16 Das Interview wurde am 24.4.2020 durchgeführt.

17 Das Interview wurde am 11.8.2020 durchgeführt.

18 Das Interview wurde am 17.8.2020 durchgeführt.

in diesen Beitrag ebenfalls entsprechend einfließen lassen. Diese werden in Form von Reflexionen und Berichten aus der Praxis zu bestimmten Begebenheiten kenntlich gemacht. Meine eigenen Erfahrungen als Seelsorger möchte ich deshalb nicht unberücksichtigt lassen, da Projekte wie diese, die sowohl praktische als auch theoretische Ebenen miteinander verbinden, eine Brücke zwischen Wissenschaft und Berufsalltag darstellen können und hierdurch dazu beitragen, den Aspekt der Anwendbarkeit nicht aus den Augen zu verlieren.

2 Profession und Professionalität

Der Begriff *Profession* lässt sich etymologisch vom lateinischen Verb *profiteri* (zu Deutsch ‚offen bekennen') bzw. vom Nomen *professio* (zu Deutsch ‚Bekenntnis, Beruf') ableiten. Die Verbindung von Bekenntnis und Beruf liegt darin begründet, dass die drei klassisch-vormodernen Berufe Arzt, Geistlicher und Jurist eine enge Beziehung zu Bekenntnissen, Eiden oder Gelübden hatten und nach wie vor haben. Inwiefern alle weiteren Berufe als vollwertige Profession bezeichnet werden können, wird unter ProfessionsforscherInnen kontrovers diskutiert.[19]

Je nachdem, welches Modell der Professionalisierung verwendet wird, kann ein Beruf einen hohen oder einen niedrigen Professionalisierungsgrad aufweisen. Im Allgemeinen lässt sich sagen, dass es zwei zentrale Einteilungen der Professionalisierung von Berufen gibt: Die berufsstrukturelle Perspektive, die insbesondere von Ulrich Oevermann geprägt wurde, sowie die handlungs- und wirkungsorientierte Perspektive.[20] Bei der berufsstrukturellen Perspektive werden strenge Kriterien verwendet, wie zum Beispiel eine spezielle Expertise, eine akademische Ausbildung, abgegrenzte Kompetenzdomänen, Autonomie, große Entscheidungsspielräume und ein kodifizierter Berufsethos, wodurch letztlich nur wenigen Berufen ein Status der Professionalität zugeschrieben werden kann.[21] Demnach wäre die Seelsorge nach diesem Modell, ganz abgesehen von der Frage, ob muslimisch oder christlich, bestenfalls als eine ‚Semiprofession' zu beschreiben, nicht jedoch als eine vollwertige Profession.

Dahingegen geht es bei der handlungs- und wirkungsorientierten Perspektive um die Frage, „ob die Fachkräfte die angestrebten Resultate bei der Erledigung

19 Vgl. Michaela Pfadenhauer, *Professionalität. Eine wissenssoziologische Rekonstruktion institutionalisierter Kompetenzdarstellungskompetenz*, Opladen 2003, S. 31; Maja Heiner, *Professionalität in der Sozialen Arbeit – Theoretische Konzepte, Modelle und empirische Perspektiven*, Stuttgart 2004, S. 15.

20 Vgl. ebd., S. 16.

21 Vgl. ebd., S. 15 f.

bestimmter Aufgaben erzielen und dabei nach ihren beruflichen Standards handeln dürfen und können".[22] Anders als beim strukturtheoretischen Ansatz geht es hierbei weniger um den gesellschaftlichen Status als um Interaktionsprozesse und Strategien, die unter die Problemlösungskompetenz subsumiert werden.[23]

In der Berufsdefinition Hohms, die sowohl professionale als auch nichtprofessionale Tätigkeiten umfasst, geht es primär um das Angebot bestimmter Leistungen:

> Wenn wir Beruf in einem allgemeinen Sinne, der sowohl die professionalen als auch die nichtprofessionalen Tätigkeitsformen umfaßt, soziologisch definieren wollen, dann können wir ihn ‚als eine auf Dauer gestellte gesellschaftlich nützliche Kombination von spezifischen Leistungen bzw. von Fähigkeiten und Fertigkeiten zur Erstellung dieser Leistungen, die öffentlich anerkannt ist', bestimmen.[24]

Dabei steht die Frage nach der öffentlichen Anerkennung zwangsweise mit dem gesellschaftlichen Nutzen in Verbindung, da ein großer gesellschaftlicher Nutzen sich in gewisser Weise auch positiv auf die Anerkennung und Nachfrage auswirkt. Dies bedeutet, dass Berufe nach dieser Definition keinem Selbstzweck dienen, sondern einen gesellschaftlichen Bedarf decken.

Werden diese Überlegungen auf die muslimische Seelsorge bezogen, könnte festgehalten werden, dass sich der Bedarf einerseits aus einem islamtheologischen Verständnis formuliert und andererseits sich auch in den verschiedenen Erwartungen an die muslimischen SeelsorgerInnen widerspiegelt.[25] Pfadenhauer erklärt hierzu, dass die Leistungen fachmännisch sein müssen, damit sie sich von der Tätigkeit von Laien abgrenzen lassen, und dass eine Abgrenzung zum Ehrenamt durch eine Versorgungschance bzw. Honorierung erforderlich sei.[26] Im Zusammenhang damit steht eine Definition, nach der Berufe als gesellschaftlich normierte und institutionalisierte Zusammensetzungen und Abgrenzungen der zu Erwerbszwecken einsetzbaren Arbeitsfähigkeiten von Personen definiert.[27] Auch hier stehen wieder die Arbeitsfähigkeiten bzw. die Leistungen im Vordergrund und zeichnen das wesentliche Merkmal von Berufen aus.

---

22 Vgl. ebd., S. 16.

23 Vgl. ebd., S. 20.

24 Hans-Jürgen Hohm, *Politik als Beruf: Zur soziologischen Professionalisierungstheorie der Politik*, Opladen 1987, S. 41.

25 Mit den Erwartungshaltungen an die muslimische Seelsorge beschäftigt sich aktuell Cengiz Ayar, der ebenfalls im Rahmen des Projektes *Professionalisierung muslimischer Gefängnisseelsorge im niedersächsischen Justizvollzug* tätig ist. Vgl. Ayar in diesem Band.

26 Pfadenhauer, *Professionalität*, S. 20.

27 Michael Brater, „Die Aktualität der Berufsproblematik und die Frage nach der Berufskonstitution", in: *Subjektorientierte Arbeits- und Berufssoziologie*, hrsg. von Karl

Aus den vorangegangenen Darstellungen zu Berufen und Professionen scheint es, dass die handlungs- und wirkungsorientierten Ansätze, die sich auf die gestellten Leistungen unter Berücksichtigung gewisser Standards fokussieren, eine geeignetere Form darstellen, um Berufe im Kontext der Moderne zu beschreiben als ‚klassische' Ansätze der strukturtheoretischen Perspektive. Denn zu den wesentlichen Merkmalen moderner Gesellschaften gehört „die Ablösung von Laienlösungen durch Expertenlösungen",[28] was anders ausgedrückt bedeutet, dass nun Tätigkeiten als Berufe ausgeführt werden, welche zuvor keine eigenständigen Berufe waren. Dazu kommentiert Pfadenhauer:

> Das meint nicht nur, dass immer mehr gesellschaftlich bedeutsame Funktionen in der Form von Berufen organisiert werden, sondern dass für immer mehr Handlungs- und Lebensprobleme, die ehemals im familialen, verwandtschaftlichen und nachbarschaftlichen Verbund bewältigt wurden, Expertenlösungen nicht nur angeboten, sondern auch nachgefragt werden.[29]

Die Beschreibung Pfadenhauers zu Berufen im Allgemeinen betrifft in direkter Weise auch das Tätigkeitsfeld der Seelsorge. Die Seelsorge wurde im muslimischen Kontext zunächst von Familienangehörigen und Freunden übernommen.[30] Mit der zunehmenden Individualisierung in modernen Gesellschaften und der damit verbunden Distanzierung zur Familie und Verwandtschaft kann die Familie jedoch nicht länger sämtliche seelsorglichen Bedürfnisse decken.

3 Der Begriff der Standards in der Professionalisierungsdiskussion

Unter einem Standard versteht man eine normative Vorgabe von Regeln, die für eine bestimmte Gruppe gelten soll.[31] Darüber hinaus können aber auch empirische Daten dazu genutzt werden, diese normativen Vorgaben zu überarbeiten und anzupassen. Standards können als Orientierungshilfe, als Grundlage für die Überprüfung der Qualität und für die Weiterentwicklung der Professionalität

---

Martin Bolte und Erhard Treutner, Frankfurt am Main/New York 1983, zitiert nach Pfadenhauer, *Professionalität*, S. 22.

28 Vgl. Thomas Luckmann/Michael Sprondel, „Einleitung", in: *Berufssoziologie*, hrsg. von Thomas Luckmann und Michael Sprondel, Köln 1972, S. 15.

29 Pfadenhauer, *Professionalität*, S. 29.

30 Vgl. Cemil Şahinöz/Avni Altıner, „Vorwort der Herausgeber", in: *Islamische Seelsorge bei Said Nursi*, hrsg. von Cemil Şahinöz und Avni Altıner, Norderstedt 2018, S. 5.

31 Vgl. Rudolf Beer, *Bildungsstandards – Einstellungen von Lehrerinnen und Lehrern*, Berlin 2007, S. 23–28.

verwendet werden. Der Begriff der Standards ist in den letzten Jahrzehnten in Form der ‚Bildungsstandards' innerhalb des Schulsystems genutzt worden, durch deren Einführung seit dem Jahre 2000 versucht wird, die Unterrichtsqualität und Lehrerprofessionalität zu steigern.[32] In erster Linie beziehen sich Modelle der Bildungsstandards auf Standards, die mit der Lehre im Zusammenhang stehen. Allerdings lässt sich der Aufbau dieser Standards in großen Teilen auch auf Standards anderer gesellschaftlicher Bereiche anwenden. Standards werden hier in drei Qualitätsdimensionen eingeteilt: Inputqualität, Prozessqualität, Outputqualität.[33] Versucht man diese Dimensionen auf die Seelsorge anzuwenden, wird im Zusammenhang der *Inputqualität* von der Qualität der Ausbildung von SeelsorgerInnen sowie den strukturellen Rahmenbedingungen der Seelsorgetätigkeit gesprochen, bei der *Prozessqualität* von Supervision und Fortbildungen, die wichtige Bestandteile der Qualitätssicherung darstellen, und bei der *Outputqualität* vom tatsächlichen Nutzen des Dienstes, der beispielsweise bei den Inhaftierten, die das Angebot der Gefängnisseelsorge wahrnehmen, ankommt. Letzteres kann sich beispielsweise in der Stärkung emotionaler wie motivationaler Kompetenzen ausdrücken.

Bei der Ausbildung von SeelsorgerInnen für Justizvollzugsanstalten ist die Orientierung an bestimmten Standards zentral. Aus diesem Grund wird beispielsweise beim Curriculum *Weiterbildung für Gefängnisseelsorge – Basiskurs Friedberg* zu Beginn erwähnt, dass sich die Weiterbildung nach den Standards der klinischen Seelsorgeausbildung der Deutschen Gesellschaft für Pastoralpsychologie (DGfP/KSA) richtet.[34] In einem persönlichen Interview teilte mir Talat Kamran mit, dass auch die Seelsorgeausbildung am Mannheimer Institut sich an diesen Standards orientiere.[35]

Für die Gewährleistung der Prozessqualität spielen Supervisionen und Weiterbildungen eine zentrale Rolle. Daher heißt es auch in den *Leitlinien der*

---

32 Die Reformbewegungen des Schulsystems zu Beginn des 21. Jahrhunderts, zu denen auch die systematisierte Einführung der Bildungsstandards gehören, lassen sich auf die verhältnismäßig schwachen Ergebnisse der PISA-Studie zurückführen, welche in der Bildungspolitik auch als ‚PISA-Schock' bezeichnet werden. Vgl. Julia Zuber/Herbert Altrichter/Martin Heinrich, „Bildungsstandards zwischen Politik und schulischem Alltag", in: *Bildungsstandards zwischen Politik und schulischem Alltag*, hrsg. von Julia Zuber, Herbert Altrichter und Martin Heinrich, Wiesbaden 2019, S. xiii–xv.

33 Vgl. Beer, *Bildungsstandards*, S. 30.

34 Zentrum Seelsorge und Beratung, „Weiterbildung für Gefängnisseelsorge – Basiskurs Friedberg 2019/2020", S. 1, www.gefaengnisseelsorge.de/fileadmin/mediapool/gemeinden/E_gefaengnisseelsorge/Externer_Bereich/Themen/Weiterbildung/Curriculum_Endfassung_201920_01.pdf (letzter Zugriff 19.9.2020).

35 Talat Kamran, persönliche Kommunikation (13.8.2020).

evangelischen Konferenz für Gefängnisseelsorge: „Für die Auseinandersetzung mit der Lebenswelt der Gefangenen und die Interaktion mit ihnen ist kontinuierliche berufsbegleitende Supervision unerlässlich.“[36] Durch Supervisionen werden die selbstreflexiven Kompetenzen der SeelsorgerInnen geschult, wodurch diese dazu befähigt werden, ihr eigenes Verhalten kritisch zu reflektieren. Dies ist insofern für die Seelsorge relevant, als die SeelsorgerInnen den Einfluss der eigenen Persönlichkeit bzw. der eigenen Biografie auf den Verlauf des Seelsorgegesprächs nur durch Selbstreflexion wahrnehmen und berücksichtigen können. Darüber hinaus wird in den Leitlinien der evangelischen Konferenz für Gefängnisseelsorge in Deutschland erwähnt, dass für die Gewährleistung der Prozessqualität das Anliegen, die Dauer und der Auftrag der Seelsorgesuchenden geklärt werden müsse.[37] Die drei Dimensionen der Input-, Prozess- und Outputqualität beschreiben bei der Seelsorge also Qualitätsmerkmale, die vor der Seelsorgetätigkeit, währenddessen und im Anschluss gegeben sind. Die Inputqualität wird in der Literatur auch als *Strukturqualität* und die Outputqualität als *Ergebnisqualität* bezeichnet.[38]

Die Standards bezüglich der Person der SeelsorgerInnen werden als *Kompetenzen* bezeichnet. Der Begriff der Kompetenz geht als psychologischer Fachbegriff auf den Kognitionspsychologen Franz Weinert zurück, der ihn folgendermaßen definiert:

> [Kompetenzen sind] die bei Individuen verfügbaren oder durch sie erlernbaren kognitiven Fähigkeiten und Fertigkeiten, um bestimmte Probleme zu lösen, sowie die damit verbundenen motivationalen, volitionalen und sozialen Bereitschaften und Fähigkeiten, um die Problemlösungen in variablen Situationen erfolgreich und verantwortungsvoll nutzen zu können.[39]

Zusammengefasst sind Kompetenzen also die Fähigkeit und die Bereitschaft dazu, spezifische Probleme lösen zu können. In ähnlicher Weise werden die

---

36 Evangelische Konferenz für Gefängnisseelsorge in Deutschland, „Leitlinien für die Evangelische Gefängnisseelsorge in Deutschland“ (2009), S. 42, www.landeskirche-hannovers.de/damfiles/default/evlka/wir-fuer-sie/begleiten/seelsorge/Gefaengnisseelsorge-Leitlinien_02-0b40eb66a4333247d6e167670debd0eb.pdf (letzter Zugriff 15.8.2020).

37 Vgl. ebd., S. 42.

38 Interkonfessionelle Konferenz, *Gefängnisseelsorge – Qualitätssicherung in den Heimen und Anstalten des Straf- und Massnahmenvollzugs sowie in den Regional- und Bezirksgefängnissen des Kantons Bern*, o. O. 2009, S. 8–13.

39 Franz Weinert, „Vergleichende Leistungsmessung in Schulen – eine umstrittene Selbstverständlichkeit“, in: *Leistungsmessungen in Schulen*, hrsg. von Franz E. Weinert, Weinheim 2002, S. 17–31.

Kompetenzen der SeelsorgerInnen in den Richtlinien der evangelischen Kirche im Rheinland definiert: „Mit Kompetenzen sind die Voraussetzungen gemeint, die erfüllt sein müssen, um eine seelsorgliche Aufgabe in einem bestimmten Feld angemessen ausfüllen zu können."[40]

Die Kompetenzen von SeelsorgerInnen werden in zahlreichen christlichen Leitlinien[41] für die Seelsorgeausbildung und -tätigkeit folgendermaßen aufgegliedert: theologische, ethische, personale und kommunikative, arbeitsfeldbezogene sowie interreligiöse und interkulturelle Kompetenz.[42] Im Verlauf der Arbeit werden ausgewählte Kompetenzen innerhalb dieser Kategorien erörtert und auf ihre Übertragbarkeit für die muslimische Seelsorge untersucht.

Wie in der Einleitung bereits angedeutet, erwähnt der Psychotherapeut Ibrahim Rüschoff, dass die Verpflichtung zu Standards einer der zentralen Unterschiede zwischen Psychotherapie, Beratung und Seelsorge sei:

> Psychotherapie, Beratung und Seelsorge unterscheiden sich auch deutlich hinsichtlich ihrer Methoden, Inhalte und Zielsetzung. So sind Psychotherapeuten verpflichtet, nach professionellen Standards und dem aktuellen Stand der Wissenschaft zu handeln [...]. Sie arbeiten daher stark methodisch und theoriegeleitet [...]. Bezüglich ihrer Methoden sind BeraterInnen und SeelsorgerInnen sehr viel freier und können flexibler handeln. [...] Im Gegensatz zu PsychotherapeutInnen und BeraterInnen sind SeelsorgerInnen frei, mit dem Ratsuchenden gemeinsame religiöse oder spirituelle Handlungen zu vollziehen, sofern dieser es wünscht. So sind gemeinsame Gebete, Koranrezitationen, trostspendende Worte, aber auch Ermahnungen möglich. [...] Dabei ist er methodisch nicht festgelegt und kann sich auch am kulturellen Kontext bzw. den kulturellen Gewohnheiten des Ratsuchenden orientieren.[43]

Während die Psychotherapie also den jeweils aktuellen wissenschaftlichen Standards verpflichtet sei, habe sich die Beratung primär den sachlichen

40 Evangelische Kirche im Rheinland, „Ehrenamtliche in der Seelsorge – Richtlinien zur Ausbildung, Fortbildung und Begleitung", S. 9, eeb-nordrhein.de (letzter Zugriff 20.9. 2020).

41 Dazu gehören z. B. die bereits erwähnten *Leitlinien für die Evangelische Gefängnisseelsorge in Deutschland* von der Evangelischen Konferenz für Gefängnisseelsorge in Deutschland.

42 In den Richtlinien für ehrenamtliche Seelsorger der evangelischen Kirche im Rheinland werden die Kategorien folgendermaßen bezeichnet: 1. die geistliche, 2. die personale, 3. die kommunikative, 4. die ethische und 5. die Feldkompetenz. Vgl. Evangelische Kirche im Rheinland, „Ehrenamtliche in der Seelsorge", S. 9.

43 Rüschoff, *Seelsorge, Therapie und Beratung*, S. 61–70.

Standards zu verpflichten. Dagegen setzt Rüschoff die Seelsorge nicht mit Standards in Verbindung, sondern bezeichnet die Methodik lediglich als offen.[44]

4 Standards in christlichen und muslimischen Leitlinien

Im Folgenden sollen Standards der christlichen Seelsorge aus den jeweiligen Dienstordnungen und Leitlinien dargestellt werden. Für die evangelische Seelsorge werden beispielhaft und repräsentativ die *Dienstordnung für die Evangelisch-lutherische Landeskirche Hannovers* sowie die *Leitlinien für die Evangelische Gefängnisseelsorge in Deutschland* von der Evangelischen Konferenz für Gefängnisseelsorge in Deutschland verwendet. Als Arbeitsgrundlage für die Standards der katholischen Gefängnisseelsorge dient die oben genannte *Ordnung für den Dienst der katholischen Seelsorge in den Justizvollzugsanstalten, einschließlich den Abschiebungshaftanstalten, den Jugendarrestanstalten und der Forensik des Landes Niedersachsen*.

Die Dienstordnungen der katholischen und evangelischen Seelsorge in Justizvollzugsanstalten beginnen in der Regel mit einer Präambel, in der eine biblische Verortung der Gefängnisseelsorge vorgenommen und das Grundrecht der Inhaftierten auf Seelsorge dargelegt wird.[45] Dabei ist die katholische Ordnung umfassender, da sie sich auf vier Bibelpassagen bezieht, während die evangelische Dienstordnung sich auf Mt 25,36 beschränkt. Dieser Bibelvers handelt von einem Ereignis beim ‚Weltgericht' und führt das Besuchen von Gefangenen als eine von unterschiedlichen Handlungen der Frömmigkeit an. Da diese Passage einen zentralen Bestandteil der christlich-seelsorglichen Selbstverortung darstellt, soll sie im Folgenden in ihrer Gänze zitiert werden:

> Da wird dann der König sagen zu denen zu seiner Rechten: Kommt her, ihr Gesegneten meines Vaters, ererbt das Reich, das euch bereitet ist von Anbeginn der Welt! Denn ich bin hungrig gewesen und ihr habt mir zu essen gegeben. Ich bin durstig gewesen und

44 Vgl. ebd.

45 Vgl. Bischöfliches Generalvikariat – Bistum Osnabrück, „Ordnung für den Dienst der katholischen Seelsorge in den Justizvollzugsanstalten, einschließlich den Abschiebungshaftanstalten, den Jugendarrestanstalten und der Forensik des Landes Niedersachsen", in: *Kirchliches Amtsblatt für die Diözese Osnabrück*, Osnabrück 2012, S. 115–117; vgl. Konföderation evangelischer Kirchen in Niedersachsen, „Ordnung der Gefängnisseelsorge in der Evangelisch-lutherischen Landeskirche Hannovers", in: *Kirchliches Amtsblatt für die Evangelisch-lutherische Landeskirche Hannovers*, Hannover 2009, S. 194–198.

> ihr habt mir zu trinken gegeben. Ich bin ein Fremder gewesen und ihr habt mich aufgenommen. Ich bin nackt gewesen und ihr habt mich gekleidet. Ich bin krank gewesen und ihr habt mich besucht. Ich bin im Gefängnis gewesen und ihr seid zu mir gekommen. Dann werden ihm die Gerechten antworten und sagen: Herr, wann haben wir dich hungrig gesehen und haben dir zu essen gegeben, oder durstig und haben dir zu trinken gegeben? Wann haben wir dich als Fremden gesehen und haben dich aufgenommen, oder nackt und haben dich gekleidet? Wann haben wir dich krank oder im Gefängnis gesehen und sind zu dir gekommen? Und der König wird antworten und zu ihnen sagen: Wahrlich, ich sage euch: Was ihr getan habt einem von diesen meinen geringsten Brüdern, das habt ihr mir getan. (Mt 25,34–40)

Im weiteren Verlauf des Bibeltextes spricht Jesus auch jene auf der linken Seite an, die jedoch die ‚Verfluchten' seien, da sie die erwähnten Handlungen der Frömmigkeit, darunter auch das Besuchen von Gefangenen, unterließen. Aus dem Bibeltext geht also eindeutig hervor, dass das Besuchen von Gefangenen eine ‚gute Tat' darstellt, weshalb dieser Vers auch eine zentrale Rolle in der christlichen Verortung der Gefängnisseelsorge spielt. Allerdings hat sich das Verständnis von christlicher Gefängnisseelsorge in den letzten Jahrhunderten enorm gewandelt. Dies mag daran liegen, dass im Bibelvers nicht genau erklärt wird, mit welchem Ziel Gefangene besucht werden sollen. Während die Gefängnisseelsorge in der Vormoderne als Teil der kerygmatischen (d. h. zur Verkündigung gehörenden) Glaubenspraxis aufgefasst wurde, rückte die Verkündigung im modernen Verständnis in weiten Teilen christlicher Gefängnisseelsorge in den Hintergrund.

Diese Erzählung aus der Bibel ähnelt einem *ḥadīṯ qudsī* (d. h. einem Hadith, dessen Aussage Gott zugeschrieben wird), in dem ebenfalls der Besuch von Kranken mit dem Besuch Gottes und das Speisen von Hungrigen bzw. Durstigen mit dem Speisen Gottes verglichen wird. Allerdings wird im erwähnten Hadith der Besuch von Gefangenen nicht erwähnt.[46] Weshalb das Besuchen von Gefangenen im Hadith nicht vorkommt, kann vielfältige

46 Die Überlieferung lautet: „Wahrlich, Allah wird am jüngsten Tag sagen: ‚O Kind Adams! Ich erkrankte und du kamst mich nicht besuchen.' Da antwortet dieser: ‚O Herr, wie kann ich dir einen Krankenbesuch abstatten, wo du doch der Herr der Welten bist?' Da spricht Gott: ‚Wusstest du denn nicht, dass mein Diener Soundso erkrankte und du ihn nicht besuchtest. Wusstest du denn nicht, dass wenn du ihn besucht hättest, du mich bei ihm gefunden hättest? O Kind Adams! Ich bat dich um Speise, aber du speistest mich nicht.' Da antwortet dieser: ‚O Herr, wie soll ich dich speisen, wo du doch der Herr der Welten bist?' Da spricht Gott: ‚Wusstest du denn nicht, dass mein Diener Soundso dich um Speise bat, du ihm aber keine Speise gabst? Wusstest du denn nicht, dass wenn du ihn gespeist hättest, du dies [d. h. den Lohn dessen] bei mir gefunden hättest? O Kind Adams! Ich bat dich um Trank, aber du gabst mir nicht zu

Gründe haben und wird demzufolge unterschiedlich interpretiert. Dabei kann ausgeschlossen werden, dass die Haftstrafe den frühen MuslimInnen unbekannt gewesen wäre, da Haft und Gefängnisse an unterschiedlichen Stellen des Korans durchaus erwähnt werden.[47] Die entsprechenden Koranstellen beziehen sich aber stets auf die Praxis vorislamischer Völker, weshalb eine islamische Begründung von Haftstrafen anhand dieser Verse nicht möglich ist. Vielmehr werde das Besuchen von Gefangenen in den islamischen Quellen kaum erwähnt, da die Haftstrafe in der arabischen Zivilisation zwar durchaus bekannt war, allerdings aufgrund der stattdessen angewandten Körperstrafen kaum praktiziert worden sei.[48]

Man könnte zu der Annahme gelangen, dass Menschen im Gefängnis theologisch als SünderInnen eingestuft werden, denen im Islam keine hohe Stellung zukomme und die somit kaum Beachtung verdient hätten. Dies ist jedoch keine zutreffende Annahme, was auch durch folgenden Hadith nachvollzogen werden kann:

> Von ʿUmar b. al-Ḫaṭṭāb wird überliefert, dass ein Mann zu Lebzeiten des Propheten, Friede und Segen seien auf ihm, ʿAbd Allāh hieß, jedoch mit dem Spitznamen Ḥimār angesprochen wurde und dass er den Propheten oft zum Lachen brachte. Der Prophet hatte ihn bereits [in der Vergangenheit] aufgrund des Weinkonsums auspeitschen[49]

---

trinken.‘ Da antwortet dieser: ‚O Herr, wie soll ich dir zu trinken geben, wo du doch der Herr der Welten bist?‘ Da spricht Gott: ‚Mein Diener Soundso bat dich um Trank, aber du gabst ihm nicht zu trinken. Hättest du ihm zu trinken gegeben, so hättest du dies [d. h. den Lohn dessen] bei mir gefunden.‘“ *Ṣaḥīḥ Muslim*, Nr. 2569. In den Erläuterungen zu diesem Hadith heißt es, dass Gott hier ein metaphorisches Stilmittel verwendet, nämlich die Gleichsetzung seines ‚Dieners‘, d. h. des Menschen, mit sich selbst, um diesen dadurch zu ehren. Zusammengefasst heißt es im Kommentar von ʿAlī al-Qārī: *nazzalahu manzila ḏātih tašrīfan lah*. ʿAlī b. Sulṭān al-Qārī, *Mirqā al-mafātīḥ šarḥ miškā al-maṣābīḥ* IV, Nr. 1528, Beirut 2001, S. 7.

47 „Sie versuchten beide als erster zur Tür zu gelangen. Sie zerriss ihm von hinten das Hemd. Und sie fanden ihren Herrn bei der Tür vor. Sie sagte: ‚Der Lohn dessen, der deiner Familie Böses (antun) wollte, ist nur, dass er ins Gefängnis gesteckt wird, oder schmerzhafte Strafe.‘“ (Koran 12/25); „Und wenn er nicht tut, was ich ihm befehle, wird er ganz gewiss ins Gefängnis gesteckt werden, und er wird gewiss zu den Geringgeachteten gehören“ (Koran 12/32); „Er [d. h. der Pharao] sagte: ‚Wenn du dir einen anderen Gott als mich nimmst, werde ich dich ganz gewiss zu einem der Gefangenen machen.‘“ (Koran 26/29).

48 Vgl. Ali Bardakoğlu, „Hapis“, in: *TDV İslâm Ansiklopedisi* XVI, Istanbul 1997, S. 54–64.

49 Bei der Auspeitschung, die in klassisch-islamischen Quellen erwähnt wird, handelt es sich um eine Körperstrafe, die strengen Auflagen unterliegt und nicht mit

> lassen. Dann brachte man ihn [erneut] und der Prophet [50]ﷺ befahl [die Auspeitschung] und so peitschte man ihn aus. Da sagte einer von den Leuten: „Möge Allah ihn verfluchen! Wie oft man ihn schon herbeigeführt hat!" Da sprach der Gesandte Allahs: „Verflucht ihn nicht, denn [ich schwöre] bei Allah: ich weiß, dass er Allah und seinen Gesandten liebt."[51]

Aus dem Hadith ist zu entnehmen, dass eine verhängte Strafe oder eine Sanktion aus islamischer Sicht einem Menschen nicht seine Würde abspricht, sodass er beleidigt oder gar verflucht werden dürfe. Stattdessen schwört der Prophet sogar bei Gott, dass der ‚Sünder' und Angeklagte nach wie vor Gott und seinen Gesandten liebe. Des Weiteren erwähnt Abū Nuʿaym al-Iṣfahānī (gest. 430/1038) in einem Kommentar zu diesem Hadith, dass sich die Mehrheit der Muslime auf diesen Hadith in ihrer Ansicht stütze, Sünden schlössen den Menschen nicht aus dem Islam aus.[52] Dieses Verständnis deckt sich mehrheitlich mit den Werken der Dogmatik sunnitischer Prägung.[53] So heißt es in einem Standardlehrtext des Gelehrten Abū Ḥanīfa (gest. 150/767): „Die Sünder sind Teil der Gemeinde Muhammads ﷺ. Sie alle sind Gläubige."[54] Demnach ist ein Muslim, der eine Straftat bzw. Sünde verübt, nach wie vor als Mitglied der muslimischen Gemeinde zu betrachten, das weder seinen Glauben noch seine Würde verloren hat. Aus diesem Verständnis heraus werden keine besonderen

---

mittelalterlichen Folter- und Bestrafungsmethoden verglichen werden kann. So wird in den Rechtswerken beschrieben, dass die Peitsche am Ende keinen Knoten haben dürfe, dass die Hiebe weder ganz schwach noch ganz stark sein dürften und über den ganzen Körper außer auf Kopf, Gesicht und Geschlechtsteile verteilt werden sollen. Die Anzahl der Hiebe für den Weinkonsum beträgt 80. Eine an weitere Bedingungen geknüpfte Zeugenschaft von zwei männlichen Zeugen bzw. ein Geständnis werden zur Vollstreckung vorausgesetzt. Vgl. ʿAbd al-Ġanī al-Ġunaymī al-Maydānī, *al-Lubāb fī šarḥ al-kitāb* II, o. O. 2016, S. 298, 311.

50 Eulogie: *ṣallā Allāhu ʿalayhi wa-sallam.*

51 Vgl. Abū ʿAbd Allāh Muḥammad b. Ismāʿīl al-Buḫārī, *al-Ǧāmiʿ al-musnad aṣ-ṣaḥīḥ al-muḫtaṣar, min umūr rasūl Allāh ṣallā Allāh ʿalayh wa-sallam wa-sunanih wa-ayyāmih (Ṣaḥīḥ al-Buḫārī)*, Damaskus 2002, Nr. 6780, S. 1678; in einer ähnlichen Version auch bei Abū Nuʿaym al-Iṣfahānī, *Ḥilya al-awliyāʾ* III, Kairo 1996, S. 228.

52 Vgl. ebd., III, S. 228.

53 Vgl. Ibrāhīm b. Muḥammad al-Bayǧūrī, *Ḥāšiya al-Imām al-Bayǧūrī ʿalā ǧawhara at-tawḥīd (Tuḥfa al-murīd ʿalā ǧawhara at-tawḥīd)*, Kairo 2002, S. 309.

54 Im arabischen Original: „*Wa-l-ʿāṣūn min umma Muḥammad ʿalayh as-salām, kulluhum muʾminūn.*" Abū Ḥanīfa Nuʿmān b. Ṯābit, „Waṣiyya", in: *Šarḥ waṣiyya al-imām Abī Ḥanīfa*, ediert von Akmal ad-Dīn Muḥammad b. Muḥammad al-Bābirtī, o. O. 2009, S. 70.

Quelltexte benötigt, die explizit die Fürsorge für muslimische Gefangene fordern. Die allgemeinen Gebote, die sich auf die Allgemeinheit der MuslimInnen beziehen, beziehen sich folglich in direkter Weise auch auf Gefangene.

In muslimischen Gesellschaftsgruppen wie auch in anderen Teilen der Gesellschaft ist jedoch unabhängig von theologischen Einschätzungen oft eine Ablehnung von StraftäterInnen vorzufinden. In meinen Gesprächen mit Inhaftierten teilten mir manche von ihnen mit, dass bestimmte Familienmitglieder sie mieden und nicht mit ihnen sprechen wollten. Besonders markant war für mich eine Begebenheit, als einer der Inhaftierten mit langer Haftstrafe mich darum bat, Kontakt mit einem seiner Freunde aufzunehmen und mit diesem über private Angelegenheiten zu sprechen. Als ich den besagten Freund kontaktierte, teilte dieser mir mit, dass er den Inhaftierten aufgrund seiner Straftat nicht mehr länger als einen Freund sehen könne und den Kontakt nicht mehr aufrecht halten wolle. Da der Angehörige sich jedoch unsicher war, welches Verhalten in diesem Fall ‚islamisch korrekt' sei, fragte er mich in meiner Rolle als Theologen nach der Verhaltensweise, die aus islamischer Sicht die richtige wäre. Daraufhin teilte ich ihm mit, dass aus der Sicht des Glaubens nichts gegen eine weiterbestehende Freundschaft spreche und er sogar eine gute Tat vollbringen würde, wenn er es schaffe, seinem Freund weiterhin seelischen Beistand zu leisten. Gleichzeitig teilte ich ihm aber mit, dass er gleichzeitig religiös nicht dazu verpflichtet sei, die Freundschaft aufrechtzuhalten, er sich also frei entscheiden könne. Daraufhin antwortete er mir, dass es für ihn zu schwierig sei, die Freundschaft aufrechtzuerhalten, obwohl sich beide seit vielen Jahren kannten. Die Präsenz muslimischer GefängnisseelsorgerInnen hat über die Wirkung in den Justizvollzugsanstalten hinaus somit auch eine Wirkung auf die muslimischen Gesellschaftsgruppen, indem sie bemerken, dass die islamische Theologie Gefangene nicht aus der Gemeinschaft der Muslime ausschließt.

Ein weiterer Bibelvers, der in der Präambel der katholischen Dienstordnung erwähnt wird und auf den sich die christliche Gefängnisseelsorge stützt, lautet: „Denkt an die Gefangenen, als wärt ihr Mitgefangene […]" (Hebr 13,3). Während im Anschluss an die Bibelverse die evangelische Dienstordnung Auszüge aus dem Grundgesetz mit in der Präambel aufgreift, behandelt die katholische Dienstordnung sie in einem separaten Abschnitt. Aufgezählt werden das Recht auf freie Religionsausübung (Artikel 4 Grundgesetz [GG])[55] und

55 Die beiden relevanten Unterartikel des Art. 4 GG lauten: 1. „Die Freiheit des Glaubens, des Gewissens und die Freiheit des religiösen und weltanschaulichen Bekenntnisses sind unverletzlich" und 2. „die ungestörte Religionsausübung wird gewährleistet".

das Recht auf Gottesdienst und Seelsorge auch in Gefängnissen (Artikel 140 GG i. V. m. Artikel 141 Weimarer Reichsverfassung [WRV]).[56] Da sich das Grundgesetz allgemein auf die Freiheit der Religionsausübung und nicht im Speziellen auf den christlichen Glauben bezieht, kann sich die muslimische Gefängnisseelsorge ebenfalls auf dieses stützen.

Nach der Auflistung der Rechte aus dem Grundgesetz zeigt sich ein wichtiger Unterschied zwischen der katholischen und der evangelischen Dienstordnung, da die Staatsverträge der jeweiligen Kirchen sich voneinander unterscheiden: Die katholische Seelsorge wird durch Konkordate geregelt, die evangelische Seelsorge durch den Loccumer Vertrag. Während die katholische Gefängnisseelsorge in Niedersachsen durch Artikel 28 des Reichskonkordats von 1933[57] und Artikel 11 des Niedersachsenkonkordats von 1965[58] institutionell gewährleistet

56 Im Art. 141 WRV heißt es: „Soweit das Bedürfnis nach Gottesdienst und Seelsorge im Heer, in Krankenhäusern, Strafanstalten oder sonstigen öffentlichen Anstalten besteht, sind die Religionsgesellschaften zur Vornahme religiöser Handlungen zuzulassen, wobei jeder Zwang fernzuhalten ist."

57 Der Art. 28 des Reichskonkordats von 1933 lautet: „In Krankenhäusern, Strafanstalten und sonstigen Häusern der öffentlichen Hand wird die Kirche im Rahmen der allgemeinen Hausordnung zur Vornahme seelsorgerlicher Besuche und gottesdienstlicher Handlungen zugelassen. Wird in solchen Anstalten eine regelmäßige Seelsorge eingerichtet und müssen hierfür Geistliche als Staats- oder sonstige öffentliche Beamte eingestellt werden, so geschieht dies im Einvernehmen mit der kirchlichen Oberbehörde"; Der Heilige Stuhl, „Konkordat zwischen dem Heiligen Stuhl und dem Deutschen Reich", www.vatican.va/roman_curia/secretariat_state/archivio/documents/rc_seg-st_19330720_santa-sede-germania_ge.html (letzter Zugriff 26.8.2020).

58 Art. 11 des Niedersachsenkonkordates von 1965 lautet: (1) In Krankenhäusern, Strafanstalten und sonstigen Anstalten des Landes werden die zuständigen katholischen Geistlichen im Rahmen der allgemeinen Hausordnung zur Vornahme seelsorgerlicher Besuche und kirchlicher Handlungen zugelassen. Soweit ein Bedürfnis für eine hauptamtliche Seelsorge besteht, werden die Kosten vom Lande getragen; die Geistlichen werden vom Lande im Einvernehmen mit der zuständigen kirchlichen Behörde angestellt. Zu den Kosten einer nicht hauptamtlichen regelmäßigen Seelsorge leistet das Land einen angemessenen Beitrag, wenn die Anstaltsseelsorge die örtlich zuständigen Geistlichen unverhältnismäßig belastet und zusätzliche Aufwendungen erfordert. (2) Die vom Land angestellten Geistlichen unterstehen unbeschadet der Disziplinargewalt des Landes dem Diözesanbischof, soweit es sich um die Ausübung ihrer seelsorgerlichen Funktionen handelt. (3) Bei Anstalten anderer öffentlicher

und rechtlich verankert wird, geschieht dies bei der evangelischen Seelsorge durch Artikel 6 des Vertrages der evangelischen Landeskirchen in Niedersachsen mit dem Lande Niedersachsen vom 19. März 1955 (Loccumer Vertrag)[59] i. V. m. Artikel 3 des Ergänzungsvertrages zum Loccumer Vertrag vom 4. März 1965.[60] Weitergehende Regelungen bezüglich der Seelsorge in Justizvollzugsanstalten in Niedersachsen, die jedoch nicht in die Dienstordnungen der christlichen Seelsorge

---

Träger wird das Land dahin wirken, dass die Anstaltspfleglinge entsprechend seelsorgerlich betreut werden können." Der Heilige Stuhl, „Konkordat zwischen dem Heiligen Stuhl und dem Land Niedersachsen", ww.vatican.va/roman_curia/secretariat_state/archivio/documents/rc_seg-st_19650226_concordato-sassonia-inf_ge.html (letzter Zugriff 26.8.2020).

59 Der Artikel 6 des Vertrages der evangelischen Landeskirchen in Niedersachsen mit dem Lande Niedersachsen vom 19. März 1955 lautet: „In Krankenhäusern, Strafanstalten und sonstigen Anstalten des Landes werden die örtlich zuständigen evangelischen Pfarrer im Rahmen der allgemeinen Hausordnung zur Vornahme seelsorgerlicher Besuche und kirchlicher Handlungen zugelassen. 2 Wird in diesen Anstalten eine regelmäßige Seelsorge eingerichtet, und werden hierfür Pfarrer hauptamtlich eingestellt, so wird der Pfarrer vom Land im Einvernehmen mit der Kirche bestellt. 3 Die Kirche wird in solchem Falle, soweit erforderlich, eine Anstaltsgemeinde errichten und dem Pfarrer das Pfarramt der Anstaltsgemeinde übertragen." Evangelisch-lutherische Landeskirche Hannovers, „Kirchengesetz über den Vertrag der Evangelisch-lutherischen Landeskirche Hannovers und der übrigen evangelischen Landeskirchen Niedersachsens mit dem Lande Niedersachsen – Vom 14. April 1955", www.kirchenrecht-evlka.de/document/20889 (letzter Zugriff 26.8.2020).

60 Der Artikel 3 des Ergänzungsvertrages zum Loccumer Vertrag vom 4. März 1965 lautet: „(1) Wird in Anstalten des Landes eine regelmäßige Seelsorge eingerichtet und werden hierfür hauptamtliche Geistliche eingestellt, so sorgt das Land für die Bereitstellung der erforderlichen Räume und trägt die Kosten für die erforderlichen Hilfsdienste und sächlichen Aufwendungen. (2) Zu den Kosten einer nicht hauptamtlichen regelmäßigen Anstaltsseelsorge leistet das Land einen angemessenen Beitrag, wenn die Anstaltsseelsorge die örtlich zuständigen Geistlichen unverhältnismäßig belastet und zusätzliche Aufwendungen erfordert. (3) Bei Anstalten anderer öffentlicher Träger wird das Land dahin wirken, dass die Ansbaltspfleglinge [sic!] entsprechend seelsorgerlich betreut werden können." Evangelisch-lutherische Landeskirche in Braunschweig, „Kirchengesetz über den Ergänzungsvertrag zum Vertrag der evangelischen Landeskirchen in Niedersachsen mit dem Land Niedersachsen vom 19. März 1955 – Vom 6. Dezember 1965", www.kirchenrecht-braunschweig.de/document/32992 (letzter Zugriff 26.8.2020).

aufgenommen wurden, lassen sich im Niedersächsischen Justizvollzugsgesetz (§ 53[61], § 54[62], § 55[63] und § 179[64] NJVollzG) finden.

Einen Staatsvertrag wie die Konkordate bei der katholischen Kirche oder den Loccumer Vertrag bei der evangelisch-lutherischen Landeskirche Hannovers gibt es zwischen den muslimischen Glaubensgemeinschaften und dem Land Niedersachsen derzeit noch nicht.[65] Die gesetzliche Grundlage der muslimischen Seelsorge stützt sich somit bislang insbesondere auf den Bestimmungen des Grundgesetzes, die religionsunabhängig sind und somit für alle Religionen

61 „(1) Der oder dem Gefangenen darf eine religiöse Betreuung durch eine Seelsorgerin oder einen Seelsorger ihrer oder seiner Religionsgemeinschaft nicht versagt werden. 2 Auf ihren oder seinen Wunsch ist ihr oder ihm zu helfen, mit einer Seelsorgerin oder einem Seelsorger ihrer oder seiner Religionsgemeinschaft in Verbindung zu treten. (2) Die oder der Gefangene darf grundlegende religiöse Schriften besitzen. 2 Sie dürfen ihr oder ihm nur bei grobem Missbrauch entzogen werden; auf Verlangen der oder des Gefangenen soll ihre oder seine Seelsorgerin oder ihr oder sein Seelsorger über den Entzug unterrichtet werden. (3) Der oder dem Gefangenen sind sonstige Gegenstände des religiösen Gebrauchs in angemessenem Umfang zu belassen, soweit nicht überwiegende Gründe der Sicherheit der Anstalt entgegenstehen." (§ 53 NJVollzG).

62 „(1) Die oder der Gefangene hat das Recht, am Gottesdienst und an anderen religiösen Veranstaltungen ihres oder seines Bekenntnisses in der Anstalt teilzunehmen. (2) Die oder der Gefangene wird zu dem Gottesdienst oder zu religiösen Veranstaltungen einer anderen Religionsgemeinschaft zugelassen, wenn deren Seelsorgerin oder Seelsorger zustimmt. (3) Die oder der Gefangene kann von der Teilnahme am Gottesdienst oder anderen religiösen Veranstaltungen ausgeschlossen werden, wenn dies aus überwiegenden Gründen der Sicherheit oder Ordnung geboten ist; die Seelsorgerin oder der Seelsorger soll vorher gehört werden." (§ 54 NJVollzG).

63 „Für Angehörige weltanschaulicher Bekenntnisse gelten die §§ 53 und 54 entsprechend." (§ 55 NJVollzG).

64 „(1) Seelsorgerinnen und Seelsorger werden im Einvernehmen mit der jeweiligen Religionsgemeinschaft im Hauptamt bestellt oder vertraglich verpflichtet. (2) Wenn die geringe Zahl der Angehörigen einer Religionsgemeinschaft eine Seelsorge nach Absatz 1 nicht rechtfertigt, ist die seelsorgerische Betreuung auf andere Weise zuzulassen. (3) Mit Zustimmung der Vollzugsbehörde dürfen die Anstaltsseelsorgerinnen und Anstaltsseelsorger freie Seelsorgehelferinnen und Seelsorgehelfer und für Gottesdienste sowie für andere religiöse Veranstaltungen Seelsorgerinnen und Seelsorger von außen zuziehen." (§ 179 NJVollzG).

65 Vgl. Neue Osnabrücker Zeitung, „Staatsvertrag liegt auf Eis. Muslime und Land Niedersachsen ringen um künftigen Kurs" (2019), www.noz.de/deutschland-welt/niedersachsen/artikel/1758588/muslime-und-land-niedersachsen-ringen-um-kuenftigen-kurs (letzter Zugriff 27.8.2020).

gelten. Welche konkreten Folgen sich aus den unterschiedlichen rechtlichen Beziehungen zum Staat seitens der christlichen Gemeinschaften zum einen und der muslimischen zum anderen ergeben, ist eine juristische Frage, deren Beantwortung den Rahmen dieser Arbeit übersteigen würde.

Es besteht jedoch bereits eine Vereinbarung zwischen dem *Landesverband der Muslime in Niedersachsen e. V.* (SCHURA Niedersachsen) und dem niedersächsischen Justizministerium, in der (§ 1) der rechtliche Rahmen, (§ 2) der Grundsatz der Zusammenarbeit, (§ 3) die Kontaktaufnahme mit muslimischen SeelsorgerInnen, (§ 4) ihr Status und (§ 5) ihre Entschädigung, (§ 6) die Räumlichkeiten in den Justizvollzugsanstalten, (§ 7) die Gegenstände zur Religionsausübung, (§ 8) Fortbildungen, (§ 9) die Einrichtung einer Arbeitsgruppe und (§ 10) das Inkrafttreten dieser Vereinbarung geklärt werden.[66] Ursprünglich war auch der *DITIB Landesverband der Islamischen Religionsgemeinschaften Niedersachsen und Bremen e. V.* Partner dieser Vereinbarung. Allerdings wurde diese Partnerschaft einseitig im Januar 2019 durch das niedersächsische Justizministerium gekündigt.[67]

In § 1 der Dienstordnung der katholischen Seelsorge heißt es, dass die Seelsorge sich entsprechend der Ordnungen der zuständigen Diözese vollzieht. Dies verdeutlicht, dass die katholische Seelsorge nicht bundesweit zentral geregelt wird, sondern je nach Diözese unterschiedliche Regelungen und Vereinbarungen aufweisen kann. Werden die unterschiedlichen Dienstordnungen der jeweiligen Diözesen verglichen, ist zu sehen, dass einige sich stark voneinander unterscheiden, andere wiederum in Hinblick auf Inhalt und Struktur miteinander identisch sind.[68]

---

66 Vgl. Niedersächsisches Justizministerium, „Vereinbarung zwischen dem Landesverband der Muslime in Niedersachsen e. V., Schura Niedersachsen, vertreten durch Herrn Avni Altıner, dem DITIB Landesverband der Islamischen Religionsgemeinschaften Niedersachsen und Bremen e. V., vertreten durch Herrn Yılmaz Kılıç und dem Niedersächsischen Justizministerium, vertreten durch Herrn Minister Bernd Busemann", S. 1–3, www.mj.niedersachsen.de/download/73665/zum_Download.pdf (letzter Zugriff 27.8.2020).

67 Vgl. ebd., „Vertrag mit DITIB über Seelsorge in Gefängnissen wird gekündigt" (29.1. 2019), www.mj.niedersachsen.de/startseite/aktuelles/presseinformationen/vertrag-mit-ditib-ueber-seelsorge-in-gefaengnissen-wird-gekuendigt--173378.html (letzter Zugriff 27.8.2020).

68 Zwischen den Dienstordnungen der katholischen Seelsorge für die Bistümer Hildesheim und Osnabrück gibt es beispielsweise keine Unterschiede, während sich die Dienstordnungen der Länder Nordrhein-Westfahlen und Rheinland-Pfalz formal zu den anderen zwar unterscheiden, inhaltlich jedoch nicht nennenswert abweichen.

Da in islamischen Quelltexten der Besuch von Gefangenen nicht explizit gefordert wird, führt die SCHURA Niedersachsen in ihren kürzlich veröffentlichten Richtlinien zur muslimischen Gefängnisseelsorge in Niedersachsen einen Vers zur göttlichen Barmherzigkeit (Koran 17/110) an erster Stelle der Präambel an.[69] Die Barmherzigkeit *(raḥma)* wird auch von Silvia Horsch als die „anschlussfähigste" Grundlage der Seelsorge im Islam betrachtet.[70] Darauffolgend wird in der Präambel der SCHURA ein Hadith angeführt, dessen Zusammenhang zur Gefängnisseelsorge zunächst fragwürdig scheint. Dieser lautet: „Speist den Hungrigen, besucht den Kranken und gebt den Kriegsgefangenen frei."[71] Die Befreiung von Gefangenen wird jedoch auch in der Präambel der katholischen Seelsorge mit Verweis auf Jes 42,7[72] und 49,9[73] erwähnt.[74] Da die Aufgabe der

69 Schura Niedersachsen, „Richtlinien", S. 1–3.

70 Vgl. Silvia Horsch, „Barmherzigkeit als Grundlage der Seelsorge – Eine Islamische Sicht", in: *Barmherzigkeit – Zur sozialen Verantwortung islamischer Seelsorge*, hrsg. von Esnaf Begić, Helmut Weiß und Georg Wenz, Neukirchen-Vluyn 2014, S. 23–32.

71 Schura Niedersachsen, „Richtlinien", S. 1–3. Die Übersetzung „gebt den Kriegsgefangenen frei" suggeriert, dass man die Kriegsgefangenen, die man selbst gefangen hält, freizugeben hätte. Diesem Verständnis widerspricht jedoch die Erläuterung Ibn Malaks (gest. um 821/1418), in der es heißt: „[Dies bedeutetet,] dass man die Gefangenen, die sich in der Gewalt der Feinde befinden, befreien soll." ʿAlī b. Sulṭān al-Qārī, *Mirqā al-mafātīḥ šarḥ miškā al-maṣābīḥ*, Beirut 2001, IV, Nr. 1523, S. 3. Zudem kommentiert al-Qārī, dass zwar die gängige Auslegung des im Hadith erwähnten Begriffs *al-ʿānī* ‚Kriegsgefangener' *(al-asīr)* laute, diese Verengung jedoch nicht zwingend erforderlich sei. Vielmehr umfasse der Begriff *al-ʿānī* jede Person, die erniedrigt *(ḏalla)*, verelendet *(istakāna)* oder unterworfen *(ḫaḍaʿa)* ist; vgl. ebd.

72 Bei den Bibelversen handelt es sich um eine Ansprache Gottes an den Propheten Jesaja: „So spricht Gott, der Herr, der die Himmel schafft und ausbreitet, der die Erde macht und ihr Gewächs, der dem Volk auf ihr den Odem gibt und den Geist denen, die auf ihr gehen: Ich, der Herr, habe dich gerufen in Gerechtigkeit und halte dich bei der Hand und behüte dich und mache dich zum Bund für das Volk, zum Licht der Heiden, dass du die Augen der Blinden öffnen sollst und die Gefangenen aus dem Gefängnis führen und, die da sitzen in der Finsternis, aus dem Kerker." (Jes 42,5–7).

73 Die nächsten Verse handeln ebenfalls von der Ansprache Gottes an den Propheten Jesaja: „So spricht der Herr: Ich habe dich erhört zur Zeit der Gnade und habe dir am Tage des Heils geholfen und habe dich behütet und zum Bund für das Volk bestellt, dass du das Land aufrichtest und das verwüstete Erbe zuteilst, zu sagen den Gefangenen: Geht heraus!, und zu denen in der Finsternis: Kommt hervor! Am Wege werden sie weiden und auf allen kahlen Höhen ihre Weide haben." (Jes 49,8 f.).

74 Bischöfliches Generalvikariat – Bistum Osnabrück, „Ordnung für den Dienst der katholischen Seelsorge in den Justizvollzugsanstalten, einschließlich den Abschiebungshaftanstalten, den Jugendarrestanstalten und der Forensik des Landes

Gefängnisseelsorge offensichtlich nicht darin besteht, die Gefangenen aus der Justizvollzugsanstalt zu befreien, besteht auf der Ebene des evidenten Wortlauts des erwähnten Hadithes und der genannten Bibelverse auf den ersten Blick kein erkennbarer Zusammenhang zur Gefängnisseelsorge. Allerdings lassen sich von diesem Gebot auch allgemeine Prinzipien ableiten, welche wiederum die Gefängnisseelsorge in direkter Weise betreffen, wie etwa eine allgemeine Barmherzigkeit zu Gefangenen und Mitgefühl mit ihnen.

5 Strukturbezogene Standards

Bei den strukturbezogenen Standards bestehen sowohl Gemeinsamkeiten als auch Unterschiede zwischen dem Angebot der christlichen Gefängnisseelsorge und der muslimischen. Dieser Umstand ist unmittelbar damit verbunden, dass die christliche Seelsorge eine weitaus längere Geschichte der Arbeit in deutschen Justizvollzugsanstalten vorweisen kann als die muslimische. Dies zeigt sich unter anderem bereits in der Architektur von Justizvollzugsanstalten mit Kapellen an zentralen Stellen bzw. an den zur Verfügung gestellten Räumen. Während die christliche Seelsorge die Gottesdienste beispielsweise in eigenen Kapellen und Kirchen abhalten kann, werden muslimische Gebete, wenn überhaupt, zumeist in gewöhnlichen Räumen der Justizvollzugsanstalt verrichtet. In Niedersachsen ist in diesem Zusammenhang jedoch die JVA Hannover als Vorreiter zu nennen, da sie die erste Justizvollzugsanstalt mit einem spezifisch islamischen Gebetsraum ist.[75] In einem Medienbericht bezeichnet Christfried Kühne die Räumlichkeit als „Schutzraum und Insel, in der man aufatmen kann".[76] Tatsächlich kann ich auch aus meiner Erfahrung als Gefängnisseelsorger bestätigen, dass die konkrete (Nicht-)Verfügbarkeit von speziellen Gebetsräumlichkeiten einen wichtigen Aspekt der Spiritualität der Gefangenen ausmacht, da sich viele Inhaftierte eine Moscheeräumlichkeit innerhalb der Justizvollzugsanstalt wünschen. Allein der Aufbau eines Gebetsraums mit Gebetsteppichen trägt aus muslimischer Sicht dazu bei, sich in einer ‚heiligen' Gegenwart einfinden zu können. So heißt es im Koran, als Moses zum Berg Sinai kam und von Gott angesprochen wurde: „Wahrlich, ich bin dein Herr. So ziehe deine beiden Schuhe aus, [denn]

Niedersachsen", in: *Kirchliches Amtsblatt für die Diözese Osnabrück*, Osnabrück 2012, S. 115–117.

75 Vgl. Andreas Körlin, „Hannover: Die erste Moschee in einem Gefängnis", in: *Neue Presse* (10.12.2016), www.neuepresse.de/Hannover/Meine-Stadt/Hannover-Die-erste-Moschee-in-einem-Gefaengnis (letzter Zugriff 22.9.2020).

76 Vgl. ebd.

du befindest dich im heiligen Tal" (Koran 20/12).[77] Der Koranexeget Ibn ʿAǧība (gest. 1224/1809) kommentiert diesen Vers und leitet daraus ab, dass das Ehren *(taʿẓīm)* der Moschee durch das Ausziehen der Schuhe auf diesem Vers basiere.[78]

Das Ausziehen der Schuhe in Moscheeräumlichkeiten hat also einerseits einen rein praktischen Grund, nämlich die Sauberkeit des Bodens zu bewahren, auf dem man beim Gebet die Niederwerfung ausführt, andererseits aber auch theologische sowie persönliche Assoziationen, die für die Spiritualität von MuslimInnen eine wichtige Rolle spielen.

Wie bereits im letzten Kapitel angesprochen wurde, gelten nicht dieselben rechtlichen Rahmenbedingungen für die muslimische Seelsorge wie für die christliche. Dies liegt zum einen daran, dass eine Anerkennung der islamischen Religionsgemeinschaften als Körperschaft des öffentlichen Rechts nicht vorliegt, wodurch Verträge, die den Staatskirchenverträgen ebenbürtig sind, nicht geschlossen werden können.[79] Jedoch sei nicht zu verkennen, dass diese Anerkennung nur eine von verschiedenen rechtlichen Formen der Kooperation zwischen Staat und islamischer Gemeinschaft sei und dass die Abwesenheit dieser Anerkennung Verträge oder andere Vereinbarungen nicht ausschließe.[80] Allerdings hat die Abwesenheit dieser Anerkennung auch andere Folgen, wie

77 Im arabischen Original wird das Wort *ṭuwā* erwähnt, wobei es jedoch Meinungsverschiedenheiten zur Bedeutung dieses Begriffs gibt. Imam Faḫr ad-Dīn ar-Rāzī (gest. 606/1210) erwähnt hierzu drei Positionen: 1. *Ṭuwā* ist der Eigenname des Tals, wonach die Übersetzung lauten würde: „[…] du befindest dich im heiligen Tal Ṭuwā." Dies sei die Position von ʿIkrima al-Barbarī (gest. 105/723). 2. Der Begriff *ṭuwā* bedeutet ‚zweimal' oder ‚doppelt'. In dem Falle gäbe es wiederum unterschiedliche Optionen, worauf sich dieses ‚zweimal' beziehe. Es könnte sein, dass das Tal zweimal gesegnet bzw. geheiligt wurde oder dass Gott Moses zweimal ansprach. 3. *Ṭuwā* ist das Verbalnomen des implizierten Verbs *ṭawayta* (‚du überquertest'), wonach die Übersetzung lauten würde: ‚[…] du hast das heilige Tal überquert [und nun die höchste Stelle im Tal erreicht]'. Vgl. Abū ʿAbd Allāh Faḫr ad-Dīn Muḥammad ar-Rāzī, *Mafātīḥ al-ġayb* XXI, Beirut 1981, S. 17. Aufgrund dieser Meinungsverschiedenheiten habe ich, anders als die gängigen deutschen Koranübersetzer, den Begriff nicht als Eigennamen in die Übersetzung aufgenommen.

78 Darüber hinaus erwähnt Ibn ʿAǧība, dass es zum Vers eine mystische Auslegung gebe, nach der die im Vers erwähnten Schuhe das Diesseits und das Jenseits symbolisieren. Demnach laute der göttliche Befehl Gottes an Moses: „Leere dein Herz von weltlichen und jenseitigen Zielen [wie z. B. Reichtum], wenn du in der Heiligkeit meiner Gegenwart bist." Vgl. Abū al-ʿAbbās Aḥmad b. Muḥammad b. ʿAǧība, *al-Baḥr al-madīd fī tafsīr al-qurʾān al-maǧīd* III, Kairo 1999, S. 377.

79 Vgl. Erdem, „Seelsorge für Muslime?", S. 13–36.

80 Vgl. ebd.

zum Beispiel auf die Schweigepflicht bzw. das Zeugnisverweigerungsrecht von muslimischen Seelsorgern. Da die Bearbeitung dieses Themas eine eigenständige und juristisch tiefgründige Recherche erfordert, werden im Folgenden nur einige Verweise auf aktuelle Entwicklungen genannt. Auf der Homepage der katholischen Gefängnisseelsorge in Deutschland e. V. heißt es zu den Rechten der Seelsorger:

> Zeugnisverweigerungsrechte ergeben sich aus der Stellung als Geistlicher (§ 53 Absatz 1 Nr. 1 StPO)[81] sowie aus der Stellung des Berufshelfers eines Geistlichen (§ 53a Absatz 1 Satz 1 StPO)[82]. Eine Schweigepflicht besteht für öffentlich (kirchlich) Bedienstete (§ 54 Absatz 1 StPO).[[83]] Voraussetzung ist, dass die betreffenden Personen einer Religionsgemeinschaft angehören, die als Körperschaft des öffentlichen Rechts anerkannt ist. [...][84]

Diese Formulierung legt nahe, dass muslimische SeelsorgerInnen kein Zeugnisverweigerungsrecht hätten, da die (meisten) muslimischen Gemeinschaften (noch) nicht als Körperschaften des öffentlichen Rechts anerkannt sind. In den kürzlich veröffentlichten Richtlinien der SCHURA Niedersachsen dagegen wird den muslimischen Seelsorgern das Zeugnisverweigerungsrecht zugeschrieben:

> (1) Gefängnisseelsorger und Gefängnisseelsorgerinnen sowie freie Seelsorgehelferinnen und -helfer haben über alles, was ihnen in ihrer Eigenschaft als Seelsorger oder Seelsorgerin anvertraut worden oder bekannt geworden ist, zu schweigen. [...] (2) Soweit Kenntnisse unter das Seelsorgegeheimnis nach Absatz 1 fallen, haben die Seelsorgerinnen und Seelsorger ein Zeugnisverweigerungsrecht nach § 53 Absatz 1 Nr. 1 StPO. Sie sind auch nach § 139 Absatz 2 StGB[85] nicht verpflichtet, geplante Straftaten

81 „Zur Verweigerung des Zeugnisses sind ferner berechtigt: (1.) Geistliche über das, was ihnen in ihrer Eigenschaft als Seelsorger anvertraut worden oder bekanntgeworden ist".

82 „Den Berufsgeheimnisträgern nach § 53 Absatz 1 Satz 1 Nummer 1 bis 4 stehen die Personen gleich, die im Rahmen 1. eines Vertragsverhältnisses, [...] an deren beruflicher Tätigkeit mitwirken. Über die Ausübung des Rechts dieser Personen, das Zeugnis zu verweigern, entscheiden die Berufsgeheimnisträger, es sei denn, dass diese Entscheidung in absehbarer Zeit nicht herbeigeführt werden kann".

83 „Für die Vernehmung von Richtern, Beamten und anderen Personen des öffentlichen Dienstes als Zeugen über Umstände, auf die sich ihre Pflicht zur Amtsverschwiegenheit bezieht, und für die Genehmigung zur Aussage gelten die besonderen beamtenrechtlichen Vorschriften."

84 Katholische Gefängnisseelsorge in Deutschland e. V., „o. T.", gefaengnisseelsorge.net/rechte-des-gefaengnisseelsorgers (letzter Zugriff 20.9.2020).

85 „Ein Geistlicher ist nicht verpflichtet anzuzeigen, was ihm in seiner Eigenschaft als Seelsorger anvertraut worden ist" (§ 139 Absatz 2 StGB).

> anzuzeigen, wenn diese Information im Rahmen der Eigenschaft als Seelsorgerin oder Seelsorger anvertraut worden ist. Nicht unter das Zeugnisverweigerungsrecht fallen diejenigen Kenntnisse der Seelsorger/-innen, die diese im Rahmen von administrativen, caritativen oder erzieherischen Tätigkeiten erfahren. Im Zweifelsfall kommt der Gewissensentscheidung des Seelsorgers bzw. Seelsorgerin vor Gott für das Zeugnisverweigerungsrecht eine entscheidende Bedeutung zu.[86]

Wie zu sehen ist, beruft sich die SCHURA Niedersachsen auf die Gesetze § 53 Absatz 1 Nr. 1 sowie § 139 Absatz 2 StGB und beanspruchen somit den rechtlichen Status der „Geistlichen" für muslimische SeelsorgerInnen.

Ein weiteres strukturelles Merkmal der christlichen Seelsorge ist das Vorhandensein von verschiedenen Netzwerken, wie etwa die Evangelische Konferenz für Gefängnisseelsorge in Deutschland. In meinem Interview mit Talat Kamran bemängelte der Leiter des Mannheimer Instituts die fehlende Vernetzung der Akteure im Bereich der muslimischen Seelsorge in Deutschland (Talat Kamran, persönliche Kommunikation, 13.8.2020). Diese Kritik vernahm ich auch in Gesprächen mit anderen muslimischen Gefängnisseelsorgern, die in Niedersachsen tätig sind. Besonders markant war dies für mich, als sich ein muslimischer Gefängnisseelsorger aus Süddeutschland bei mir via E-Mail darüber erkundigte, wann denn die Jahrestreffen auf Bundes- oder Landesebene stattfänden. Daraufhin kontaktierte ich Igor Lindner, den Vorstandsvorsitzenden der Evangelischen Konferenz für Gefängnisseelsorge in Deutschland, der mir in einem Interview unter anderem den Aufbau und die Funktionsweise der Konferenz erläuterte. Die zentralen Bestandteile der Konferenz sind eine jährlich stattfinde Mitgliederversammlung, der Beirat, für den die Regionalkonferenzen Beiratsmitglieder entsendet, der Vorstand, die Beauftragten, die sich in verschiedene Bereiche wie Öffentlichkeitsarbeit, rechtspolitische Beratung oder muslimische Seelsorge spezialisieren, sowie die jährlich stattfindenden Arbeitsgemeinschaften. Dabei beschäftigt sich je eine Arbeitsgemeinschaft mit den Themen Jugendvollzug, Frauenvollzug, Angehörigenarbeit, Untersuchungshaft und internationale Kontakte.[87] Eine allgemeine und fraktionsübergreifende innermuslimische Konferenz zur Gefängnisseelsorge in Deutschland wäre äußerst begrüßenswert, da hierdurch die Probleme der bislang mangelhaften Vernetzung zu großen Teilen gelöst und ein nachhaltig

86 Schura Niedersachsen, „Richtlinien", S. 1–3.

87 Vgl. Evangelische Konferenz für Gefängnisseelsorge in Deutschland, *Geschäftsordnung (GO) der Evangelischen Konferenz für Gefängnisseelsorge in Deutschland vom 8. Mai 2014*, www.gefaengnisseelsorge.de/ueber-uns (letzter Zugriff 20.9.2020); Igor Lindner, persönliche Kommunikation (18.8.2020).

positiver Beitrag zur Professionalisierung der muslimischen Gefängnisseelsorge geleistet werden könnten.

6 Kompetenzbezogene Standards

„Seelsorge im Gefängnis setzt spezifische Kenntnisse, Fähigkeiten und Haltungen der Seelsorger/innen voraus und verlangt nach einer sorgfältig reflektierten und fachlich verantworteten Seelsorgepraxis."[88] Im Folgenden werden angelehnt an die Kategorisierung der christlichen Richtlinien für Seelsorge ausgewählte Kompetenzbereiche aufgezählt und anhand islamischer Perspektiven erörtert. Zu der Frage, ob die Kompetenzmodelle oder andere Konzepte von christlichen Modellen übernommen oder eigenständig aus islamischen Quellen ermittelt werden sollen, lässt sich zunächst die Gegenfrage stellen, welche Notwendigkeit dieses Bestreben hätte. In den islamischen Primärquellen wird Originalität für Gedankengut nicht vorausgesetzt. Stattdessen sagt der Prophet sogar in einem Ausspruch: „Das weise Wort ist [wie] ein verlorengegangenes Gut des Gläubigen. Wo auch immer er es findet, so hat er mehr Anrecht darauf [als die Person, bei der er es findet]."[89] Der Prophet vergleicht hier den Gläubigen mit einer Person, die etwas verloren hat und dieses verlorene Gut nun bei jemandem findet. Nach dem Kommentar von as-Suyūṭī (gest. 911/1505) zu diesem Hadith versucht der Prophet hier aufzuzeigen, dass genauso wie eine Person, die etwas sucht und dann findet, nicht darauf achte, bei wem sie es findet, auch der Gläubige das „weise Wort" annehmen und sich danach richten solle, ganz gleich, bei wem er dieses finde.[90]

6.1 Theologische Kompetenz

Da die muslimische Seelsorge nach der für diese Forschungsarbeit verwendeten Arbeitsdefinition[91] sich explizit auf die islamische Religion bezieht, ist die theologische Komponente ein zentraler Bestandteil des muslimischen Seelsorgeangebots. Auch wenn GefängnisseelsorgerInnen im Verlauf

88 Evangelische Konferenz für Gefängnisseelsorge in Deutschland, „Leitlinien", S. 41.

89 Vgl. Abū ʿĪsā Muḥammad b. ʿĪsā at-Tirmiḏī, *al-Ǧāmiʿ al-kabīr* IV, Beirut 1996, Nr. 2687, S. 417.

90 Vgl. Abū al-Faḍl Ǧalāl ad-Dīn ʿAbd ar-Raḥmān b. Abī Bakr as-Suyūṭī, *Qūt al-muġtaḏī ʿalā ǧāmiʿ at-Tirmiḏī*, Mekka 2003, S. 682 f.

91 „Ein islamisch-religiöses Handeln für hilfsbedürftige Menschen und Dienst an MuslimInnen in Einrichtungen und Anstalten". Siehe hierfür Abschnitt 1.2 Methodik dieses Beitrags.

des Seelsorgegesprächs unterschiedliche Rollen annehmen können, begegnen sie den Inhaftierten zunächst in ihrer Rolle als „Geistliche“.[92] Angelehnt an die Elemente der muslimischen Gemeindeführung nach Amir Dziri führt Muris Begovic in Bezug auf die Rollenerwartungen an die muslimischen GefängnisseelsorgerInnen [bzw. Imame][93] an, dass diese einerseits theologisch kompetent sein und anderseits die theologisch vertretenen Positionen auch mit ihrer eigenen Person verkörpern müssten. Dies sei erforderlich, um von Inhaftierten als integer wahrgenommen zu werden. Eine Dissonanz zwischen der Persönlichkeit der SeelsorgerInnen und den an sie angelegten religiös-normativen Erwartungen Inhaftierter führe zu Irritationen seitens der Inhaftierten. Begovic führt hier das Beispiel eines rauchenden Imams an, der für Gefangene aufgrund hiervon abweichender normativer Erwartungen irritierend sei.[94] Dieses Verständnis basiert auf einer klassisch-islamischen Lehre, wonach das Wissen *(ʿilm)* ohne die entsprechende Tat *(ʿamal)* wertlos sei. Die koranische Grundlage hierfür sind Verse, in denen es immer wieder heißt: „diejenigen, die glauben und gute Werke tun“.[95] Dieses Verständnis vom ‚gelebten Wissen‘ war sehr weit verbreitet unter den sogenannten Altvorderen *(salaf)*,[96] was sich auch in folgendem Ausspruch des Prophetengefährten Muʿāḏ b. Ǧabal (gest. 17/638) widerspiegelt: „Ihr könnt wissen, was auch immer ihr wissen wollt. [Aber] solange ihr nicht [danach] handelt, wird euch Allah nicht belohnen.“[97]

Die Ansichten Begovics decken sich zum Teil mit den Ergebnissen der Forschungsarbeit Cengiz Ayars, der die Erwartungen unterschiedlicher professioneller AkteurInnen (JVA-Bedienstete, SeelsorgerInnen) innerhalb der Gefängnismauern sowie der Inhaftierten selbst an muslimische GefängnisseelsorgerInnen untersuchte. Nach den Ergebnissen der Umfrage erwarten 66 % der befragten Inhaftierten vom Seelsorger sehr gute Kenntnisse über den Islam. Allerdings erwarten nur 32 %, dass die SeelsorgerInnen selbst „religiös praktizierend“ sind.[98]

---

92 Vgl. Evangelische Konferenz für Gefängnisseelsorge in Deutschland, „Leitlinien“, S. 42.

93 Begovic verwendet den Begriff ‚Imam‘, da sein Artikel von den verschiedenen Rollen des Imams, wie z. B. der Rolle als Gefängnisseelsorger, handelt.

94 Vgl. Muris Begovic, „Die Rollen(n) des Imams im Gefängnis“, in: *Seelsorge & Strafvollzug* 4 (2020), S. 38–48.

95 Koran 2/25; 82/277; 3/57; 4/57; 4/122; 4/173; 5/9; 5/93; 7/42 etc.

96 Der Begriff *salaf* (‚Altvordere‘) bezeichnet die ersten drei Generationen *(aǧyāl)* bzw. die ersten drei Jahrhunderte *(qurūn)* nach dem Propheten Muhammad.

97 Vgl. Abū Muḥammad ʿAbd Allāh b. ʿAbd ar-Raḥmān ad-Dārimī, *al-Musnad al-ǧāmiʿ*, Mekka 2013, Nr. 280, S. 152.

98 Vgl. den Beitrag von Ayar in diesem Band.

Es darf nicht außer Acht gelassen werden, dass insbesondere im Kontext der Gefängnisseelsorge die SeelsorgerInnen gerade auch mit solchen Menschen Gespräche führen, die „häufig religiös wenig geprägt und kirchlich kaum sozialisiert sind".[99] Aus meiner praktischen Erfahrung kann ich sagen, dass dies ebenso für die muslimische Gefängnisseelsorge gilt. Anders als vielleicht erwartet, hat dies meiner Erfahrung nach jedoch kaum eine Auswirkung darauf, ob die Seelsorgesuchenden auf religiöser Ebene über ihr Anliegen sprechen möchten. In meinen Begegnungen mit Inhaftierten habe ich oft miterleben können, dass auch Menschen, die keine oder kaum religiöse Bildung oder Erziehung erhalten haben, sich dennoch für die religiöse Deutung ihrer Lebensumstände interessieren. Da die SeelsorgerInnen den Menschen als ‚Geistliche' begegnen, besteht bei vielen Inhaftierten die Erwartung an diese, ihnen ihre religiösen Fragen beantworten zu können.

Im muslimischen Kontext sind theologische Kenntnisse insbesondere für die Leitung der Gebete notwendig, die Teil des muslimischen Seelsorgeangebots sind. Aus islamrechtlicher Perspektive gelten für die gottesdienstlichen Handlungen *(ʿibādāt)* spezifische Gültigkeitsbedingungen *(šurūṭ)*, weiterhin sind mit ihnen notwendige Bedingungen zur Erfüllung *(arkān)* verbunden. Eine Missachtung dieser Bedingungen führt dazu, dass diese gottesdienstlichen Taten aus islamrechtlicher Perspektive als ungültig zu betrachten wären. Da dieses Verständnis von der überwiegenden Mehrheit der muslimischen Glaubensrichtungen vertreten wird – wobei hier durchaus unterschiedliche Auffassungen zu den jeweiligen Bestimmungen bestehen –, müssen muslimische SeelsorgerInnen hierüber gut informiert sein. Die entsprechenden Kompetenzen werden zudem auch oft bei Fragen von Inhaftierten benötigt, die äußerst vielfältig ausfallen können. Während meiner Tätigkeit als Gefängnisseelsorger wurden mir einerseits immer wieder Fragen zu Themen des Gebets und der rituellen Reinheit gestellt, andererseits aber auch Fragen, die mit den Delikten der Inhaftierten in Verbindung standen. Ein markantes Beispiel ist etwa, dass ein wegen eines Tötungsdelikts verurteilter Inhaftierter mich nach der Auslegung des folgenden Koranverses fragte: „Und wer einen Gläubigen vorsätzlich tötet, dessen Lohn ist die Hölle, ewig darin zu bleiben. Und Allah zürnt ihm, verflucht ihn und bereitet ihm gewaltige Strafe vor."[100] Da die evidente Bedeutung des Verses suggeriert, dass

99 Vgl. Evangelische Konferenz für Gefängnisseelsorge in Deutschland, „Leitlinien", S. 43.

100 Koran 4/93. Verse wie diese, in denen eine ewige Strafe für sündhafte Taten angedroht wird, werden im Allgemeinen von der Mehrheit der muslimischen GelehrtInnen umgedeutet. Nach Ansicht der Mehrheit der MuslimInnen wird eine gläubige Person *(muʾmin)* für keine Sünde ewig bestraft werden. Dies basiert auf Koranversen wie

eine Person, die eine vorsätzliche Tötung eines (gläubigen) Menschen begeht, keine Aussichten auf die Barmherzigkeit Gottes habe, wollte der Inhaftierte von mir wissen, welche Konsequenzen dies (im Jenseits) für ihn selbst habe. Zur theologischen Kompetenz und den dazu gehörenden Deutungen heißt es in den Richtlinien der evangelischen Gefängnisseelsorge:

> Seelsorger/innen benötigen die Fähigkeit, existentielle Erfahrungen theologisch zu deuten und angemessen spirituell-liturgisch damit umzugehen. [...] Im Gespräch können Seelsorger/innen biblisch-theologische Inhalte authentisch sowie personen- und situationsgerecht vermitteln.[101]

Die theologische Kompetenz spiegelt sich auch in einigen der Aufgaben wider, die die SCHURA Niedersachsen in ihren Richtlinien folgendermaßen definiert:

> 1. Verrichtung des Freitagsgebetes (inklusive Predigten) und der Ritualgebete, 2. Unterweisung der islamischen Lehre nach Bedarf der Gefangenen, 3. Feiern der islamischen Feiertage (z. B. Id-ul Fitr, Id-ul Adha, Ramadan- und Opferfest), [...] 5. Durchführung von Informations- und Fortbildungsveranstaltungen für Gefangene und Bedienstete [...][102]

6.2 Ethische Kompetenz

Aus islamischer Sicht ist die Ethik größtenteils Teil der Theologie, da die grundlegenden Bestimmungen zu Gut *(ḥusn)* und Böse *(qubḥ)* durch die Offenbarung

---

etwa: „Wahrlich, Allah vergibt nicht, dass ihm beigesellt wird. Doch was darunter liegt [d. h. alles andere] vergibt er, wem er will" (Koran 4/48) und weiteren gleichlautenden Hadithen. Als Beispiel für dieses Verständnis heißt es im bereits angeführten Ausspruch Abū Ḥanīfas: „Die Sünder sind Teil der Gemeinde Muhammads ﷺ. Sie alle sind Gläubige." Ausgehend von diesem Verständnis wird Sündern und selbst Mördern nicht aufgrund ihrer sündigen Taten der Glaube abgesprochen, und sie erhalten im Jenseits auch keine ewige Strafe. Da die evidente Bedeutung des angeführten Koranverses (Koran 4/93) dem jedoch widerspricht, muss er uminterpretiert werden. Der Koranexeget Abū al-Barakāt an-Nasafī (gest. 710/1310) führt hier zwei typische Erklärungsvarianten an: 1. Im Vers gehe es um eine Person, die einen Gläubigen aufgrund seines Glaubens tötet. 2. Im Vers gehe es um einen Mord bzw. Totschlag, wobei die tötende Person daran geglaubt habe, dass es erlaubt sei, die Person zu töten. Vgl. Abū al-Barakāt ʿAbd Allāh b. Aḥmad an-Nasafī, *Madārik at-tanzīl wa-ḥaqāʾiq at-taʾwīl* I, Beirut 1998, S. 385. Beide Erklärungsversuche zielen darauf ab, dass die im Vers angedrohte Strafe nicht aufgrund der Tat verhängt wird, sondern aufgrund einer ‚häretischen' Überzeugung.

101 Evangelische Konferenz für Gefängnisseelsorge in Deutschland, „Leitlinien", S. 43.

102 Schura Niedersachsen, „Richtlinien", S. 2.

definiert werden und alle weiteren Normen auf diesen basieren.[103] Dies gilt jedoch nur für das Gute und das Böse im ultimativen Sinn, d. h. das, was bei Gott als Gut und Böse gilt und im Jenseits Belohnung sowie Bestrafung impliziert. Daneben existieren die beiden Pole von Vollkommenheit *(kamāl)* und Mangelhaftigkeit *(naqṣ)* sowie Nutzen *(nafʿ)* und Schaden *(ḍarar)*, in denen auch nach der Mehrheitsmeinung im Islam die menschliche Vernunft normgebend sein kann.[104] Im islamischen Kontext werden ethische Themen unter den Oberbegriffen des islamischen Rechts *(fiqh)*, der Mystik *(taṣawwuf)* und der Tugendlehre *(aḫlāq)* behandelt.

In den evangelischen Richtlinien heißt es:

> Ein klares theologisch-ethisches Urteilsvermögen im Blick auf die Verantwortlichkeit und Schuldhaftigkeit von einzelnen Menschen, das auch die dafür relevante Rolle von gesellschaftlichen Institutionen und Prozessen sachgerecht und differenziert zuordnet, ist erforderlich.

Der Umgang mit Schuld gehört gerade im Kontext der Gefängnisseelsorge zu den zentralen Themen des Seelsorgegesprächs.[105] Bei meinen persönlichen Begegnungen mit Inhaftierten habe ich selbst sehen können, dass die Gespräche zum Thema der Schuld manchmal in Verbindung zur Religion standen und manchmal auf rein menschlicher Ebene geführt wurden. In einem Gespräch ging es beispielsweise um die Frage, ob es auch eine Sünde sei, wenn man eine Tat begehe, die zwar gegen die säkularen Gesetze eines Landes verstößt, islamrechtlich selbst jedoch nicht explizit verboten sei. Bei Fragen wie diesen bedürfen die SeelsorgerInnen einerseits theologischer Kompetenz, um die Frage aus einer islamrechtlichen Perspektive beantworten zu können, anderseits jedoch auch ethischer Kompetenz, um die Beschränkung der Betrachtung auf die Dichotomie *sündhaft* gegen *nicht-sündhaft* aufzuheben und um weitere Perspektiven zu ergänzen.

Zu den ethischen Kompetenzen im Kontext der muslimischen Seelsorge gehört auch der Umgang mit unterschiedlichen innerislamischen Strömungen

103 Hierzu gibt es einen innerislamischen Diskurs, der bereits seit den ersten Jahrhunderten des Islams geführt wird. Während die Ašʿariten auf der einen Seite streng davon ausgehen, dass allein Gott Normen festlegen könne, vertritt die Minderheit der Muʿtaziliten, dass die menschliche Vernunft *(ʿaql)* in erster Linie dafür zuständig sei. Vgl. al-Bayǧūrī, *Ḥāšiyya al-Imām al-Bayǧūrī ʿalā ǧawhara at-tawḥīd*, S. 185.

104 Diese Einteilung wird unter anderem in den Anmerkungen der Editoren zum Werk *Nūr al-anwār fī šarḥ al-Manār* erwähnt. Vgl. Aḥmad b. Abī Saʿīd al-Mullā Ǧīwan, *Nūr al-anwār fī šarḥ al-Manār*, Beirut 2015, S. 242.

105 Vgl. den Beitrag von Yavaş in diesem Band.

und Meinungsverschiedenheiten. MuslimInnen sind bekanntlich ebenso wie auch die Angehörigen anderer Religionen keine monolithische Gruppierung, sondern setzen sich aus den unterschiedlichsten Strömungen zusammen. Selbst der sogenannte sunnitische ‚Mainstream', d. h. die *ahl as-sunna wa-l-ǧamāʿa*[106], gliedert sich wiederum in unterschiedliche Rechtsschulen und Traditionen auf. Während die unterschiedlichen Strömungen vor der Globalisierung meist geografisch mehr oder weniger homogen verteilt waren, wodurch ein wirklich direktes Zusammenleben mit Angehörigen der unterschiedlichsten Religionszugehörigkeiten in dieser Form nicht die Regel darstellte, sieht es heute anders aus. Dies trifft sowohl auf die Welt außerhalb der Justizvollzugsanstalt als auch auf das Zusammenleben von Inhaftierten zu. In der Justizvollzugsanstalt ist dies noch einmal von größerer Relevanz, da die Inhaftierten sich in einem Lebensraum befinden, den sie kaum selbst bestimmen können. Meinungsunterschiede können dabei je nach Art der Verschiedenheit durchaus Konfliktpotenzial in sich bergen. In meiner Tätigkeit als Gefängnisseelsorger erlebte ich beispielsweise, dass ein Inhaftierter, der einer muslimischen Minderheit angehört, mir berichtete, dass ein muslimischer Seelsorger in einer anderen deutschen Justizvollzugsanstalt ihn aufgrund seiner religiösen Ausrichtung diskriminiert habe, weshalb er den Kontakt zu diesem Seelsorger abgebrochen habe.

Das Thema der Meinungsverschiedenheit *(iḫtilāf)* stellt im Islam einen eigenen Forschungsbereich dar. Aus der Perspektive des klassisch-sunnitischen Islams lässt sich sagen, dass Meinungsverschiedenheiten innerhalb eines bestimmten Rahmens rechtens sind. Imam al-Ǧuwaynī (gest. 478/1085) bezieht dies in erster Weise auf Meinungsverschiedenheiten in Bezug auf Fragen der Religionspraxis *(al-furūʿ)* und schreibt dazu:

> Wenn ein Rechtsgelehrter *(muǧtahid)* in vollständiger Weise zur Rechtsfindung *(iǧtihād)* fähig ist und bei seiner Rechtsfindung in Fragen der Religionspraxis richtig liegt, bekommt er [von Gott] zwei Belohnungen und wenn er falsch liegt, bekommt er nur einen Lohn.[107]

Der Arabist und Islamwissenschaftler Thomas Bauer verwendet den psychologischen Begriff der ‚Ambiguitätstoleranz' als Merkmal klassisch-muslimischer Umgangsformen mit Vielfalt und Pluralität.[108] Dabei basieren die erwähnten

106 Vgl. Yusuf Şevki Yavuz, „Ehl-i Sünnet", in: *TDV İslâm Ansiklopedisi* X, Istanbul 1994, S. 525–530.

107 Vgl. Imām al-Ḥaramayn Abū al-Maʿālī al-Ǧuwaynī, *al-Waraqāt*, Riad 2006, S. 18; die Aussage al-Ǧuwaynīs basiert auf dem Hadith in *Ṣaḥīḥ al-Buḫārī*, Nr. 7352, S. 1814.

108 Vgl. Thomas Bauer, *Die Kultur der Ambiguität*, Berlin 2011, S. 13.

Meinungsverschiedenheiten größtenteils darauf, dass viele der Primärtexte aus dem Koran und der Sunna nicht eindeutig, sondern mehrdeutig (ambig) sind. Diese Unterscheidung zwischen Ein- und Mehrdeutigkeit wird im Koran selbst sogar thematisiert.[109] Dies bedeutet jedoch nicht, dass jede Meinung automatisch legitim ist, weshalb es in einem Standardwerk zur Koranexegese auch heißt: „Nicht jede Meinungsverschiedenheit gilt es zu berücksichtigen; sondern nur jene, die einen Anteil an [richtiger] Überlegung haben."[110] Die Berücksichtigung, von der hier gesprochen wird, ist jedoch eine rein theologische Fragestellung. Da muslimische Gefängnisseelsorge in Deutschland in einem pluralistischen Kontext stattfindet, muss der/die SeelsorgerIn sämtliche Konfessionen berücksichtigen und respektieren, unabhängig von der Frage, ob diese in der eigenen theologischen Auffassung als ‚orthodox' gilt oder nicht.

7 Fazit

Die kompetenzbezogenen Standards auf der einen Seite und die strukturellen Standards auf der anderen bilden die beiden zentralen Bereiche, auf die sich Standards der Seelsorge beziehen. Dabei sind beide Bereiche nicht voneinander zu trennen, da beispielsweise die Inhalte der Curricula mit den Kompetenzen, die ein Seelsorger in seinem Beruf benötigt, in direktem Verhältnis zueinander stehen. Diese wiederum werden von den übergeordneten Leitmotiven, die aus den Heiligen Schriften wie Koran und Bibel sowie aus humanistischen Überlegungen gewonnen werden, maßgeblich geprägt. Für eine authentische Seelsorge ist daher eine theoretische Fundierung innerhalb der eigenen Religionstradition notwendig.

Standards spielen wiederum eine bedeutende Rolle in der Professionalisierung von Berufsfeldern. Da die muslimische Seelsorge im Vergleich etwa zu bereits seit längerem etablierten christlichen Seelsorgeangeboten noch jung ist, sind insbesondere im Bereich der strukturbezogenen Standards eindeutig Defizite zu erkennen. Die Anzahl an Weiterbildungs- und Fortbildungskursen ist bundesweit noch sehr gering, die Arbeitsverhältnisse zu den Institutionen sind

109 Dazu heißt es im Koran: „Er ist es [d. h. Gott], der das Buch [d. h. den Koran] auf dich [d. h. den Propheten Muhammad] herabgesandt hat. Dazu gehören eindeutige Verse, welche der Kern des Buches sind, und andere [Verse], die mehrdeutig sind." (Koran 3/7).

110 As-Suyūṭī überliefert diese Aussage in Form eines Gedichtverses von Abū al-Ḥasan b. al-Ḥaṣṣār (gest. 610/1214). Vgl. Abū al-Faḍl Ǧalāl ad-Dīn ʿAbd ar-Raḥmān b. Abī Bakr as-Suyūṭī, *al-Itqān fī ʿulūm al-qurʾān*, Beirut 2008, S. 36.

oftmals nicht eindeutig geklärt oder decken den tatsächlichen Bedarf nicht ab, und es bestehen kaum Räumlichkeiten in den Justizvollzugsanstalten, die für muslimische Spiritualität, etwa besonders für die Verrichtung von Gebeten, konzipiert sind. Des Weiteren stellt sich auf institutioneller Ebene die Frage, wer die SeelsorgerInnen in die jeweiligen Einrichtungen entsendet. Ob die Moscheegemeinden und Dachverbände finanziell dazu in der Lage sind und die Bereitschaft dazu haben, vollzeitbeschäftigte Gefängnisseelsorger zu entsenden, ist fraglich. Dies wiederum hängt mit der Schweigepflicht zusammen, da auf christlicher Seite die Kirchen die SeelsorgerInnen entsenden, sie zur Schweigepflicht bzw. dem Seelsorgegeheimnis verpflichten und bei der Missachtung sanktionieren. Zudem gibt es – anders als bei den christlichen Konfessionen – keine bundesweiten Staatsverträge, in denen spezifische Regelungen zur muslimischen Seelsorge festgehalten werden. Stattdessen basiert die aktuelle Ausübung der muslimischen Gefängnisseelsorge primär auf dem Grundgesetz und vereinzelten Vereinbarungen zwischen Gemeinden und den Justizministerien. Auf der organisatorischen Ebene fehlen außerdem Netzwerke, in denen die Gefängnisseelsorger bundesweit in einen Austausch kommen und von den jeweiligen Erfahrungen anderer profitieren können. Die evangelische Konferenz für Gefängnisseelsorge in Deutschland könnte hier als Vorbild für ein ähnliches Netzwerk auf Seiten der MuslimInnen dienen. Dies sind Herausforderungen und Fragestellungen, mit denen sich insbesondere die muslimischen Religionsgemeinschaften auseinandersetzen müssen, um sowohl rechtlich als auch strukturell mit den christlichen Gemeinden im Bereich der Gefängnisseelsorge auf Augenhöhe stehen zu können.

Zu der Frage, ob Standards von christlichen Konzepten übernommen und mit islamischen Inhalten gefüllt werden können, lässt sich sagen, dass zumindest im Bereich der kompetenzbezogenen Standards dies zu keinem ersichtlichen Widerspruch führt. Die verschiedenen Kompetenzdomänen haben sich im Verlauf der christlichen Seelsorge als besonders zielführend und in Einklang mit den christlichen Offenbarungstexten erwiesen. Da aus islamischer Perspektive nichts gegen eine Übernahme dieser Konzepte zu sprechen scheint, ist es wohl am sinnvollsten, sich auf bereits etablierte Konzepte zu stützen.

Literaturverzeichnis

Abū Ḥanīfa Nuʿmān b. Ṯābit, „Waṣiyya", in: Akmal ad-Dīn Muḥammad b. Muḥammad al-Bābirtī, *Šarḥ waṣiyya al-imām Abī Ḥanīfa*, o. O. 2009.

Aslan, Ednan/Magdalena Abdaoui/Dana Charkasi, *Islamische Seelsorge. Eine empirische Studie am Beispiel von Österreich*, Berlin 2015.

Al-Bābirtī, Akmal ad-Dīn Muḥammad b. Muḥammad, *Šarḥ waṣiyya al-imām Abī Ḥanīfa*, o. O. 2009.

Bardakoğlu, Ali, „Hapis", in: *TDV İslâm Ansiklopedisi* XVI, Istanbul 1997, S. 54–64.

Bauer, Thomas, *Die Kultur der Ambiguität*, Berlin 2011.

al-Bayǧūrī, Ibrāhīm b. Muḥammad, *Ḥāšiya al-imām al-Bayǧūrī ʿalā ǧawhara at-tawḥīd (Tuḥfa al-murīd ʿalā ǧawhara at-tawḥīd)*, Kairo 2002.

Beer, Rudolf, *Bildungsstandards – Einstellungen von Lehrerinnen und Lehrern*, Berlin 2007.

Begovic, Muris, „Die Rollen(n) des Imams im Gefängnis", in: *Seelsorge & Strafvollzug* 4 (2020), S. 38–48.

Bischöfliches Generalvikariat – Bistum Osnabrück, „Ordnung für den Dienst der katholischen Seelsorge in den Justizvollzugsanstalten, einschließlich den Abschiebungshaftanstalten, den Jugendarrestanstalten und der Forensik des Landes Niedersachsen", in: *Kirchliches Amtsblatt für die Diözese Osnabrück*, Osnabrück 2012, S. 115–117.

Brater, Michael, „Die Aktualität der Berufsproblematik und die Frage nach der Berufskonstitution", in: *Subjektorientierte Arbeits- und Berufssoziologie*, hrsg. von Karl Martin Bolte und Erhard Treutner, Frankfurt am Main/ New York 1983.

al-Buḫārī, Abū ʿAbd Allāh Muḥammad b. Ismāʿī, *al-Ǧāmiʿ al-musnad aṣ-ṣaḥīḥ al-muḫtaṣar, min umūr rasūl Allāh ṣallā Allāh ʿalayh wa-sallam wa-sunanih wa-ayyāmih (Ṣaḥīḥ al-Buḫārī)*, Damaskus 2002.

ad-Dārimī, Abū Muḥammad ʿAbd Allāh b. ʿAbd ar-Raḥmān, *al-Musnad al-ǧāmiʿ*, Mekka 2013.

Der Heilige Stuhl, „Konkordat zwischen dem Heiligen Stuhl und dem Deutschen Reich", www.vatican.va/roman_curia/secretariat_state/archivio/documents/rc_seg-st_19330720_santa-sede-germania_ge.html (letzter Zugriff 26.8.2020).

Ders., „Konkordat zwischen dem Heiligen Stuhl und dem Land Niedersachsen", www.vatican.va/roman_curia/secretariat_state/archivio/documents/rc_seg-st_19650226_concordato-sassonia-inf_ge.html (letzter Zugriff 26.8.2020).

Erdem, Gülbahar, „Seelsorge für Muslime? Fragestellungen, Ressourcen und Konzepte – eine muslimische Perspektive", in: *Grundlagen muslimischer Seelsorge – Die muslimische Seele begreifen und versorgen*, hrsg. von Tarek Badawia, Gülbahar Erdem und Mahmoud Abdallah, Wiesbaden 2020, S. 13–36.

Evangelische Kirche im Rheinland, „Ehrenamtliche in der Seelsorge – Richtlinien zur Ausbildung, Fortbildung und Begleitung", eeb-nordrhein.de (letzter Zugriff 20.9.2020).

Evangelische Konferenz für Gefängnisseelsorge in Deutschland, „Geschäftsordnung (GO) der Evangelischen Konferenz für Gefängnisseelsorge in Deutschland vom 8. Mai 2014“, www.gefaengnisseelsorge.de/ueber-uns (letzter Zugriff 20.9.2020).

Dies., „Leitlinien für die Evangelische Gefängnisseelsorge in Deutschland“ (2009), www.landeskirche-hannovers.de/damfiles/default/evlka/wir-fuer-sie/begleiten/seelsorge/Gefaengnisseelsorge-Leitlinien_02-0b40eb66a4333247d6e167670debd0eb.pdf (letzter Zugriff 15.8.2020).

Dies., „Kirchengesetz über den Vertrag der Evangelisch-lutherischen Landeskirche Hannovers und der übrigen evangelischen Landeskirchen Niedersachsens mit dem Lande Niedersachsen – Vom 14. April 1955“, www.kirchenrecht-evlka.de/document/20889 (letzter Zugriff 26.8.2020).

Evangelisch-lutherische Landeskirche in Braunschweig, „Kirchengesetz über den Ergänzungsvertrag zum Vertrag der evangelischen Landeskirchen in Niedersachsen mit dem Land Niedersachsen vom 19. März 1955 – Vom 6. Dezember 1965“, www.kirchenrecht-braunschweig.de/document/32992 (letzter Zugriff 26.8.2020).

al-Ǧuwaynī, Imām al-Ḥaramayn Abū al-Maʿālī, *al-Waraqāt*, Riad 2006.

Heiner, Maja, *Professionalität in der Sozialen Arbeit – Theoretische Konzepte, Modelle und empirische Perspektiven*, Stuttgart 2004.

Hohm, Hans-Jürgen, *Politik als Beruf: Zur soziologischen Professionalisierungstheorie der Politik*, Opladen 1987.

Horsch, Silvia, „Barmherzigkeit als Grundlage der Seelsorge – Eine Islamische Sicht“, in: *Barmherzigkeit – Zur sozialen Verantwortung islamischer Seelsorge*, hrsg. von Esnaf Begić, Helmut Weiß und Georg Wenz, Neukirchen-Vluyn 2014, S. 23–32.

Ibn ʿAǧība, Abū al-ʿAbbās Aḥmad b. Muḥammad, *al-Baḥr al-madīd fī tafsīr al-qurʾān al-maǧīd*, Kairo 1999.

Interkonfessionelle Konferenz, *Gefängnisseelsorge – Qualitätssicherung in den Heimen und Anstalten des Straf- und Massnahmenvollzugs sowie in den Regional- und Bezirksgefängnissen des Kantons Bern*, o. O. 2009.

al-Iṣfahānī, Abū Nuʿaym, *Ḥilya al-awliyāʾ*, Kairo 1996.

Katholische Gefängnisseelsorge in Deutschland e. V., „o. T.“, gefaengnisseelsorge.net/rechte-des-gefaengnisseelsorgers (letzter Zugriff 20.9.2020).

Klessmann, Michael, *Seelsorge – Begleitung, Begegnung, Lebensdeutung im Horizont des christlichen Glaubens. Ein Lehrbuch*, Neukirchen-Vluyn 2015.

Knobloch, Sybill/Mohammed Imran Sagir, „Das Berliner Modell der Religiösen Betreuung muslimischer Inhaftierter“, in: *Grundlagen muslimischer Seelsorge – Die muslimische Seele begreifen und versorgen*, hrsg. von Tarek

Badawia, Gülbahar Erdem und Mahmoud Abdallah, Wiesbaden 2020, S. 383–388.

Konföderation evangelischer Kirchen in Niedersachsen, „Ordnung der Gefängnisseelsorge in der Evangelisch-lutherischen Landeskirche Hannovers“, in: *Kirchliches Amtsblatt für die Evangelisch-lutherische Landeskirche Hannovers* 21564 B.6, Hannover 2009, S. 194–198.

Körlin, Andreas, „Hannover: Die erste Moschee in einem Gefängnis“, in: *Neue Presse* (10.12.2016), www.neuepresse.de/Hannover/Meine-Stadt/Hannover-Die-erste-Moschee-in-einem-Gefaengnis (letzter Zugriff 22.9.2020).

Luckmann, Thomas/Michael Sprondel (Hgg.), *Berufssoziologie*, Köln 1972.

al-Maydānī, ʿAbd al-Ġanī al-Ġunaymī, *al-Lubāb fī šarḥ al-kitāb*, o. O. 2016.

al-Mullā Ǧīwan, Aḥmad b. Abī Saʿīd, *Nūr al-anwār fī šarḥ al-manār*, Beirut 2015.

Nasafī, Abū al-Barakāt ʿAbd Allāh b. Aḥmad, *Madārik at-tanzīl wa-ḥaqāʾiq at-taʾwīl*, Beirut 1998.

Neue Osnabrücker Zeitung, „Staatsvertrag liegt auf Eis. Muslime und Land Niedersachsen ringen um künftigen Kurs“, www.noz.de/deutschland-welt/niedersachsen/artikel/1758588/muslime-und-land-niedersachsen-ringen-um-kuenftigen-kurs (letzter Zugriff 27.8.2020).

Niedersächsisches Justizministerium, „Vertrag mit DITIB über Seelsorge in Gefängnissen wird gekündigt“ (29.1.2019), www.mj.niedersachsen.de/startseite/aktuelles/presseinformationen/vertrag-mit-ditib-ueber-seelsorge-in-gefaengnissen-wird-gekuendigt--173378.html (letzter Zugriff 27.8.2020).

Pfadenhauer, Michaela, *Professionalität. Eine wissenssoziologische Rekonstruktion institutionalisierter Kompetenzdarstellungskompetenz*, Opladen 2003.

al-Qārī, ʿAlī b. Sulṭān, *Mirqā al-mafātīḥ šarḥ miškā al-maṣābīḥ*, Beirut 2001.

ar-Rāzī, Abū ʿAbd Allāh Faḫr ad-Dīn Muḥammad, *Mafātīḥ al-ġayb*, Beirut 1981.

Rüschoff, Ibrahim, „Seelsorge, Therapie und Beratung – begriffliche und professionelle Differenzierungen“, in: *Grundlagen muslimischer Seelsorge – Die muslimische Seele begreifen und versorgen*, hrsg. von Tarek Badawia, Gülbahar Erdem und Mahmoud Abdallah, Wiesbaden 2020, S. 61–70.

Şahinöz, Cemil/Avni Altıner (Hgg.), *Islamische Seelsorge bei Said Nursi*, Norderstedt 2018.

Şahinöz, Cemil, *Seelsorge im Islam – Theorie und Praxis in Deutschland*, Bielefeld 2018.

Schmid, Hansjörg, „Muslimische Seelsorge – von der Praxis zur theologischen Reflexion“ in: *Grundlagen muslimischer Seelsorge – Die muslimische Seele begreifen und versorgen*, hrsg. von Tarek Badawia, Gülbahar Erdem und Mahmoud Abdallah, Wiesbaden 2020, S. v.

Schura Niedersachsen, „Richtlinien der SCHURA Niedersachsen für den Dienst der muslimischen Seelsorge in den Justizvollzugseinrichtungen des Landes Niedersachsen" (1.9.2020), abrufbar unter: Schura Niedersachsen, „Startseite", www.schura-niedersachsen.de (letzter Zugriff 18.9.2020).

Süddeutsche Zeitung, „Niedersachsen: professionelle Gefängnisseelsorge für Muslime", www.sueddeutsche.de/panorama/justiz-osnabrueck-niedersachsen-professionelle-gefaengnisseelsorge-fuer-muslime-dpa.urn-newsml-dpa-com-20090101-200218-99-964298 (letzter Zugriff 17.8.2020).

as-Suyūṭī, Abū al-Faḍl Ǧalāl ad-Dīn ʿAbd ar-Raḥmān b. Abī Bakr, *al-Itqān fī ʿulūm al-qurʾān*, Beirut 2008.

Ders., *Qūt al-muġtaḏī ʿalā ǧāmiʿ at-Tirmiḏī*, Mekka 2003.

at-Tirmiḏī, Abū ʿĪsā Muḥammad b. ʿĪsā, *al-Ǧāmiʿ al-kabīr*, Beirut 1996.

Niedersächsisches Justizministerium, „Vereinbarung zwischen dem Landesverband der Muslime in Niedersachsen e. V., Schura Niedersachsen, vertreten durch Herrn Avni Altıner, dem DITIB Landesverband der Islamischen Religionsgemeinschaften Niedersachsen und Bremen e. V., vertreten durch Herrn Yılmaz Kılıç und dem Niedersächsischen Justizministerium, vertreten durch Herrn Minister Bernd Busemann", S. 1–3, www.mj.niedersachsen.de/download/73665/zum_Download.pdf (letzter Zugriff 27.8.2020).

Weinert, Franz, „Vergleichende Leistungsmessung in Schulen – eine umstrittene Selbstverständlichkeit", in: *Leistungsmessungen in Schulen*, hrsg. von Franz E. Weinert, Weinheim 2002, S. 17–31.

Zentrum für Seelsorge und Beratung: „Weiterbildung für Gefängnisseelsorge – Basiskurs Friedberg 2019/2020", S. 1; www.gefaengnisseelsorge.de/fileadmin/mediapool/gemeinden/E_gefaengnisseelsorge/Externer_Bereich/Themen/Weiterbildung/Curriculum_Endfassung_201920_01.pdf (letzter Zugriff 19.9.2020).

Yavuz, Yusuf Şevki, „Ehl-i Sünnet", in: *TDV İslâm Ansiklopedisi* X, Istanbul 1994, S. 525–530.

Julia Zuber/Herbert Altrichter/Martin Heinrich, „Bildungsstandards zwischen Politik und schulischem Alltag", in: *Bildungsstandards zwischen Politik und schulischem Alltag*, hrsg. von Julia Zuber, Herbert Altrichter und Martin Heinrich, Wiesbaden 2019, S. XIII–XV.

Sümeyra Yavaş

Die Bedeutung und der Umgang von Scham und Schuld bei inhaftierten muslimischen Frauen im Rahmen der Gefängnisseelsorge

Eine wissenschaftliche Arbeit im Rahmen des Pilotprojekts *Professionalisierung muslimischer Gefängnisseelsorge im niedersächsischen Justizvollzug*

1 Einleitung

Manche Menschen sind mehr von Scham betroffen als andere. Frauen spüren Scham meist häufiger als Männer.[1] „Dass wir uns schämen, ist ein biologisches Erbe. Bloß wofür wir uns schämen, hängt von der Umgebung ab."[2] Eltern erziehen ihre Kinder, damit sie auf dieser Welt mit allem, was sie zu erwarten haben, zurechtkommen und nicht aus der Rolle fallen.[3] Wir leben heute in einer Welt, in der die Kultur der Selbstoptimierung verbreiteter ist als je zuvor;[4] eine vor allem digitale Welt, die den Menschen dazu auffordert, optimal und perfekt auszusehen.[5] Doch gibt es auch Menschen, die sich dies nicht leisten können und sich dafür schlecht fühlen, Neid und Eifersucht empfinden, die an Selbstwertgefühl verlieren, weil sie nicht die Möglichkeit haben, mit dem, wie sie sind oder was sie haben, prahlen zu können: So etwa manche Menschen, die aufgrund vergangener Taten nun in einer Justizvollzugsanstalt (JVA) untergebracht leben.

Diesen Menschen ist ein schweres Gepäck aufgebürdet, welches sie nicht ablegen oder abgeben können. Sie sind dazu verpflichtet, dieses Gepäck selbst zu tragen; gleichzeitig kommt immer etwas dazu, das sie noch weiter belastet. Die Isolation von der Familie, den Eltern, dem bzw. der PartnerIn, den Kindern, den

---

1 Corinna Schöps, „Du darfst dich schämen", in: *Die Zeit Doctor* 22 (2020), S. 6–13 (10).
2 Ebd.
3 Vgl. ebd.
4 Vgl. ebd., S. 11.
5 Vgl. Nora Gaupp/Christian Lüders, „‚Mach was aus dir' Selbstinszenierung und Selbstoptimierung bei Jugendlichen – Freiheit oder Zwang?" (2016), www.jugendschutz-niedersachsen.de/der-optimale-koerper/wp-content/uploads/sites/9/2019/03/proJugend_2-2016_Selbstoptimierung_S4-9.pdf (letzter Zugriff 12.3.2021).

FreundInnen, dem Alltag usw. Die Liste ist lang, denn jedes Leben ist individuell, und jedes Individuum hat seine eigene Einstellung zum Leben.

Das Gefängnis, der Knast, der Vollzug, die Vollzugsanstalt – wie auch immer dieser Ort betitelt werden mag: Es handelt sich um eine drastische Beschneidung der persönlichen Freiheit aufgrund einer begangenen Straftat. All die neuen Maßnahmen, Fremdbestimmungen und Reglementierungen im Gefängnis sind für jede Person in erster Linie einschüchternd und rufen in ihr Befremdung hervor. Doch das größte Problem dieser befremdlichen Situation ist der Kampf mit sich selbst, die Konfrontation mit sich und dem eigenen Inneren: der Seele. Denn in einer Justizvollzugsanstalt bekommt man den Satz „Zeit? Wir haben nichts mehr als Zeit!" nur allzu häufig zu Ohren. In dieser Zeit beschäftigen sich demnach viele Inhaftierte mit der Tat, für welche sie verurteilt wurden und wegen derer ihnen, in einem Gefängnis untergebracht, ihre Freiheit entzogen wurde.

An dieser Stelle ist der Einsatz der Gefängnisseelsorge wichtig und kann für diejenigen, die das freiwillige Angebot annehmen möchten, entlastend wirken. Die SeelsorgerInnen bieten nämlich Raum und Zeit für die inhaftierte Person, um mit ihr gemeinsam die schwierige Situation und seelische Konflikte aushalten zu können. Schon sehr früh werden Emotionen in Worte gefasst, erste Annäherungen wie beispielsweise „[i]ch schäme mich hier zu sitzen, statt bei meiner Familie zu sein", „[i]ch bin selber schuld an meiner Situation" und „[i]ch muss mich um meine Eltern kümmern, doch nun bin ich hier; ich bin selbst schuld" zeugen hiervon.

Man kann von bestimmten Schamszenen sprechen, die generationsübergreifend wirken und demnach eine noch stärker belastende Wirkung auf die Betroffenen entfalten.[6] Die Scham kristallisiert sich vor allem bei Themen wie beispielsweise „heimliche[n] Abtreibungen und Kindestötungen, nichteheliche[n] Kinder[n], Kinder[n] aus Vergewaltigungen, Ehebrüche[n], unrechtmäßig erworbene[m] Vermögen, Gefängnisstrafen etc."[7] heraus. Verliert man im seelsorglichen Gespräch als inhaftierte Frau die Angst, über diese Themen zu sprechen, und baut hingegen das nötige Vertrauen auf, sie auszusprechen, so werden sie greifbar, und der Versuch einer spirituell-religiösen Orientierung auf dem Wege der Zurückgewinnung des Selbstwertgefühls kann gewagt werden.

Aus der Tätigkeit als muslimische Seelsorgerin in einer geschlossenen Anstalt für Frauen möchte ich einige Fallbeispiele in Kurzform präsentieren, um auf die Aktualität und Präsenz der Thematik hinzuweisen.

---

6 Vgl. Jens Tiedemann, *Scham*, Gießen 2013, S. 117.

7 Ebd.

1.1 Themenrelevante Fallvignetten

Eine junge, türkischstämmige Frau, die in Untersuchungshaft ist und nicht genau weiß, was sie nun erwarten wird, sagt:

> Wissen Sie, ich bin hier gelandet. Ich habe keine Schuld, aber vielleicht will Gott ja, dass ich das hier erlebe. Ich habe meinen Vater belogen. Er denkt, ich säße wegen etwas Anderem. Ich kann ihm doch nicht die Wahrheit sagen. Es ist schon schlimm genug, dass ich hier bin. Mein Freund weiß alles, sein Vater auch. Wenn überhaupt, können die ihm erzählen, was hier los ist. Aber ich schäme mich einfach, ich kann das nicht erzählen. Ich habe es eigentlich auch gar nicht verdient, hier zu sein.

Eine zum Islam konvertierte Inhaftierte kommt regelmäßig zur Seelsorgerin. Sie führen Einzelgespräche. Nach einigen Gesprächen erzählt sie:

> Ich schäme mich, hier zu sein. Es ist schwer. Meine Mama und mein Hündchen, meine Liebste. Ich vermisse sie. Ich wünschte, ich könnte die Zeit zurückdrehen und all dies wäre nicht passiert. Ich hätte mit mehr Vernunft handeln sollen. Meine arme Mama kümmert sich um alles, das ist mir peinlich.

Eine spanische, muslimische Frau, die zum wiederholten Male inhaftiert wurde und alleinerziehende Mutter ist, berichtet Folgendes:

> Ich fühle mich hilflos, kraftlos, weil meine Eltern krank sind. Ich müsste für sie da sein, aber stattdessen bin ich hier. Es ist meine Schuld, ich weiß, aber es [macht] mich einfach fertig. Ich senke meinen Kopf, schäme mich sehr, am meisten meinen Eltern gegenüber und dann meinem Sohn. Ab jetzt wird alles besser, aber ich habe Angst. Ich weiß nicht, wie ich alles regeln soll. Ich werde für meine Familie da sein, aber auch auf mich selbst achten und hier nie wieder herkommen.

Eine junge Frau, alleinerziehend mit vier kleinen Kindern und sich keiner bestimmten Glaubensrichtung angehörig fühlend, bringt ihre Emotionen wie folgt zu Worte:

> Ich fühle mich verloren. Ich stecke in der Klemme […] Ich bin ein liebevoll erzogenes Kind und habe mit all meiner Kraft meine Kinder versucht, liebevoll zu erziehen. Der Vater war in der Haft. Und als er entlassen wurde, war er auch nicht für uns da. Nun bin ich seinetwegen hier, meine Kinder bei meinen ‚Noch-Schwiegereltern'. Mein ‚Noch-Ehemann' hat schon eine Neue. Aber meine Kinder; ich bin hier, was denken die von mir? Wie soll ich jetzt ein Vorbild sein? Meine Älteste geht nun in die erste Klasse, sie wird diesen Umstand doch nie verstehen und erklären können. Ich kann nicht mehr zurück in das Haus, wenn ich rauskomme. Aber was mache ich dann? Wo gehe ich hin? Meine Kinder aus der ihnen bekannten und wohlen Umgebung herausziehen möchte ich auch nicht. Es ist so schwer. Ich suche Halt, Halt und Trost im Glauben. Ich gehöre nicht an diesen Ort, ich weine jeden Tag, aber ich möchte die Zeit hier nutzen, um klare Gedanken fassen zu können.

Eine junge libanesische Frau bringt ihre Haftsituation wie folgt zum Ausdruck:

> Meine Eltern leiden seit mehr als zehn Jahren unter meiner Last. Ich war immer so böse zu ihnen, vor allem zu meiner Mutter. Jetzt bin ich selber Mutter und schäme mich so sehr für alles, was passiert ist. Ich möchte mich bessern, aber jetzt versteht mich niemand. Ich habe das Gefühl, dass mir keiner mehr vertraut und mich keiner mehr mag. Es ist alles meine Schuld.

Diese tragischen emotionalen Ausschnitte aus Schicksalen zeigen die immense Belastung, unter der die Frauen hinter Gittern leiden. Sie erleben schlimme, ja teils traumatisierende Dinge in verschiedenen Dimensionen und Intensitäten: Tränen, Emotionen, Depressionen, Schlaflosigkeit, Alpträume, Heimweh, Trennungsschmerz, Einsamkeit, Hilflosigkeit, Ausweglosigkeit, Scham und Schuldgefühle. Aus diesem Grund ist die Seelsorge – ergo die Sorge um die Seele – so bedeutsam und wichtig, weil mit ihr der ratsuchenden Person Raum und Zeit geboten wird, um diesen Gefühlen Platz zu schaffen, um (mit) auszuhalten, um zu schweigen, um zuzuhören, um ausreden zu lassen, um sie ernst zu nehmen, um sie wertzuschätzen und um ihnen eine Entscheidung zu überlassen, an einem Ort, an dem sonst Fremdbestimmung herrscht.

Die Fallvignetten können als Beispiele der Tätigkeit der muslimischen Gefängnisseelsorge dienen, welche die Aktualität dieses Themas verdeutlichen. Die Frauen, die eine muslimische Gefängnisseelsorge in Anspruch nehmen, sind keineswegs ausschließlich Musliminnen, unter ihnen sind ebenso konfessionslose oder andersgläubige Frauen zu finden. Dies bedeutet, dass die muslimische Gefängnisseelsorge nicht nur für muslimische Inhaftierte, sondern auch für Gefangene anderer Religionszugehörigkeiten relevant sein kann, aus dem einfachen Grund, dass die Seelsorge an sich den Gefangenen einen neuen Raum, einen neuen Ort bietet, an dem sie sich zurückziehen und selbst bestimmen können. Es kann folglich nicht schaden, die überwiegend christlich dominierte Seelsorge um eine weitere mögliche theologische Facette zu bereichern, da diese Erweiterung für die Gefangenen auch ein weiterer Ort der Befreiung und der Entlastung sein kann. Da die Inhaftierten die Seelsorge auf freiwilliger Basis in Anspruch nehmen, kann es durchaus entlastend sein, wenn ihnen in diesem Bereich mehr als zwei Auswahlmöglichkeiten (etwa evangelisch oder katholisch) zur Verfügung stehen und somit das freiwillige Entscheidungsspektrum vielfältiger wird.

1.2 Problemstellung und Zielsetzung

Die christliche Gefängnisseelsorge, die sich bereits seit langem etabliert hat, ist gemäß Artikel 4 mit dem Recht auf freie Religionsausübung im Grundgesetz verankert. Somit wird der ratsuchenden Person die Möglichkeit geboten, das Seelsorgeangebot wahrzunehmen und in Konfliktsituationen und in Not Unterstützung und Beistand zu erhalten. Die muslimische Seelsorge steckt hierbei noch in ihrer Entwicklungs- und Etablierungsphase. Somit ist es unabdingbar, dass gangbare Konzepte erst einmal entwickelt werden müssen. Notwendig ist dies, da die Nachfrage – meiner Erfahrung nach und auch nach der Erfahrung vieler SeelsorgerInnen, mit denen ich in Kontakt stehe – angesichts des gewachsenen Anteils von Inhaftierten mit muslimischer Religionszugehörigkeit bzw. Prägung durch einen entsprechenden kulturellen Hintergrund ansteigt.

Die Zahl inhaftierter Frauen in Deutschland fällt deutlich niedriger aus als die der Männer. Eine Statistik von März 2020 zeigt, dass deutschlandweit knapp 2500 Frauen zu einer Freiheitsstrafe verurteilt wurden, während die Zahl der Männer bei etwa 39 600 liegt.[8] Zwar liegen empirische Studien zu den Straftaten inhaftierter Frauen und zu deren Rückfallquoten vor, allerdings sind kaum Untersuchungen vorhanden, welche die Rolle und den Einfluss der Religion und der Kultur der Inhaftierten bezüglich der Straftaten thematisieren. Gerade im Hinblick auf die Begriffe Scham und Schuld sind diese Einflüsse jedoch von immenser Bedeutung. Es ist davon auszugehen, dass sich je nach kultureller Prägung die Bedeutung und der Umgang mit Scham oder Schuld sehr verschieden darstellen. Gerade in Bezug auf die muslimische Seelsorge stellt sich heraus, dass dieser Bereich derzeit noch sehr untererforscht ist.

Die vorliegende Forschungsarbeit hat in erster Linie das Ziel, herauszufinden, welche Bedeutungen und Implikationen Scham und Schuld aus soziologischer, psychologischer und besonders theologischer Perspektive mit sich bringen und in welcher Beziehung diese zueinander stehen. Welche Relevanz haben diese Aspekte speziell für den Frauenvollzug? Inwieweit ist dies ein Thema für die Gefängnisseelsorge? Schließlich ist die Verknüpfung dieser theoretischen Aspekte mit der Theorie und Praxis einer muslimischen Seelsorge zu untersuchen.

Wie sieht die Verstrickung des Begriffspaares ‚Scham und Schuld' aus, und wie steht diese mit der Seelsorge in Verbindung? Welche Aspekte machen dieses Thema besonders im JVA-Geschehen so relevant? Wo liegt die Aufgabe der Seelsorge, welche Rolle – bzw. welche Rollen – spielt hierbei die seelsorgerlich aktive Person?

8 Vgl. Statista, „Gefangene und Verwahrte in JVAs in Deutschland nach Art des Vollzugs 2020" (30.7.2020), de.statista.com/statistik/daten/studie/158317/umfrage/gefangene-und-verwahrte-in-deutschland-nach-art-des-vollzugs (letzter Zugriff 12.3.2021).

Kann man in den seelsorglichen Gesprächen Beiträge zu der Aufarbeitung von Schuldgefühlen leisten? Wie und wo sollte eine muslimische Seelsorge ansetzen, um Menschen, die Scham verspüren und Schuld erleben, unterstützen zu können? Ist Seelsorge dazu da, Leid und Lasten zu vermindern? Was kann die Seelsorgerin oder der Seelsorger tun, damit die beschämte Person dies als ein Zeichen menschlicher Natur aufnimmt und die beschuldigte Person ein Bewusstsein entwickelt, um mit dieser Scham und Schuld umgehen zu können? Wenn Beschämung im Erleben der Beschämten den Verlust von Würde und Ansehen bewirkt oder zumindest die Störung derselben, stellt sich die Frage, wie eine Neuvergewisserung von Würde und Ansehen gestaltet werden kann. Welche Rolle übernimmt hier die muslimische Seelsorge?

1.3 Forschungsstand

Eine allgemeine Literaturrecherche hat aufgezeigt, dass explizit zum Thema der Scham und Schuld in der muslimischen Gefängnisseelsorge kaum Forschungsarbeiten vorzufinden sind. Doch betrachtet man dieses Thema in seinen Segmenten, sind überaus viele Quellen zu der Verbindung zwischen Scham und Schuld zu finden. Um den Rahmen der Forschungsarbeit einhalten zu können, werden erste Eingrenzungen getroffen, indem Quellen zu Scham und Schuld in der Gefängnisseelsorge in ausgewertet werden.

Nach dieser vorläufigen Literaturrecherche existieren zu der Situation inhaftierter Frauen in Deutschland drei größere Studien. Eine dieser Studien mit dem Titel *Lebenssituation, Sicherheit und Gesundheit von Frauen in Deutschland* des Bundesministeriums für Familie, Senioren, Frauen und Jugend wurde im Jahr 2004 veröffentlicht. Insgesamt wurden bei dieser Studie 88 Frauen ab 16 Jahren befragt.[9] Eine weitere, sehr umfassende Untersuchung liegt mit der Studie von Dünkel, Kestermann und Zolondek aus dem Jahr 2005 vor, in welcher Bedienstete sowie inhaftierte Frauen aus insgesamt 19 Frauenvollzugsanstalten befragt wurden.[10] Diese sowie vergleichbare Studien weisen darauf hin, dass inhaftierte Frauen zumeist einen niedereren Bildungsabschluss aufweisen.[11]

Im Rahmen der evangelischen und katholischen Gefängnisseelsorge sind auch zahlreiche Werke zu finden, die sich zum größten Teil mit dem Thema der Schuld und in diesem Zusammenhang sekundär mit dem Aspekt der Scham

9 Vgl. Susann Prätor, *Basisdokumentation im Frauenvollzug. Situation von Frauen in Haft und Auswirkungen auf die Legalbewährung*, Wolfenbüttel 2013, S. 5.

10 Vgl. ebd., S. 5.

11 Vgl. ebd.

auseinandersetzen. Handbücher zu allgemeiner und interkultureller Seelsorge nehmen jeweils Bezug zu Begriffen wie der Schuld. Bislang liegt allerdings keine wissenschaftliche Arbeit zum Themenbereich Scham und Schuld in der muslimischen Seelsorge bzw. Gefängnisseelsorge vor.

Segmentiert man die Begriffe Scham und Schuld weiter, so können unzählige Werke und Quellen für den Untersuchungsgegenstand fruchtbar gemacht werden. Im Rahmen dieser Arbeit findet jedoch eine schwerpunktmäßige Beschränkung auf theologische, psychologische und soziokulturelle Aspekte statt.

Ein weiterer und leitender Aspekt ist die Betrachtung der Themen Scham und Schuld auf kultureller bzw. interkultureller Ebene, denn der Einfluss der Kultur ist diesbezüglich unbestreitbar. Wichtige Werke in diesem Bereich hat der Psychiater und Psychoanalytiker Léon Wurmser verfasst. Hierunter sind unter anderem *Scham und der böse Blick* und *Maske der Scham* zu nennen.

In der islamwissenschaftlichen Literatur sind die Begriffe der Scham und Schuld als ineinandergreifende Komplexe ebenfalls bearbeitet worden, wie beispielweise in der *Encyclopaedia of Islam*. Der 2020 von Tarek Badawia, Gülbahar Erdem und Mahmoud Abdallah herausgegebene Sammelband *Grundlagen muslimischer Seelsorge: Die muslimische Seele begreifen und versorgen* bietet einen Einblick in das Thema der Scham.

1.4 Vorgehensweise und Methodik

Der vorliegende Beitrag zielt überwiegend darauf ab, mittels analytischer Theoriearbeit zu neuen Erkenntnissen zu gelangen, da in diesem Bereich – wie bereits erwähnt – nur wenige Studien zur Verfügung stehen. Doch setzt sich diese Literaturanalyse mit der Praxistätigkeit in der JVA auseinander, die durch die zunehmende Erfahrung durchaus differenzierter beobachtet und erörtert werden kann.

Im zweiten und dritten Kapitel des Beitrags soll die Bedeutung von Scham und Schuld dargelegt werden. Der Fokus liegt dabei auf der Auslegung islamtheologischer Bezüge, da vor allem in diesem Bereich wenig Literatur vorhanden ist, dies gleichwohl aber für die Weiterentwicklung der sich noch in Kinderschuhen befindenden muslimischen Seelsorge von großer Bedeutung wäre. Die weiteren Kapitel sind mit dem Gedanken verfasst worden, einen wichtigen Beitrag zur Professionalisierung der muslimischen Gefängnisseelsorge zu leisten. Daher sind an einigen Stellen direkte Bezüge zu dieser zu finden. Im Rahmen des vorliegenden Beitrags kann allerdings der Komplexität, Diversität und Parallelität der Begriffe Scham und Schuld nicht vollumfänglich Rechnung getragen werden. Aus diesem Grund sei vorab darauf hingewiesen, dass es durchaus notwendig war, relevante Aspekte herauszufiltern. Das vierte Kapitel befasst sich mit einer Zusammenführung der Ergebnisse des Hauptteils und einem Ausblick auf eine professionell ausgelegte muslimische Gefangenenseelsorge.

2 Die Bedeutung von und der Umgang mit Scham

Die menschliche Seele und Identität sind sehr reich an diversen Affekten, die weit über die Extreme Liebe und Hass hinausgehen.[12] In der frühkindlichen Entwicklung, also den ersten Lebensmonaten bis zum Ende der ersten drei Lebensjahre, lassen sich Affekte wie „Interesse, Überraschung, Freude, Depression, Verachtung, Staunen, Ekel, Scham, Wut, Ärger, Furcht, Zweifel"[13] vielfach beobachten und bestätigen. Diese Affekte stehen in enger Verbindung zu Werten, die sozialen und kulturellen Ursprungs sind und sich stets im Wandel befinden: Dem Wandel der Zeit.[14] Im Zuge der Industrialisierung und durch die Globalisierung der Arbeitswelt distanzierten sich Individuen stärker von ihren traditionellen Bindungen und nicht festgeschriebenen, jedoch traditionell verankerten Verhaltensregeln und Werten.[15] Es ist zu beobachten, dass „der beschleunigte soziale Wandel in einer dynamischen, profanierten und säkularisierten Gesellschaft die Verbindlichkeit zahlreicher traditioneller Werte schwinden lässt."[16] Früher als undenkbar geltende Verhaltensweisen werden heutzutage als eine Neuigkeit, als Außergewöhnlichkeit betrachtet und akzeptiert. Dies bringt mit sich, dass das Empfinden der Scham und auch die Grenzen der Verhaltensweisen oder -regeln dem Wandel der gesellschaftlichen Normen unterliegen. Vormals schambesetzte Aspekte, beispielweise im Bereich des Geschlechts- und Gemeinschaftslebens, spielen heute nur noch eine geringe Rolle.[17] Private Inhalte werden somit zu einer Privatsache. Dadurch können individuelle Lebensentwürfe und Werteauffassungen entstehen, die zum einen

---

12 Léon Wurmser, „Identität, Scham und Schuld", in: *Scham – Ein menschliches Gefühl. Kulturelle, psychologische und philosophische Perspektiven*, hrsg. von Rolf Kühn, Michael Raub und Michael Titze, Opladen 1997, S. 11–24 (11).

13 Ebd., S. 11.

14 Vgl. Michael Raub, „Scham – ein obsoletes Gefühl? Einleitende Bemerkungen zur Aktualität eines Begriffs", in: *Scham – Ein menschliches Gefühl. Kulturelle, psychologische und philosophische Perspektiven*, hrsg. von Rolf Kühn, Michael Raub und Michael Titze, Opladen 1997, S. 28.

15 Vgl. ebd.

16 Ebd.

17 Vgl. ebd.

„Raum für individuelle Orientierung“[18] bieten und diverse Verhaltensmuster zustande kommen lassen, zum anderen jedoch ein „Absinken mancher Schamschwellen mit sich bringen“.[19] Gesellschaftliche Konventionen bestimmen, was in der Öffentlichkeit oder auch im Privaten nicht getan werden sollte oder welche Gedanken und Wünsche verboten und anstößig sind.[20] Folglich kann man sagen, dass Scham – von jedem Menschen individuell erlebt – stets ein soziales Phänomen ist.[21]

Léon Wurmser, Psychiater und Psychoanalytiker, beschreibt Probleme seiner Patienten als „Schampsychosen“, die im Unterschied zu üblichen psychotischen Bildern beispielsweise durch suizidale Depressionen, massive Essstörungen, Verfolgungszustände sowie Panik und nicht selten durch Drogenmissbrauch auftreten.[22] Im folgenden Kapitel wird etwas genauer auf den Komplex von Scham, Beschämung und Schamgefühlen eingegangen.

2.1 Scham, Beschämung, Schamgefühle?

Rückblickend auf die eigene Entwicklung kann man sich die Frage stellen, in welchen Situationen man das Wort ‚Scham‘ in seinen unterschiedlichen Kontexten zu hören bekam. „Schäm dich!“ oder „Du solltest dich schämen!“ hat man als Kind sicherlich schon das eine oder andere Mal gehört. Doch wofür sollte man sich als Kind eigentlich schämen, und wohin sollte mit dem unwohlen Gefühl gegangen werden, welches diese Aussage in einem auslöste?

Man kann sich nur durch den Blick des Anderen schämen, weil der Andere die eigene Blöße entdecken und bloßstellen könnte.[23] Mit gesenktem Blick und Kopf, die beschämende Spiegelbeziehung zu sich selbst meidend, wird meist das sich schämende Subjekt dargestellt.[24] Die Objekte der Scham hingegen machen parallel zu dem Wandel der Zeit Veränderungen durch. Die eigene Gruppe

18 Ebd.

19 Ebd.

20 Vgl. ebd., S. 29.

21 Vgl. ebd.

22 Léon Wurmser, *Die tausend unbarmherzigen Augen. Vorlesung 57. Lindauer Psychotherapiewochen*, Laufzeit 43 Minuten, Müllheim: Auditorium Netzwerk, CD 1.

23 Vgl. Joachim Küchenhoff, „Schwerpunktthema: Scham und Beschämung“, in: *Psychosozial* III (2019), S. 5–8 (5).

24 Vgl. Rolf-Peter Warsitz, „Scham – ein philobatisch-oknophiles Dilemma“, in: *Psychosozial* III (2019), S. 9–19 (9).

sowie wandelbare soziale Normen bestimmen, wofür man sich schämen sollte. Schamgrenzen ändern sich ebenso wie die Gegenstände der Scham.[25]

Die Scham, die man *für* den Anderen empfindet, und die Scham, die man *vor* dem Anderen empfindet, zeigen den intersubjektiven Ursprung der Scham.[26] Léon Wurmser stellt eine ergänzende Auffassung vor: Die Scham sei nicht nur ein interpersonelles Problem – also eines, das in der sogenannten Objektbeziehung wirke –, sondern ein Problem, welches das Innere anbelange. Man spreche hier von „Introjekten".[27]

Aus psychoanalytischer Sicht ist die ‚Schamangst' besonders wichtig, jene äußere Angst, welche die Bloßstellung befürchtet und damit beispielsweise Erniedrigung erleben kann. Sie kann sich in bestimmten Signalen erkennbar machen, überwältigende Panik ausstrahlen oder aber Angst vor „dem inneren Richter, dem inneren Selbst" auslösen.[28] In diesem Fall, so Wurmser, sei der Schamaffekt ein komplexer Affekt, der um einen weitgehend innerlichen, depressiven Kern empfunden werde.[29] Der Mensch findet die einzige Lösung in dem Verschwinden, indem die Scham abgewehrt wird, da nur so der Zustand des Makels, der Schande, der Schmach und der Blöße beseitigt werden könne.[30]

Betrachtet man das Verschwinden aus der Sicht des Subjekts, bekommt es die Bedeutung des Nicht-Gesehenwerdens, denn das Gesehen- bzw. Nicht-Gesehenwerden ist elementar für das Empfinden der Scham. ‚Der gesenkte Blick', ‚der gesenkte Kopf', ‚der errötete Kopf' – all dies steht mit dem Auge, dem Sehen und dem Gesehenwerden und damit auch der Angst der möglichen Bloßstellung, Erniedrigung oder auch des inneren Konflikts in Verbindung.

Aus sozialer Sicht erwähnt Léon Wurmser die Scham als Ehrgefühl, als eine Art des sozialen und persönlichen Schutzes, einen Charakterzug, der sich gegen die Bloßstellung wende, also gegen das „Sich-Zeigen".[31] Der Mensch reagiert und schützt sich selbst mithilfe des Schamgefühls vor der Bloßstellung. In diesem Zusammenhang wird die Scham als eine Haltung von Respekt sich selbst und anderen gegenüber verstanden, eine Art Ehrfurcht und Bescheidenheit, welche

25 Vgl. Küchenhoff, „Schwerpunktthema", S. 5.
26 Warsitz, „Scham", S. 11 ff.
27 Vgl. Wurmser, *Augen*, CD 1.
28 Ebd.
29 Ebd.
30 Vgl. ebd.
31 Ebd.

sich unter anderem als sexuelle Scham äußert.[32] Diese Reaktionsbildung durch die Scham fasst Wurmser folgendermaßen zusammen:

> Ich muss mich hinter einer Maske verstecken, damit mein Inneres von zudringlichen Blicken anderer geschützt bleibt und ebenso verhülle ich meine eigenen Blicke, hemme meine Neugier, Zudringlichkeit. ‚Es ist die Feinheit der Scham' mit Nietzsches Worten, des Menschen, der etwas Kostbares, Verletzliches zu bergen hat. In dem Sinne ist Scham eine unentbehrliche Wächterin der Privatheit und der Innerlichkeit, eine Wächterin, die den Kern unserer Persönlichkeit schützt. Unsere intensivsten Gefühle, unseren Sinn der Integrität und Identität, vor allem unsere sexuellen Wünsche, Erlebnisse und Körperteile, ohne diese Hülle der Scham fühlt man sich der Würde beraubt.[33]

Konzipiert hat Wurmser hier eine dreistufige Einteilung der Scham (Ich, Über-Ich, Es),[34] bei der er davon ausgeht, dass „der Schamaffekt vom Über-Ich ausgeht und dass Verachtung und Angeschautwerden unerlässliche Bedingungen für seine Manifestation sind".[35]

Diese Manifestationen äußern sich in der Schamangst, der depressiven Beschämtheit und dem Schamgefühl als Reaktionsbildung. In allen drei Formen können die Pole des Subjekts und des Objekts voneinander unterschieden werden: Unter dem Objektpol versteht man das, wofür man sich schämt und vor welcher richtenden Instanz dies geschieht. Das, wofür man sich schämt, ist etwas Innerliches, ein Teil des Selbst, etwas, das man getan hat oder was man gewesen ist: der Subjektpol. Wovor man sich schämt, ist folglich der Objektpol. Komplex wird es, da man beide Pole verinnerlichen bzw. veräußerlichen kann. Wird beispielsweise der Objektpol nach innen genommen, kann der Subjektpol erweitert werden: Dann schämt man sich nicht für sich selbst, sondern für seine Frau, seine Familie, seinen Freund, seine Kultur oder Religion und auch für seine Nation.[36] Diese Art der Schamabwehr kann dafür sorgen, dass ein individuell empfundener Makel, Mangel oder Fehler „nicht erlebt wird und nicht vom Anderen wahrgenommen wird".[37] Somit findet eine Verleugnung, eine

---

32 Vgl. ebd.

33 Ebd., CD 1. Zu dem Thema Schamangst weiterführende Literatur: Tiedemann, *Scham*, sowie Mario Jacoby, „Scham-Angst und Selbstwertgefühl", in: *Scham – ein menschliches Gefühl*, hrsg. von R. Kühn, Opladen 1997, S. 159–168.

34 Diese Dreiteilung stammt aus der Freud'schen Theorie. Siehe hierzu etwa Sigmund Freud, *Das Ich und das Es und andere metapsychologische Schriften*, Frankfurt am Main 1978.

35 Tiedemann, *Scham*, S. 28.

36 Vgl. Wurmser, *Augen*, CD 1.

37 Joachim Küchenhoff, „Scham und Beschämung in (u. A. Psychoanalytischen) Institutionen", in: *Psychosozial* III (2019), S. 87–100 (89).

Verdrängung des Makels statt, was zum Teil als eine Rücksichtslosigkeit sich selbst gegenüber definiert werden kann. Dies hängt damit zusammen, dass die beschämte Person ein Defizit zu überspielen versucht.[38] Folglich würde sie eine Konfrontation oder Konfliktsituation mit dem – wie Léon Wurmser zu sagen pflegt – ‚inneren Richter' meiden. Zudem weist dieser Abwehrmechanismus auch narzisstische Züge auf.[39]

Um den Begriff der Beschämung, der in den vorherigen Zeilen teilweise zur Geltung gekommen ist, ein wenig besser verstehen zu können, muss die Bedeutung des ‚Anderen' näher erklärt werden. Hierbei geht es vor allem um den Blick des Anderen, denn nur durch diesen kann, wie bereits erläutert, ein Schamgefühl entstehen. Der Psychoanalytiker Joachim Küchenhoff führt aus, dass die Genauigkeit der deutschen Sprache hier eine große Rolle spiele, denn:

> Beschämung ist Bloßstellung, und im Wort Blöße tritt die Nacktheit – in den Augen des anderen – wieder auf. Ich fühle mich ertappt, der Blick des Anderen brennt mir auf der Seele, ich kann mich von ihm nicht lösen, solange ich mich schäme. Scham und das (imaginierte) Verhalten des Anderen, der Blick des Anderen vorzugsweise, gehören zusammen.[40]

Führt man den Gedanken der Entblößung und Beschämung der Person durch den Blick des Anderen weiter und bezieht dies nun auf ein Seelsorgegespräch, kommt sehr schnell die Frage auf, wie sich die seelsorgerlich aktive Person in so einem Fall zu verhalten hat. Die Blöße kann nur im Blick des Anderen verhindert bzw. wieder rückgängig gemacht werden. Die Haltung der Seelsorgerin bzw. des Seelsorgers ist in diesem Falle überaus wichtig, da der ‚fremde Blick' sowie die Selbstwahrnehmung der ratsuchenden Person in diesem ausschlaggebend sind. Die oder der SeelsorgerIn sollten folglich in erster Linie auf eine solche Situation vorbereitet sein, um die für die ratsuchende Person beschämende Situation mit aushalten zu können. Wie bereits erwähnt, ist die Scham höchst individuell und interpersonell verschieden; besonders aus diesem Grund ist sie ebenso höchst komplex und sehr intim. Gerade deshalb sollten SeelsorgerInnen ihre Gespräche mit besonderer Vorsicht führen und dabei immer eine aufrichtige, innere Haltung einnehmen, da die gegenübersitzende Person sich in den Blicken der SeelsorgerInnen wahrnehmen wird. Abschließend kann festgehalten werden, dass ein Blick mehr als tausend Worte sagt und diese bekannte und durchaus korrekte Aussage auch auf die beschriebene Situation übertragbar ist.

38 Vgl. ebd.
39 Vgl. ebd.
40 Ebd., S. 87.

2.2 Scham in der islamischen Theologie

Der Begriff der Scham, welcher in der islamischen Theologie verwendet wird, ist der arabischsprachige Begriff *al-ḥayāʾ*, der wörtlich in etwa mit „ein[em] Zusammenziehen, Beschämtwerden und Zurückziehen der Seele *(nafs)* bei hässlichen, schlimmen Taten und der Abwendung von diesen“[41] übersetzt werden kann.

Im Koran findet man den Begriff *al-ḥayāʾ* an drei Stellen in abgeleiteten Formen. Zum einen in der Sure *al-Qaṣaṣ*, in der es darum geht, dass eine der Töchter des Propheten Šuʿayb beschämt mit dem Propheten Moses spricht (Koran 28/25)[42]; zum anderen in der Sure *al-Baqara* (Koran 2/26) und letztlich der Sure *al-Aḥzāb* (Koran 33/53).

In der Sure *al-Baqara* heißt es: „Siehe, Gott verschmäht nicht, ein Gleichnis von einer Mücke vorzulegen oder von etwas (noch) geringerem als das.“[43] Zudem lehrt Gott den Menschen in der Sure *al-Aḥzāb*:

> O Ihr, die ihr Glauben erlangt habt. Betretet nicht die Wohnstätten des Propheten, außer euch wird Erlaubnis gegeben: (und wenn eingeladen) zu einem Mahl, kommt nicht (so früh, um) zu warten, bis es zubereitet ist: sondern, wann ihr eingeladen seid, kommt (zur rechten Zeit) herein; und wenn ihr von dem Mahl zu euch genommen habt, geht auseinander, ohne um des bloßen Redens willen zu verweilen: das, siehe, könnte den Propheten belästigen, und er könnte doch Scheu empfinden, euch (aufzufordern zu gehen): aber Gott scheut nicht (euch zu lehren), was Recht ist. (Koran 33/53)

In diesem Vers soll die einzigartige Stellung des Propheten Muhammad unter seinen Zeitgenossen besonders hervorgehoben und unterstrichen werden. Doch darüber hinaus werden die Menschen in diesem Vers dahingehend belehrt, dass bestimmte Verhaltensregeln im Hinblick auf das Leben als Gemeinschaft eingehalten werden sollten: Regeln, die auf den ersten Blick weniger wichtig erscheinen, sind in einer Gesellschaft von psychologischem Wert und vermitteln wahre Gefühle von Geschwisterlichkeit, gegenseitiger Rücksichtnahme und gegenseitiger Achtung des Schutzes der Person und deren Privatlebens.[44] Die islamischen

---

41 Râğıp el-Isfahani, *Müfredat. Kur'an kavramlari sözlügü*, Istanbul [3]2012, S. 460. Diese und weitere Übersetzungen aus diesem Werk stammen von der Verfasserin.

42 „(Kurz) danach näherte sich ihm eines der beiden (Mädchen), scheu gehend, und sagte: ‚Siehe, mein Vater lädt dich ein, auf dass er dich gebührend dafür belohnen möge, dass du (unsere Herde) für uns getränkt hast.‘“ (Koran 28/25)

43 Diese und sämtliche nachfolgenden Übersetzungen koranischer Passagen sind entnommen aus: Muhammad Asad, *Die Botschaft des Koran. Übersetzung und Kommentar*, Ostfildern [2]2011.

44 Vgl. ebd.

Gelehrten sind sich einig darüber, dass der Begriff *ḥayāʾ* anhand dieser Beispiele als Attribut für Gott verwendet werden kann, jedoch nicht mit der Bedeutung ‚sich scheuen, sich schämen', sondern als Beweis dafür, dass Gott nur Gutes tut und Ihm auf keine Weise schlechte und schlimme Dinge zu nahe gebracht werden können.[45]

In einem Hadith heißt es: „The Prophet […] said: Your Lord is munificent (großzügig) and generous (generös, großmütig), and is ashamed to turn away empty the hands of His servant when he raises them to Him."[46] Folglich lässt sich hier nicht die Schlussfolgerung ableiten, dass Gott in seinem Wesen scheu sei, sondern er sich vielmehr *davor scheue*, Menschen, die ihn anrufen und ein reuiges Herz haben, zu bestrafen. Der Begriff ist durchaus mit der Liebe und Barmherzigkeit Gottes in Verbindung zu bringen.

Des Weiteren ist in dem 26. Vers der Sure *al-Aʿrāf* der Begriff *libās at-taqwā* zu finden, der von der überwältigenden Mehrheit der KoranexegetInnen als das Gefühl der *ḥayāʾ* definiert wird, welches dem Menschen von Natur aus gegeben sei und, seine Seele umhüllend, die Vernunft und Moral schütze.[47]

Der Begriff *ʿār* wird im türkischen Sprachgebrauch meist als Synonym zu *ḥayāʾ* im Sinne von zu „missbilligen[den bzw.] unwürdige[n] Haltungs- und Verhaltensformen"[48] verwendet. Bei genauer Betrachtung des Begriffs wird dessen enge Verbindung zum Gefühl der Scham deutlich. Dieses Wort wird in der arabischen Sprache von dem Stamm *ʿaʾwar* abgeleitet und wird als Ort der Anständigkeit bzw. Sittlichkeit des Menschen verstanden.[49] Der Ursprung des Begriffs liegt aus dem Grund in dem Wort *ʿār*, weil die Offenlegung dieser Stellen der Anständigkeit, Tadel und Missbilligung mit sich brächten. Aus diesem Grund wird ein hässliches, unschönes Wort auch *ʿawrāʾ* genannt.

Der Schutz der Privatsphäre, der individuelle Schutz beispielsweise bestimmter Körperteile sowie bestimmter Verhaltensregeln und die Einhaltung moralischer Werte sind aus islamtheologischer Sicht überaus wichtig. Es ist deutlich zu erkennen, dass zu Lebzeiten des Propheten die Gemeinschaft und das Zusammenleben der Menschen in dieser Gemeinschaft anhand dieser Regeln und Normen gewährleistet werden konnten: Regeln und Normen, basierend auf

45 Vgl. el-Isfahani, *Müfredat*, S. 460.

46 Abu Dawud, *Sunan Abu Dawud, Kitāb as-Ṣalāt, Bāb ad-duʿāʾ*, Nr. 1488, sunnah.com/abudawud/8 (letzter Zugriff 21.8.2020).

47 Vgl. Mustafa Çağrıcı, „Haya", in: *TDV Islam Ansiklopedisi* XVI, Istanbul 1997, S. 554.

48 Ebd., S. 554.

49 Vgl. el-Isfahani, *Müfredat*, S. 1064.

dem Koran, sind auch heute noch von großer Bedeutung. Die Aktualität dieser Aspekte ist durchaus in der heutigen Zeit auffällig.[50]

Ein Blick auf einschlägige Hadithe zeigt, dass *al-ḥayāʾ* in ihrer ursprünglichen als auch in abgeleiteten Formen in diesen auftaucht. Anzuführen sind hier etwa die Überlieferungen: „*ḥayāʾ* ist gänzlich gut“[51] oder: „*ḥayāʾ* bringt nur Gutes mit sich“.[52]

Der Prophetengefährte ʿUṯmān nahm aufgrund seiner Haltung und seiner ausgezeichneten Verhaltensformen eine besondere Stellung unter den GefährtInnen ein, sodass sogar der Prophet Muhammad sich überaus vorsichtig in seiner Gegenwart verhielt. Einer Überlieferung nach zufolge sagte er: „Es wäre nicht richtig von mir, einer Person gegenüber, vor der sogar die Engel Scham empfinden, kein Schamgefühl zu zeigen.“[53]

Folgende Hadithe unterstreichen die Wichtigkeit und Präsenz der Scham bzw. des Schamgefühls und zeigen, dass sie als Maßstab für gesellschaftliche Normen gültig sind: „Die Scham/das Schamgefühl ist vom *īmān*“[54] sowie: „Jede Religion hat eine Moral, eine Vernunft; die des Islam ist *ḥayāʾ*, die Scham.“[55] Bezüglich individueller Haltung und Verhaltensformen ist folgende prophetische Überlieferung ausschlaggebend: „Du kannst alles tun, was du möchtest, wenn du dich nicht schämst/scheust.“[56] Rückblickend auf die islamische Geschichte galt dieser Hadith maßstabgebend für die Formung der ethischen, religiösen und gesellschaftlichen Werte und Normen islamisch geprägter Gesellschaften.[57]

Auch in der islamischen Literatur war der Begriff *ḥayāʾ* sehr beliebt und wurde von vielen berühmten DichterInnen und AutorInnen mithilfe von Metaphern thematisiert.[58]

---

50 Für die vertiefende Literatur siehe Rolf Kühn/Michael Raub/Michael Titze (Hgg.), *Scham – Ein menschliches Gefühl. Kulturelle, psychologische und philosophische Perspektiven*, Opladen 1997.

51 *Musnad*, IV, 426, 427; Muslim, „Iman“, 61: Mustafa Çağrıcı, „Haya“, in: *TDV Islam Ansiklopedisi* XVI, Istanbul 1997, S. 554. Weitere Übersetzungen aus dieser Quelle stammen von der Verfasserin. Siehe auch Imam Muslim ibn al-Ḥaǧǧāǧ al-Naysābūrī, *Ṣaḥīḥ Muslim*, sunnah.com/muslim/1 (letzter Zugriff 21.8.2020) [eigene Übersetzung].

52 Vgl. ebd., S. 554.

53 Ebd.

54 Vgl. ebd.

55 Ebd.

56 Ebd.

57 Vgl. ebd.

58 Vgl. ebd., S. 555.

In der islamischen Literatur wird die Scham in zwei Kategorien eingeteilt: Zum einen in die Scham, die der Mensch vor Gott erlebt, und zum anderen die Scham, die der Mensch vor seinen Mitmenschen durchlebt. In einigen Werken wird noch eine dritte Kategorie hinzugefügt, die auch aus psychologischer Sicht durchaus wichtig ist: und zwar die Scham, die der Mensch vor sich selbst erfährt.[59] Ergänzend zu diesen Kategorien hat al-Māwardī in seinem grundlegenden Werk *Adāb ad-dunyā wa-d-dīn* die Scham wie folgt beschrieben: „Dinge, die in der Öffentlichkeit Scham hervorrufen, sollte man auch an geheimen Orten unterlassen."[60] Seiner Meinung zufolge kann der Mensch sich nur durch das Gefühl der Scham vor Dingen, die als schlecht oder böse erachtet werden, zurückhalten. Scham gelte als die Hüterin der menschlichen Würde, denn ein Mensch, der das Gefühl der Scham verloren habe, habe keinen Schutz mehr vor dem Bösen und Unerlaubten. Entsprechend wäre ein maß- und regelloser Lebenswandel die Folge dieses Unvermögens.[61]

Besonders die islamische Mystik legt sehr großen Wert auf den Begriff *ḥayā*ʾ, welcher dreidimensional betrachtet wird: Erstens als die Scham, die der Mensch, in dem Bewusstsein, dass er von Gott beobachtet wird, empfindet, zweitens als die Scham, die in und durch die Gebete, Gott näher kommen zu wollen, entsteht, sowie drittens die Scham, welche durch die Nähe zu Gott auf einer Metaebene entsteht. Die erste Dimension bedeutet, dass der Mensch sich seinem Schicksal stellt und lernt, in völligem Gottvertrauen jegliche Probleme klaglos zu ertragen. In der zweiten Dimension geht es um Geduld und die Distanzierung von weltlichen und irdischen Dingen. Vor allem die dritte Dimension der Scham trägt dann die Bedeutung, dass die Distanz zwischen Gott und Mensch als Diener Gottes aufgehoben ist.[62]

Die Erkenntnis der Psychoanalyse, dass sich die Scham als Affekt im Kindesalter zu entwickeln beginnt, hat vor Jahrhunderten schon der islamische Gelehrte, Mystiker und Denker al-Ġazālī (gest. 1111)[63] in seinem Opus Magnum *Iḥyāʾ ʿulūm ad-dīn* beschrieben.[64] In diesem Werk wird verdeutlicht, dass die Verlegenheit oder Zurückhaltung von Kleinkindern ein Zeichen für die Brillanz ihres Verstandes ist. Denn hierdurch sehe sich das Kind in der Lage, Dinge, die es verabscheue, zu unterlassen. In diesem Zusammenhang beschreibt al-Ġazālī,

59 Vgl. ebd.
60 Ebd.
61 Ebd.
62 Vgl. ebd.
63 Mustafa Çağrıcı, „Gazzâlî", in: *TDV Islam Ansiklopedisi* XIII, Istanbul 1996, S. 530.
64 Ders., „Ihyâü Ulumi'd-Dîn", in: *TDV Islam Ansiklopedisi* XXII, Istanbul 2000, S. 10.

dass Kinder zunächst Tischmanieren erlernen sollten, und unterstreicht somit die Wichtigkeit der frühkindlichen Erziehung.[65] Al-Ġazālī und andere islamische Gelehrte stellen eine Verbindung zwischen der Scham und dem Verstand her und definieren dabei die Scham nicht nur als eine Emotion, sondern auch als Gradmesser von Verstand und Urteilskraft.[66]

Eine religiöse Beurteilung der Scham aus jüdischer Sicht stellt Léon Wurmser vor, der folgende Passage aus dem Talmud anführt: „Sei stark wie ein Leopard, leicht fliegend wie ein Adler, eilend wie ein Hirsch und mutig wie ein Löwe, den Willen deines Vaters im Himmel zu erfüllen."[67] Den Aspekt, stark wie ein Leopard zu sein, erklärt er dahingehend, dass der Mensch sich nicht für diejenigen schämen solle, die einen für die Arbeit im Dienste des Herren verhöhnen. „Fliege wie ein Adler" beziehe sich auf das Schauen der Augen, denn dies würde den Beginn der Sünde bedeuten: Das Auge sehe, das Herz begehre und die Organe vollenden die Tat.[68] Wurmser versteht die Scham als eine Haltung im Sinne der Scheu und Ehrfurcht, welche man durchaus mit der islamischen Sichtweise vergleichen könnte, da *ḥayāʾ* durchaus auch mit ‚Scheu' übersetzt wird. Der Gedanke, der Versuchung durch das Sehen, Fühlen und Tun widerstehen zu wollen, hat laut Wurmser etwas mit der Aufrechterhaltung höchster Ideale zu tun.[69] Diese Auffassung kann man mit der islamischen Sichtweise vergleichen angesichts dessen, dass *ḥayāʾ* auf religiöser und sozialer Ebene einen sehr hohen Stellenwert hat und ihre Aufrechterhaltung überaus wichtig ist. Die Scham kann demnach sowohl als Schutz des inneren Seins, also der innersten Ziele und Werte verstanden werden, als auch als Abwehr der Gefahr, sich für sein eigenes Handeln schämen zu müssen, fungieren.[70] Folglich kann der Mensch seinen innersten Idealen, im Dienste Gottes, durch die Funktion der Scham treu bleiben.[71]

2.3 Versuch einer Definition des Schambegriffes

Der Schambegriff umfasst sehr viele Bereiche, die das Formulieren einer einheitlichen Definition erschweren. An dieser Stelle wird versucht, die erarbeiteten

65 Ders., „Haya", S. 555.
66 Vgl. ebd., S. 555.
67 Wurmser, *Augen*, CD 1.
68 Ebd.
69 Ebd.
70 Vgl. ebd.
71 Ebd.

Aspekte zusammenzuführen, um einen Überblick geben zu können. Scham ist ein Affekt, der menschlich, subjektiv, individuell und überindividuell ist. Sie kann eine hemmende und limitierende, aber auch eine beschützende und bewachende Funktion haben. Besonders die Schamangst kann die Selbstoffenbarung hemmen und ist daher ein wichtiger Forschungsbereich der psychoanalytischen Therapieansätze.[72] Scham ist zudem kulturell und sozial geprägt, denn gesellschaftliche Normen, Regeln und Grenzen beeinflussen die Scham und sind je nach Zeitalter, Region und Milieu divers.[73] Sie ist der „Verbindungspunkt zwischen Kultur und Individuum, Selbst und Anderem".[74] Einerseits spielt sie die Rolle einer Wächterin der moralischen Werte und Normen, andererseits kann sie für den Menschen nur schwer überwindbare Hürden aufbauen.

Sigmund Freud hat vier Auffassungen der Scham bestimmt:

- als sozialer Affekt, der milieuspezifisch ist und Angst vor Bewertung impliziert,
- als Motiv der Abwehr,
- als Methode der Abwehr,
- als Brücke zu narzisstischen und idealistischen Zügen.[75]

Der soziale Affekt lässt sich so erklären, dass das Individuum zutiefst beschämt wird, wenn es die Auflösung der sozialen Bande durch ein Fehlverhalten riskiert und somit aus der Gemeinschaft verwiesen wird. Das Rütteln am Selbstwertgefühl auf der einen Seite und die schmerzhafte Erfahrung des Ausgeschlossenseins auf der anderen Seite bedeuten in diesem Fall eine „soziale Katastrophe".[76] Deshalb ist die Aufrechterhaltung der Bindung zu den Bezugspersonen und zu dem sozialen Umfeld für eine Person, die sich zutiefst beschämt fühlt, besonders wichtig und zentral.

Zum Wesen der Scham gehört die Diskrepanz zwischen dem, wie man gern dastehen würde, und dem, wie man konkret ist und sich erlebt.[77] Interessanterweise hat die Scham eine verdeckende und verdeckte Seite: Viele Emotionen werden offen erlebt und durchlebt, die Scham wird oft in eine andere

---

72 Vgl. Tiedemann, *Scham*, S. 10.

73 Vgl. Schöps, „Du darfst dich schämen", S. 10.

74 Tiedemann, *Scham*, S. 10.

75 Ebd., S. 17.

76 Ebd., S. 41.

77 Vgl. Uwe Britten, „Scham kann uns völlig überfluten. Jens Tiedemann im Gespräch", in: *Psychologie Heute Compact. Negative Gefühle. Schuld, Scham, Eifersucht: Unliebsame Emotionen ergründen und an ihnen wachsen* 59 (2019), S. 56–59 (57).

Emotion wie beispielsweise Wut, Zorn, Angst oder Depression umgewandelt, sie wird folglich durch andere Gefühle, mit denen man besser umgehen kann, überdeckt. Sie kann aber auch Gefühle wie „Stolz, Freude, Lebendigkeit und Sich-zeigen-wollen" verdecken, wenn diese dem Spezifikum der sozialgesellschaftlichen Regeln und Normen nicht zu entsprechen scheinen.[78] Scham ist ein Affekt, der die beschämte Person durchdringt, die räumliche und zeitliche Distanz zum Anderen aufheben lässt, den Schutz zur Abwehr durchbohrt und das tiefe Innere trifft.[79] „Scham ist die Erkenntnis des eigenen Versagens und eigener Fehlerhaftigkeit und deren Offenbarwerden."[80]

2.4 Exkurs: Überlegungen zu besonderen Schnittstellen der Schamthematik in einem Seelsorgegespräch

Da das Subjekt in einer beschämten Situation im Blick des Anderen bzw. des Gegenübers vor allem und auch besonders sich selbst wahrnimmt, kommen Aspekte wie Neugierde, Missgunst und Geringschätzung zum Tragen. Hier nimmt die Scham unter den Gefühlen, die mit der Erfahrung des Gesehenwerdens verbunden sind, eine besondere Rolle ein. Je nachdem, wie sich die Person im Blick des Anderen wahrnimmt, können Gefühle wie Verlegenheit und Bloßstellung, Erniedrigung und Entwürdigung aufkommen, besonders dann, wenn diese Person eine überlegene Position hat und auf jemanden herabblicken kann. Dies ist ein sehr wichtiger Aspekt, der in der seelsorglichen Gesprächsführung besonders beachtet werden sollte: Die seelsorgende Person hat in der Hand, wie sich die inhaftierte Person wahrnehmen kann. Hier feinfühlig zu agieren, ist besonders kompliziert und erfordert Ehrlichkeit, Offenheit und Transparenz sowie Erfahrung und eine starke innere Haltung, mit der sich die seelsorgende Person identifizieren sollte. Eine scheinheilige Haltung wird ertappt; das Subjekt nimmt sie wahr und projiziert sie entweder auf sich oder fühlt sich dadurch nur noch ‚kleiner' als möglicherweise ohnehin.

Die Wahrnehmung auf kommunikativer Ebene funktioniert in erster Linie, wenn man ‚auf einer Wellenlänge' ist. In der Psychotherapie spricht man an dieser Stelle vom „therapeutischen Takt".[81] Für eine angemessene Begleitung

---

78 Ebd., S. 58.

79 Vgl. Wolfgang Hering, „Scham und Psychotische Erstarrung", in: *Psychosozial* III (2019), S. 74–86 (74).

80 Joachim Illies, *Unschuldig wie Gott sie schuf? Ein Plädoyer für das Schamgefühl*, Wuppertal 1981, S. 25.

81 Tiedemann, *Scham*, S. 107. Das Wort ‚Takt' stammt vom Lateinischen *tangere* und bedeutet ‚rühren, berühren'.

während eines Gesprächs ist es deshalb wichtig, empathisch und geduldig zu bleiben, „mit Respekt und nicht urteilender Akzeptanz und Wohlwollen" zu begegnen.[82]

3 Die Bedeutung von und der Umgang mit Schuld

Das Leben mit der Schuld, die eigene Betroffenheit und der Versuch des bewältigenden Umgangs mit dieser inneren Belastung sind nahezu genauso komplex wie im Falle der Scham. Die Schuld – und darin eingeschlossen oder damit verbunden unter anderem auch Schuldgefühle, Schuldbewusstsein, Gewissen und Verantwortungsgefühle – sind für die menschliche Motivation fundamental und elementar für die „individuelle wie auch kollektive Steuerung und Regelung des menschlichen Zusammenlebens".[83] Aus diesem Grund ist die Verbindung und Beziehung zur Psychoanalyse unabdingbar. Allerdings wird hier die Entstehung und Entwicklung von Schuldbewusstsein und Schuldgefühlen kontrovers diskutiert, unter anderem auch für die Frage, wie die Verbindung realer Schuld zu Schuldgefühlen, dem Gewissen und dem Verantwortungsgefühl aufgebaut werden kann.[84] Um die Reichweite der Begriffe ‚Schuldgefühl', ‚Schuld' und ‚Schuldbewusstsein' nicht auf einen intrapsychischen Bereich einzuengen, hat Freud diese als „im Psychischen repräsentierte[...] reale[...] Schuld" synonym verwendet.[85]

3.1 Schuld, Schuldgefühle, Verantwortung

Der Begriff der Schuld wird im „rechtlichen, ethisch-philosophischen, psychologischen und religiösen" Sinne verwendet.[86] Im umfassenden Sinne findet der deutsche Begriff der Schuld auf drei Ebenen Gebrauch: Erstens „die Verpflichtung, eine empfangene Gabe zurückzuzahlen (lat. debere)", zweitens

---

82 Vgl. ebd.

83 Ludwig Haesler, „Von der Angst vor Vernichtung, Rache und Vergeltung zum Gewissen. Psychoanalytische Überlegungen zur Entwicklung von Schuldbewusstsein und Verantwortungsgefühl", in: *Schuldbewusstsein und reale Schuld*, hrsg. von Jürgen Körner und Burkhard Müller, Gießen 2014, S. 41–66 (41).

84 Vgl. ebd.

85 Ebd.

86 Misbah Arshad, „Schuld, Vergebung und Seelsorge im Islam", in: *Islamische Seelsorge zwischen Herkunft und Zukunft. Von der theologischen Grundlegung zur Praxis in Deutschland*, hrsg. von Bülent Uçar und Martina Blasberg-Kuhnke, Frankfurt am Main 2013, S. 39–60 (40).

tritt „der Mensch als Urheber eines Übels oder Verbrechens (lat. auctor)“ auf und drittens kann „ein vorwerfbarer Verstoß gegen eine moralische Regel (lat. culpa)“ auftreten.[87]

Wohl jeder Mensch hat in seinem Leben bereits eine Situation erlebt, die er sich ungern wieder vergegenwärtigen möchte, weil diese Erinnerung bei ihm oder ihr „spezifische schmerzhafte Gefühle, ergo Schuldgefühle“ verursachen kann.[88] Alltägliche Beispiele für Schuldgefühle wie „unüberlegte Worte, die einen geliebten Menschen schwer getroffen haben, das Versäumnis, einem anderen in Not zu helfen, oder gar das eigene Glück, sofern dieses ein grelles Licht auf das Unglück eines anderen wirft“ sind den meisten Menschen nicht fremd.[89] Die Beschreibung dieser Gefühle ist besonders komplex, daher haben sich Psychologen und Therapeuten mit dieser Thematik befasst und es besteht Einigkeit darüber, dass das Gefühl der Schuld zentral für die Regulierung der zwischenmenschlichen Beziehungen ist, welche für das Überleben des Individuum unabdingbar sind.[90] Das Erleben der Schuld ist bedeutsam, um dem Individuum das Signal vermitteln zu können, dass die interpersonelle Beziehung aufgrund der individuellen Verhaltensweise gefährdet worden ist und ein Wiedergutmachungsprozess notwendig ist, um die Beziehung sichern zu können.[91]

Das Fühlen der Schuld hängt stark mit der sozialen Bewertung zusammen und unterscheidet sich somit von Basisemotionen wie Angst oder Wut, die – wie bereits erwähnt – ihren Ursprung wiederum in anderen Affekten haben können. Im Folgenden wird der Versuch angestrebt, die Frage nach dem Erleben von Schuld und der zu schaffenden Verbindung dessen mit dem Gefühl der Verantwortung zu beantworten.

Für die Entwicklung und Entstehung der Schuld ist es eine verstandesmäßige Voraussetzung, dass die schuldige Person sich selbst als Ursache für das Geschehen sieht. Die Folgen des Geschehens sind wiederum elementar für die entstehenden Emotionen. Wenn beispielsweise als Konsequenz des Geschehens bzw. des schuldigen Handelns der Ausschluss aus der Gemeinschaft folgt, entsteht

---

87 Maria-Sybilla Lotter, „Was ist Schuld?“, in: *Forschung und Lehre* (2019), www.forschung-und-lehre.de/zeitfragen/was-ist-schuld-2269 (letzter Zugriff 23.8.2020).

88 Fanja Riedel-Wendt, „‚Schuld fühlen‘: Das Schuldfühlen aus emotionspsychologischer und verhaltenstherapeutischer Perspektive“, in: *Vom Umgang mit Schuld: eine multidisziplinäre Annäherung*, hrsg. von Thorsten Moos und Stefan Engert, Frankfurt am Main 2016, S. 117–137 (118).

89 Ebd.

90 Vgl. ebd.

91 Vgl. ebd.

das Gefühl der Scham. Man erkennt eine Verstrickung der komplexen Affekte der Scham und der Schuld: In diesem Fall ist Schuld die Basis für das Empfinden der Scham. Der wesentliche Einfluss auf die Emotionen, die mit der Schuld assoziiert werden, liegt dort, „wo das Individuum die Ursache für einen Zustand verortet".[92] Wenn man davon ausgeht, dass das Schuld- und Verantwortungsgefühl unabdingbar für das soziale Miteinander sind, kann man sagen, dass negative Ereignisse zu einem Gefühl des Versagens führen können: Ein Beispiel wäre, dass ein Kind versucht, die Verantwortung zu übernehmen, weil die Mutter depressiv erkrankt ist, es aber negative Emotionen erlebt, da es merkt, dass es keinen oder nur wenig Einfluss auf das Wohlergehen der Mutter ausüben kann.[93] Aus dem Gefühl des Versagens entsteht durch wiederholte Erfahrung ein Schuldgefühl. Bis zu einem bestimmten, realistischen Punkt kann das Bedürfnis, „anderen nicht zu schaden und ihr Wohlergehen zu garantieren, beziehungsfördernd sein", doch ändert sich dies, wenn man der Verantwortung nicht gerecht werden kann (so bei dem Kind, das der Mutter helfen möchte).[94] „So entsteht ein Schulderleben, weil sich die Person für die Situation des anderen verantwortlich fühlt, ohne darauf Einfluss nehmen zu können."[95]

Auch die Empathie ist überaus wichtig, wenn es um das Schulderleben geht. Kann man in einer gesellschaftlichen Gruppe nicht nachempfinden, warum jemand leidet und daher keine emotionale Reaktion zeigen, geht ein für die zwischenmenschliche Beziehung bedeutsames Signal verloren.[96]

Heutzutage begegnen viele Menschen der Schuld im Erleben der Selbstenttäuschung und Selbstverfehlung, weil es sich nicht nur um Taten handelt (Was habe ich getan? Was hätte ich nicht tun dürfen?), sondern vielmehr um Ansprüche, die man an sich selbst gerichtet hat und denen man nicht gerecht geworden ist.[97] Nicht selten beschäftigt sich die schuldig gewordene Person mit dem inneren Selbst, mit der Identität, und beginnt, am eigenen Selbstwert zu zweifeln. Wichtig ist hierbei zu unterscheiden, ob man von echter, realer Schuld spricht oder ob es sich um Schuldgefühle handelt, die auf imaginären Vorgängen beruhen.[98] „Natürlich gibt es keine echte Schulderfahrung ohne Schuldgefühle."[99]

---

92 Vgl. ebd., S. 129.
93 Vgl. ebd.
94 Ebd.
95 Ebd.
96 Vgl. ebd., S. 133.
97 Vgl. Jürgen Ziemer, *Seelsorgelehre*, Göttingen [4]2015, S. 280.
98 Vgl. ebd., S. 283.
99 Ebd.

Auch in dem Falle, dass eine spezifische Schuld nicht angezeigt werden kann, kann man nicht von ‚unechten' Schuldgefühlen ausgehen. Diese bedürfen erst einer Psychotherapie, wenn ein „konkreter Bezugspunkt nicht erkennbar ist" und wenn die Schuldgefühle auf „einen tiefer liegenden Triebkonflikt oder wahnhafte Vorstellungszusammenhänge hinweisen könnten".[100] In diesem Falle liegt die Vermutung nahe, dass neurotische oder psychotische Zusammenhänge bestehen könnten, da die Schuldgefühle auf keiner Handels-, Gefühls- oder Verstandesebene benennbar sind.[101] In diesem Sinne ist der therapeutische Ansatz besonders wichtig, damit Menschen, die den Umgang mit Schuld erlernen müssen, dies in einem begleiteten Versuch beginnen können. Zwar ist die Auseinandersetzung mit der Schuld so individuell und komplex, wie Menschen es sind,[102] die Akzeptanz einer Schuld jedoch könnte weniger komplex sein, wenn man diese in Teilaspekte aufspalten würde. Schritt für Schritt können so kleine Aspekte aufgearbeitet werden, um das „Erleben erdrückender umfassender Schuld" in eine „spezifische Teilschuld" umwandeln zu können.[103] Diese Teilschuld könnte möglicherweise ausgehalten und akzeptiert werden.

> Menschen werden immer dann schuldig, wenn sie eine Norm, ein Gesetz oder eine abgesprochene Spielregel überschreiten und dadurch ihren Mitmenschen Schaden in Form von Handlungen oder Unterlassungen zufügen und sogar rechtlich dafür belangt werden können.[104]

Im strafrechtlichen Sinne bedeutet Schuld, dass

> man jemandem ein mit Strafe bedrohtes Handeln vorwerfen kann. Dieses Handeln ist dabei entweder vorsätzlich oder fahrlässig begangen worden. Als vorsätzlich wird es bezeichnet, wenn der Täter bewusst und zielgerichtet vorgeht oder zumindest den Schaden billigend in Kauf nimmt, und Fahrlässigkeit ist gegeben, wenn der Täter die im Rechtsleben erforderliche und zumutbare Sorgfalt außer Acht lässt. Außerdem muss der Täter bei der Begehung der Tat schuldfähig gewesen sein, denn wer schuldunfähig ist, kann nicht bestraft werden.[105]

---

100 Vgl. ebd.

101 Vgl. ebd.

102 Vera Kattermann, „Leben mit der Schuld", in: *Psychologie Heute. Negative Gefühle. Schuld, Scham, Eifersucht: Unliebsame Emotionen ergründen und an ihnen wachsen* 59 (2019), S. 42–47 (44).

103 Ebd.

104 Doris Nauer, *Seelsorge. Sorge um die Seele*, Stuttgart [3]2014, S. 153.

105 Das Rechtslexikon, „Schuld", www.rechtslexikon.net/d/schuld/schuld.htm (letzter Zugriff 24.8.2020).

Die Strafbarkeit hat bestimmte Grundlagen, die im Strafgesetzbuch (StGB, 2. Abschnitt, 1. Kapitel) ausführlich aufgelistet werden. In neun Paragraphen werden die besonderen Bedingungen aufgezählt.[106]

Folglich ist aus juristischer Sicht bei der Schuld und bei dem Ermessen dieser zentral, ob das Motiv vorsätzlich ist, da dies grundlegend für die Schuldbeurteilung ist.[107]

3.2 Schuld in der islamischen Theologie

> Betrachte das menschliche Selbst und wie es in Übereinstimmung mit dem geformt ist, was es sein soll, und wie erfüllt ist von moralischen Schwächen, wie auch Bewusstsein von Gott! Einen glückseligen Zustand wird fürwahr erlangen, wer dieses (Selbst) an Reinheit wachsen lässt, wahrhaft verloren ist, wer es (in Finsternis) vergräbt. (Koran 91/7–10)

In diesen koranischen Versen ist die wesentliche Information enthalten, dass der Mensch in seiner psychologischen Natur den Unterschied zwischen Gut und Böse, Richtig und Falsch wissend erschaffen worden ist. Folglich hat der Mensch die Fähigkeit, sich für ein rechtes Handeln zu entscheiden, aber auch die Möglichkeit, den unrechten Weg zu gehen. Diese beidseitige Neigung des Menschen verleiht „jedem" rechten Handeln einen Wert und führt somit zu „einem freien, moralischen Willen".[108]

Demnach geht man davon aus, dass gute und reine Taten dem Herzen das Gefühl der Vollkommenheit, der Ruhe und der Ausgeglichenheit geben, wohingegen böse und sündige Taten das Herzen mit Schmerz, Leid, Reue und dem Schuldgefühl belasten.[109] Ein gläubiger Muslim strebt das ewige Leben im Jenseits an und formt das diesseitige Leben nach den göttlichen Regeln und Geboten,

---

106 Bundesamt für Justiz, *Strafgesetzbuch* (15.5.1981), www.gesetze-im-internet.de/stgb/StGB.pdf (letzter Zugriff 24.8.2020).
Für weiterführende Literatur zum Thema Strafe und Schuld, Unschuld und Strafrecht: vgl. Stefan Stübinger, „Strafe als Umgang mit Schuld oder Umgehung der Schuld? Zur Spannung zwischen Strafzweck und Schuldzurechnung", in: *Vom Umgang mit Schuld. Eine multidisziplinäre Annäherung*, hrsg. von Thorsten Moos und Stefan Engert, Frankfurt am Main 2016, S. 183–199 (184).

107 Kattermann, „Leben mit der Schuld", S. 44.

108 Ebd., S. 1166.

109 Sabri Erturhan, „Sucla Mücadelenin Fikhi Esaslari", in: *C. Ü. Ilahiyat Fakültesi Dergisi*, Sıvas 2009, S. 43–77 (48), dergipark.org.tr/en/download/article-file/221430 (letzter Zugriff 23.8.2020).

setzt in Entscheidungsfragen seinen gewissenhaften Verstand ein und strebt stets ein rechtmäßiges Handeln an. So ist dem Koran Folgendes zu entnehmen:

> Aber was jene angeht, die sich um das (Wohl des) kommenden Lebens sorgen und danach streben, wie danach gestrebt werden sollte, und überdies (wahre) Gläubige sind, sie sind diejenigen, deren Streben Gunst (bei Gott) findet! (Koran 17/19)

Dieser Koranvers hebt die Wichtigkeit des jenseitigen Lebens hervor und weist den Menschen darauf hin, dass das Leben im Diesseits verantwortungsbewusst und rechtmäßig sein sollte, um „Gunst bei Gott" finden zu können. Wird man allerdings dieser Verantwortung nicht gerecht, steht der Mensch vor einem Dilemma zwischen dem, wie er eigentlich sein sollte und dem, wie er ist, folglich seiner schuldhaften Tat und seinem inneren Selbst.

Im türkischen Sprachgebrauch wird für ‚Schuld' der Begriff *suç* verwendet, welcher definiert wird als „widersprüchliches Verhalten gegen die Sitten und moralischen Werte bzw. als in einer Gesellschaft als ungerecht aufgefasstes Verhalten, welches von niedergeschriebenen oder auch nicht niedergeschriebenen Gesetzen verboten und somit zur Verurteilung würdig gehalten wird".[110] In der klassischen islamrechtlichen Auffassung gibt es keine einheitliche Definition für den Begriff der Schuld. Begriffe, die aus dem Arabischen stammen, wie *ğurm* und *ğarīma* werden im Kontext von Sünde, Schuld und ungerechtem Verhalten verwendet.[111] In den koranischen und prophetischen Überlieferungen sind viele von dem Wortstamm *ğarm* abgeleitete Hinweise zu Schuld und Sünde gegeben.[112]

Ein weiterer Begriff, der im Kontext von Schuld wichtig ist, ist *ğazā*ʾ. Wörtlich wird dieses arabische Wort als „Wert und Gegenleistung einer Sache" übersetzt; im übertragenen Sinne bedeutet dies, dass „der vollständige und ausreichende Gegenwert einer guten oder schlechten Handlung und Verhaltensform geleistet wird".[113] In der islamischen Literatur fällt auf, dass der Begriff *ğazā*ʾ[114] in zwei Kategorien eingeteilt wird, eine allgemeine und eine spezifische Bedeutung der Strafe. Im Allgemeinen besteht die Strafe aus einem weltlichen oder

110 Mehmet Boynukalın, „Suç", in: *TDV Islam Ansiklopedisi* XXXVII, Istanbul 2009, S. 453.

111 Ebd.

112 Vgl. ebd.

113 Adil Bebek, „Ceza", in: *TDV Islam Ansiklopedisi* VII, Istanbul 1993, S. 469.

114 Im türkischen Sprachgebrauch wird das Wort *caza* (arab. *ğazā*ʾ) wörtlich als ‚Strafe' übersetzt. Auch im strafrechtlichen Kontext ist dieses Wort vertreten: „Traurigkeit, Bedrängnis, schmerzhafte Handlungen oder Sanktionen gegen diejenigen, die unangemessen handeln." Elif Safak, „Ceza" (2019), sozluk.gov.tr (letzter Zugriff 23.8.2020).

jenseitigen Anreiz oder einer abschreckenden Sanktion. Im spezifischen Sinne bezieht sich die Strafe auf die materiellen und geistigen Sanktionen, die dem zu Bestrafenden von der gültigen Rechtsordnung verhängt werden sollen. In diesem Zusammenhang wird im arabischen Sprachgebrauch der Begriff der *ʿuqūbāt* verwendet, im strafrechtlichen Sinne sind hierfür die Begriffe *al-fiqh al-ǧināʾī* bzw. *at-tašrīʿ al-ǧināʾī* verbreitet.[115]

Es ist bekannt, dass es bereits in Zeiten, in denen Menschen in Gemeinschaften wie Familien, Sippen und Stämmen lebten und noch kein Verständnis für den Staat und das Strafrecht hatten, ein Strafsystem gab, welches von der Struktur der Gesellschaft abhängig war, und dass Gemeinschaften versuchten, ihre sozialen Disziplinen und individuellen Rechte innerhalb dieses Systems zu schützen.[116] In jeder Gesellschaft und jeder Epoche der Menschheitsgeschichte wurden Verbrechen wie Töten, Ehebruch, Diebstahl sowie die Auflehnung gegen etablierte Bräuche und Autoritäten unter den Einflüssen von Religionen und der menschlichen Natur als Verstoß gegen die Ordnung der Öffentlichkeit gesehen.[117] Auch die Tora verbietet unrechtmäßige Handlungen oder gar Verbrechen im 2. Buch Mose 6–21, bekannt als *Die zehn Gebote*.[118] Anhand dieser Gebote wussten die Menschen, wie sie sich zu verhalten haben und was sie unterlassen sollen. Die Ansprache „Du sollst nicht" hat einen auffordernden und bestimmenden Charakter, somit können diese Gebote als Verhaltenskodex für die Menschen aufgefasst werden. Dieser Kodex hat Einflüsse auf die religiöse, soziale und individuelle Haltung des Menschen. Das Ehren der Familie, besonders der Eltern, ist dem Verbot des Tötens und Stehlens gegenübergestellt.[119] Man könnte vermuten, dass die familiäre Bindung, die elterliche Erziehung und die Wertschätzung der Familienmitglieder deshalb höher gestellt sind als die darauffolgenden Verbote, weil sie geordnete Familienverhältnisse, Respekt, Vertrauen und Liebe beinhalten können und diese Aspekte den Menschen potenziell vor Fehlverhalten und Verbrechen schützen. Diesbezüglich gibt es auch im Koran eine passende Stelle, die interessanterweise von dieser familiären Beziehung handelt und in der ein

---

115 Bebek, „Ceza", S. 469.

116 Ali Bardakoglu, „Ceza", in: *TDV Islam Ansiklopedisi* VII, Istanbul 1993, S. 470.

117 Vgl. ebd.

118 Vgl. Daniel Neumann, „‚Du sollst nicht morden': Die Tora verbietet das unrechtmäßige Töten" (22.11.2018), www.juedische-allgemeine.de/religion/das-sechste-gebot (letzter Zugriff 23.8.2020).

119 Vgl. Deutsche Bibelgesellschaft, „Die zehn Gebote, 2. Buch Mose, 6–21", www.diebibel.de/bibeln/online-bibeln/lesen/LU17/EXO.20/2.-Mose-20 (letzter Zugriff 23.8.2020).

Vater seinen Sohn darüber belehrt, wie ein Mensch sich Gott, der Familie und den Mitmenschen gegenüber zu verhalten habe (Koran 31/13–19).

Die im Laufe der Zeit eintretenden Entwicklungen in der Gesellschaft und später der Wirtschaft führten dazu, dass Sanktionen wie Schadenersatz, Sühnegeld[120] und Inhaftierung als Strafmaßnahmen festgelegt wurden und in Kraft getreten sind.[121] Allmählich führten diese Entwicklungen auch dazu, dass die kollektive Verantwortung bei Verbrechen und Bestrafungen mehr Platz für die steigende individuelle Verantwortung einräumte. Somit wurden die Grundsätze für die Entwicklung einer zentralen, objektiven und autoritären Rechtskraft gebildet.[122] Dies wiederum führte dazu, dass das staatliche Strafrecht und dessen Urteilskraft im Namen der Gesellschaft an Bedeutung gewonnen haben und infolge bestimmter Entwicklungen dem Staat das Gewaltmonopol eingeräumt wurde.[123]

Diese sehr knappe Darstellung der historischen Entwicklung des Begriffes der Strafe sollte zeigen, welche Rolle dieses Thema in der islamischen Tradition hat. Folglich kann man sagen, dass ein Mensch, der sich durch eine Tat oder Handlung an einem Menschen oder einer Sache strafbar gemacht hat, die Verantwortung auf verschiedenen Ebenen trägt: auf der Ebene zu Gott, der Ebene zu der Familie bzw. zu dem sozialen Umfeld und der Ebene zu sich selbst. Eine Person, die eine Straftat begeht, wird vor Gericht ‚schuldig gesprochen', und der Begriff der Schuld bekommt für diese Person einen weiteren belastenden Charakter, da die Schuld nun gerichtlich ausgesprochen wurde und greifbar im Raum steht.

Für inhaftierte Personen, die genau diesen Zustand er- und durchleben, ist die Seelsorge besonders wichtig, um ihnen das Recht einräumen zu können, diese Last abzulegen. Sie sind nicht verpflichtet, darüber zu sprechen, sie haben aber in diesem seelsorglich vertrauten Raum das Recht dazu.[124] ‚Hinter Gittern' steht ihnen so doch ein kleines Stück Freiheit zur Verfügung.

Aus islamischer Sicht ist „eine Tat oder die Unterlassung einer Tat gegen die Gebote und Verbote Gottes" eine Sünde.[125] Im arabischen Sprachgebrauch

---

120 Duden, „Sühnegeld" (2020), www.duden.de/rechtschreibung/Suehnegeld (letzter Zugriff 23.8.2020).

121 Bardakoglu, „Ceza", S. 470.

122 Vgl. ebd.

123 Vgl. ebd.

124 Vgl. Tiedemann, *Scham*, S. 65.

125 Vgl. Cemal Tosun, „Sünde, Reue und Vergebung", in: *Grundlagen muslimischer Seelsorge*, hrsg. von Tarek Badawia, Wiesbaden 2020, S. 293–302 (294).

werden für Sünde die Begriffe *iṯm*, *ḏanb*, *wizra*, *ḥūb* und *ḫaṭī'a* verwendet, in der persischen und türkischen Sprache das Wort *günah*.[126]

Bei einem sündigen Menschen gibt es einen Vorher- und Nachher-Vergleich: Um eine Sünde begehen zu können, muss der Mensch ein Verbot Gottes begehen oder ein göttliches Gebot verletzen. Ist dies geschehen, befindet sich die Person in einem Ist-Zustand, der ihm Zeit gibt, zu erwägen, was er bzw. sie getan hat und wie er bzw. sie dies wiedergutmachen kann. Besteht in dem Ist-Zustand keine Akzeptanz der Schuld, so kann diese Person zunächst auch keine Reue zeigen. Aus islamischer Sicht ist es wichtig, dass, welche Tat man auch immer begangen hat – es sei denn, man steht in der Schuld eines anderen Menschen –, Gott dem aufrichtig reuigen Menschen alle Sünden vergibt. Die aufrichtige Reue ist hier die Voraussetzung, und mit ihr befindet sich der reuige Mensch in der Nachher-Situation. Die Lossprechung von einer Sünde ohne das Mitwissen einer weiteren Person, die Hoffnung auf die Vergebung und die Entlastung der Seele sind für den Menschen essenziell.

Sünde zu begehen bedeutet daher ein schlechtes Tun, für das man verantwortlich ist. Sie zieht demnach eine Bestrafung nach sich, wenn keine Abkehr von diesem Handeln, kein Bekennen und Erkennen der Fehlerhaftigkeit des eigenen Tuns und kein anschließendes Bereuen folgt.[127]

Das islamische Recht nimmt in der Festlegung der Strafen und Bestrafungen den Koran und die etablierte Glaubenspraxis des Propheten Muhammad (Sunna) als Basis. Dabei stehen der Schutz und die Bewahrung der fünf wesentlichen Elemente, die als Verstand, Glaube, Leben, Ehre und materieller Besitz benannt werden, im Vordergrund. Hintergrund hierfür ist das Ziel, die allgemeinen und spezifischen bzw. besonderen Interessen der Menschen in einem Gleichgewicht halten zu können.[128] Um das Böse zu verhindern und das Gute gegenwärtig machen zu können, ist Strafe ein Teil des islamischen Prinzips. Jedoch strebt der Islam nach einer Gemeinschaft, die strafbare Handlungen insgesamt nicht verbreitet und somit unterlässt.[129] Aus diesem Grund zielt das religiöse und moralische System in erster Linie nicht darauf ab, das begangene Verbrechen zu bestrafen, sondern lieber die Gründe zu beseitigen, die es einfacher machen, dieses Verbrechen zu begehen.[130] Man kann also sagen, dass die

---

126 Ebd.
127 Vgl. ebd.
128 Bardakoglu, „Ceza", S. 472.
129 Vgl. ebd.
130 Vgl. ebd.

Bestrafung nicht das Ziel, sondern vielmehr ein notwendiges Instrument ist, das zur Verwirklichung und zum Schutz der vom Islam angestrebten Ziele als letztes Mittel eingesetzt wird.[131]

Die Absicht der Bestrafung gilt auf allgemeiner Ebene als Schutz der sozialen Struktur durch die Verhinderung der Publizität und Ausbreitung von Straftaten sowie – auf spezifischer Ebene – als Belehrung des Schuldigen.[132] Daher gibt der Islam eindeutige Vorschriften, die die Höhe und Form einer Strafe festlegen:

- Das Gesetz und die gemeinsamen Werte der Gesellschaft sollen geschützt bleiben,
- die Begehung weiterer Verbrechen und/oder die Wiederholung sollen verhindert werden,
- der Schuldige soll zur Ruhe kommen und Milde erfahren und
- der Schuldige soll sein Gewissen entlasten können, um sich von möglichen Rachegedanken entfernen zu können.[133]

Auch der Koranvers „[…] denn in (dem Gesetz von) der gerechten Vergeltung, o ihr, die ihr mit Einsicht versehen seid, ist Leben für euch, auf daß ihr euch Gottes bewußt bleiben möget“ (Koran 2/179) unterstreicht die Wichtigkeit des Schutzes des gemeinschaftlichen Wohles.[134] Wie eine Strafe auszusehen hat, legt zum Teil der Koran fest, etwa in Bezug auf Mord, Ehebruch, Unzucht oder Diebstahl. Schaut man sieht die Strafe für Ehebruch in den Koranversen genauer an, so stellt man fest, dass viele Schritte bis zu der Festlegung des Vergehens bestätigt sein müssen, um die Beschuldigten des Vergehens wegen verurteilen zu können. Diese vielen Schritte sind ein Zeichen für die Barmherzigkeit Gottes, der nicht bestrafend, sondern vergebend ist.[135] Immer, wenn Gott im Koran

131 Vgl. ebd.

132 Vgl. ebd.

133 Vgl. ebd.

134 Vgl. Asad, *Die Botschaft*, S. 70. Anhand dieser Koranverse (Koran 2/178 f.) wird unter anderem der Begriff der Vergeltung (arab. *qiṣaṣ*) diskutiert, der nicht die Rache in den Blick nimmt, sondern den Schutz der Gemeinschaft. Die Auslegung dieses Begriffs würde jedoch den Rahmen der vorliegenden Arbeit sprengen. Für weiterführende Informationen siehe: ebd., S. 69 ff.

135 Für weiterführende Einblicke siehe die Sure *an-Nisāʾ*, in der unter anderem von der Ehe, dem Ehebruch und der Unzucht die Rede ist, in der Übersetzung und Kommentierung siehe: ebd., S. 146–193.

von Gerechtigkeit spricht, folgt darauf die Vorzüglichkeit der Vergebung und Verzeihung.[136]

Die folgenden Ausführungen können der ausführlichen Einteilung der Einstufung und der Arten der Strafe in der sunnitischen Tradition des Islam nicht gerecht werden, daher sei hier nur eine knappe Auflistung dieser Einstufungen gegeben:[137]

- *ḥadd*: Dieser Begriff wird erklärt als eine Strafsanktion, die als das Recht Gottes, ergo das Recht der Gesellschaft, erfüllt werden muss und deren Umfang und Qualität bestimmt und begrenzt ist.[138] In bestimmten Koranversen ist genau beschrieben, welche Straftaten auf welche Art verurteilt werden sollen.
- *qiṣāṣ*: Unter diesem Begriff wird wörtlich ‚Vergeltung' verstanden, was bedeutet, dass in Fällen von vorsätzlicher Verletzung, Verstümmelung und Tötung der Grundsatz herrscht, den Verbrecher mit einer Strafe zu bestrafen, die der von ihm begangenen Handlung entspricht.[139] Auch hier sind einige Koranverse zu finden, die den Vergeltungsaspekt erklären und von der Rache unterscheiden. Auch in der Tora sind Verse zur Vergeltung zu finden.[140]
- *taʿzīr*: Im Unterschied zu *ḥadd* und *qiṣāṣ* handelt es sich hierbei um andere Strafen, die nicht nach festen Regeln bestimmt werden, sondern deren Ermessen und Entschlossenheit dem Gesetzgeber überlassen bleiben.[141]

Bei diesem Strafsystem sollen vor allem und besonders die Aspekte betrachtet werden, in denen es auf der einen Seite um das Opfer und dessen Schaden geht, auf der anderen Seite um den Einfluss der Gesellschaft und letztlich um

---

136 Koran 7/167 (Strafe und Vergebung); Beispiel aus dem Koran zur Vergebung: Koran 3/31, Koran 4/96.106.110.152; Koran 85/15 (liebevolle Vergebung); Koran 16/18 (unendliche göttliche Gnade), Koran 42/37 (bei Zorn lieber vergeben) und Koran 53/32 (umfassende Vergebung des Herrn).

137 Vgl. Bardakoglu, „Ceza", S. 473.

138 Vgl. ebd.

139 Vgl. ebd.

140 Koran 5/45: „Und wir haben für sie in dieser (Torah) verordnet: Leben um Leben und Auge um Auge und Nase um Nase und Ohr um Ohr und Zahn um Zahn und (gleiche) Vergeltung für Verletzungen." Wörtlich geht es hier um die Sühne, die auch in den Lehren Jesu zu finden ist (etwa vor allem in der Bergpredigt). Vgl. Asad, *Die Botschaft*, S. 211.

141 Bardakoglu, „Ceza", S. 473.

den Verstoß gegen ein Gebot oder Verbot im Islam.[142] Wichtig ist hierbei aber, zu unterstreichen, dass der strafende Gott dabei nicht unbarmherzig ist, wie es auch in einem Koranvers heißt: „Mit Meiner Strafe suche Ich heim, wen Ich will, aber Meine Gnade übergreift alles" (Koran 7/156). Folglich ist Gott immerfort barmherzig.

Im Laufe der Zeit hat sich auch das System des Strafrechts geändert und es entstand ein Strafrecht, das staatliche und religiöse Absichten miteinander kombinierte. Zu diesem Themenbereich gibt es wichtige Arbeiten mit Bezug auf die allgemeinen und besonderen Bestimmungen des islamischen Strafrechts und des Strafprozessrechts.[143]

Lohnenswert ist die Erörterung der Frage, ob eher eine Strafe oder eher die Vergebung und Verzeihung Gottes[144] gegenwärtig sein sollte, doch dies würde wie andere bereits erwähnte Aspekte nicht in den Rahmen dieser Arbeit passen. Jedoch sollte zumindest erwähnt werden, dass es Gott nicht um die Belohnung oder Bestrafung des Menschen geht, sondern die Strafe lediglich Mittel zum Zweck sein soll, denn „Gottes Ziel ist es, den Menschen zu retten".[145] Hierzu wird in einem Koranvers Folgendes offenbart:

> (Denn obwohl) Wir sagten: „Hinunter mit euch allen von diesem (Zustand)", wird dennoch ganz gewiß Rechtleitung von Mir zu euch kommen: und jene, die Meiner Rechtleitung folgen, brauchen keine Furcht zu haben, noch sollen sie bekümmert sein. (Koran 2/38 f.)

Aus theologischer Sicht kann diese Passage eine Person, die sich als schuldig bekennt und die Schuld bewusst erlebt, wie folgt beschreiben: Der sündige Mensch klagt sich selbst an, seine Seele ist verwundet, er erlebt Herzschmerz (wie bei zutiefst erlebter Scham). In den Augen derer, auf die er angewiesen ist,

142 Vgl. Mahmoud Abdallah, „Bestrafung und Vergebung – Die Barmherzigkeit Gottes in einem spannungsreichen Verhältnis", in: *Grundlagen muslimischer Seelsorge*, hrsg. von Tarek Badawia, Wiesbaden 2020, S. 279–292 (282).

143 Als empfehlenswerte Literatur zur eigenständigen Vertiefung zum Propheten Muhammad empfehlen sich etwa Abū Zahra, *al-Ǧarīma wa-l-ʿuqūba fi-l-fiqḥi l-Islāmī wa-Falsafatu l-ʿuqūba fī l-fiqḥi l-Islāmī* sowie Aḥmad Fatḥī Baḥnasī, *al-Ḥudūd fi-l-Islām*; ders., *al-Qiṣāṣ fi-l-Islām*; ders., *Madḫal al-fiqh al-ǧināʾī l-Islāmī* und ders., *al-Masʾūlīyat al-ǧināʾī fī l-fiqh al-Islāmī*. Eine erweiterte Liste von Empfehlungen ist zu finden bei Bardakoglu, „Ceza", S. 477.

144 „[…] [D]och, selbst danach, löschten Wir diese eure Sünden aus, auf daß ihr Grund haben möget, dankbar zu sein!" (Koran 2/52).

145 Abdallah, „Bestrafung und Vergebung, S. 282.

fühlt er sich verachtet, wie ein Ungeheuer, er wird zum „Ausgestoßenen“, kann keinen Trost und Halt finden: Er erlebt „unerträgliche, vernichtende Schuld“.[146]

3.3 Versuch einer Definition des Schuldbegriffes

Wie bei dem Thema der Scham kann man auch an dieser Stelle nicht die Frage beantworten, ob es etwas wie *die* Schuld bzw. *das* Schuldgefühl gibt oder geben kann.[147] Die Begriffsfelder der Schuld und der Schuldgefühle sind so vielfältig, wie Menschen es sind.

Schuld kann als Oberbegriff aufgefasst werden, der sich systematisch in verschiedene Unterkategorien aufspalten lässt: So kann man dann ein „Basisschuldgefühl von einem Schuldgefühl aus Vitalität, einem Trennungsschuldgefühl von einem traumatischen Schuldgefühl und einem Überlebensschuldgefühl unterscheiden“.[148] Somit kann man die Schuld entsprechend präzisieren.

Schuld ist ein unangenehmes Gefühl, zeigt die Schattenseiten eines Menschen und ruft manchmal sogar Schmerzen hervor. Am liebsten „schiebt man die Schuld in die Schuhe anderer“, denn anderweitig müsste man selbst reflektieren, in sich gehen und sich selbst ertappen, innere Makel feststellen und die begangenen Fehler einsehen. Aus diesem Grund ist es einfacher, anderen die Schuld zuzuweisen. Bagatellisierung und Verleugnung der Schuld bedeuten, dass die betroffene Person die Frage nach Verantwortung und Reue von sich weist.[149] Existenziell für die Schuld ist aber die Frage nach der Verantwortung, die als Basis für die mit der Schuld belastete Person notwendig ist, um sich an den Umgang mit dem Konflikt und seine Bewältigung zu wagen.[150]

3.4 Exkurs: Überlegungen zu besonderen Schnittstellen der Schuldthematik in einem Seelsorgegespräch

Wie das Thema der Scham ist – wie bereits erwähnt – auch die Schuld höchst individuell, komplex und somit auch intim und tief. Aufgrund der Strafhaft leugnen die meisten inhaftierten Frauen ihre Schuld nicht ab, nur wenige beteuern ihre Unschuld und ihre unrechtmäßige Inhaftierung und sehen von jeder Art der Verantwortung ab.

---

146 Vgl. Haesler, „Von der Angst“, S. 43.
147 Ebd., S. 47.
148 Ebd.
149 Vgl. Kattermann, „Leben mit der Schuld“, S. 45.
150 Vgl. ebd.

In einem seelsorglichen Gespräch tastet sich die Seelsorgerin oder der Seelsorger an diese verstrickten Themen erst heran, wenn eine vertraute Basis gegeben ist, also wenn die ratsuchende Person diesen Ort als Raum der Entlastung und möglicherweise als Raum der Freiheit wahrnimmt. Somit darf die seelsorgende Person diesen Menschen nicht der Freiheit der eigenen Entscheidung berauben, indem sie das Thema der Schuld, des Schuldigwerdens und damit zusammenhängend der Straftat zu eröffnen versucht. Die seelsorgende Person sollte vielmehr der Thematik Zeit lassen, dann an das Tageslicht zu kommen, wenn die betroffene Person dies selbst entscheidet. Dieser Prozess dient auf der einen Seite dem Mitaushalten der relevanten Themen und auf der anderen Seite wird somit der Versuch angestrebt, der Person eine Orientierung auf dem Wege der Wiedergutmachung zu geben. Die ratsuchende Person erlebt die Schuld schließlich in ihrem existenziellen Kern, und eine spirituelle, religiöse Begleitung kann bei der Aufarbeitung dieser von großer Relevanz sein. Folglich lässt die Seelsorgerin oder der Seelsorger den Menschen auf der Suche nach Antworten bei inneren, belastenden, aufwühlenden, sogar schmerzhaften Schuldfragen nicht allein und begleitet sie.

Wenn die ratsuchende Person beginnt, in der umfassenden, erdrückenden Schuld Teilaspekte analysieren zu können, die sie akzeptieren und aushalten kann, sich dadurch möglicherweise auch selbst verzeihen kann, ist ein wichtiger Schritt im Umgang mit der Schuld getan worden. Die Aufgabe der seelsorgerlich aktiven Person besteht darin, diesen äußerst emotionalen und intimen Moment mitauszuhalten.

Menschen, die in einem ‚normalen' sozialen Umfeld leben, eine gute Bindung zu ihrer Familie haben und einen geregelten Alltag, brauchen für das „Spüren und Zulassen von Schuld ein Minimum an seelischer Gesundheit".[151] Ein intaktes soziales Umfeld führt zu einer stärkeren Belastung des Schuldempfindens und lässt diese noch schwerer verarbeiten.[152] Vor allem inhaftierte Personen haben aber Brüche in ihren sozialen Kontakten erlebt, Schicksalsschläge erlitten und waren in manchen Fällen selbst Opfer, bevor sie zu Tätern wurden. Besonders vor diesem Hintergrund ist es umso wichtiger, dass sich diese ‚gebrochenen' Menschen in vertrauten Räumen aufgehoben, wertgeschätzt und wahrgenommen fühlen.

151 Ebd., S. 44.
152 Vgl. ebd., S. 46.

3.5 Verstrickung der Scham und Schuld

„Tilge meine Verfehlung, wasche mich rein von meiner Schuld.“ So lautet es im Bußpsalm 51, der davon handelt, dass der Sündiger Gottes Gnade erhofft.[153] Auch Léon Wurmser fasst diesen Psalm auf und fügt folgende Deutung hinzu:

> Das, was das Innere des Menschen zerreißt, ist der Kampf von Scham gegen Scham, von Schuld gegen Schuld, von Scham gegen Schuld, von Loyalität gegen Loyalität, von Wert gegen Wert, von Scham und Schuld gegenüber den Leidenschaften der Seele, folglich den Trieben.[154]

Das Thema der Schuld beschreibt er als ein „vernichtendes, mörderisches“ Erleben in jeder subjektiven, aber auch familiären Trennung. Er fügt formelhaft hinzu, dass eine Trennung Kränkung bedeute, diese wiederum tiefe Verletzungen hervorrufe, welche zu einer inneren Tötung führe, und somit massive Schuld erlebt werde.[155] Beispielhaft erklärt er, dass ein Mensch, der seine Selbstloyalität über andere Pflichten stelle, Schuldgefühle erleben werde, denn er füge der gemeinschaftlichen Gruppe Schmerz und Schaden zu. Zugleich bedeute dieser Zustand aber tiefe Scham, weil man sich selbst verrate:

> So will ich mich nicht sehen und so will ich auch nicht von anderen gesehen werden wie beispielsweise ein Ehe-, Eid- oder Versprechensbrecher. Ich falle weit von dem ab, was ich von mir selbst erwarte. Ich bin meinen eigenen Werten, dem, was mir mein Gewissen gebietet und mein Selbstideal erwartet, nicht getreu.[156]

An dieser Stelle erkennt man nicht nur tiefe Scham, sondern auch die Quelle der Schuld.

Im Zohar, dem Hauptwerk der jüdischen Mystik, heißt es zur Scham über den Verrat anderen gegenüber: „Es wurde uns gelehrt, dass über den, der sich von seiner ersten Frau scheiden lässt, der Altar Tränen vergießt. Wenn ein Mann sich von seiner Frau scheidet, beschädigt er den Stein des himmlischen Altars.“[157]

Laut Wurmser kann man die Verstrickung zwischen Scham und Schuld als ein „Dilemma“ auffassen, wobei die Scham als „Maske für die Schuld“ fungiert und wiederum durch „Schuldgefühle bedeckt werden kann“.[158] Die Scham kann

---

153 Deutsche Bibelgesellschaft, „Psalm 51“, in: *Lutherbibel* (2017), Stuttgart 2016, www.bibleserver.com/LUT/Psalm51 (letzter Zugriff 25.8.2020).

154 Wurmser, *Augen*, CD 2.

155 Ebd., CD 3.

156 Ebd.

157 Ebd.

158 Heinz Weiss, „Sehen und Gesehenwerden“, in: *Psychosozial* III (2019), S. 20–30 (22).

eine Hürde auf dem Wege der Wiedergutmachung und Vergebung sein, weil sie als Quelle der persönlichen Erniedrigung der Schuld im Wege steht.[159]

Neue phänomenologische Studien zeigen, dass das ‚Durcharbeiten', also die Auseinandersetzung mit Scham die Wahrnehmung und Anerkennung von Schuldgefühlen voraussetzt.[160] Dies wird folgendermaßen erklärt:

> Denn nur dann, wenn ein Patient (in diesem Fall [die] ratsuchende Person) in der Lage ist, sich der Erfahrung von Scham zu stellen, wird es ihm möglich sein, von der Beschämung, Demütigung und Verbitterung hin zu einer Auseinandersetzung mit Schuldgefühlen zu gelangen, die Trauer, Wiedergutmachung und echtes Verzeihen ermöglichen.

Es ist eine besondere Herausforderung und Schwierigkeit, gerade in Bezug auf die Schamgefühle und Demütigung zu identifizieren, worum es sich auf individueller Basis handelt. Besondere Achtsamkeit ist darauf zu lenken, dass die Person nicht erneut eine derartige Situation durchlebt, während der Versuch angestrebt wird, sie von dieser zu befreien. Durchaus kann das Risiko bestehen, dass dann in der seelsorgerlich aktiven Person selbst Schuldgefühle entstehen können, die supervisiert werden müssen, damit die ratsuchende Person sich angemessen projizieren kann.[161]

4 Fazit

Die vorliegende Arbeit hat aufgrund der Komplexität des Begriffspaares Scham und Schuld die notwendige Maßnahme ergriffen, bestimmte Akzente zu setzen und für die Seelsorge relevante Bereiche besonders zu beleuchten. Es konnte festgestellt werden, dass es nicht *die* Scham oder *die* Schuld gibt, und dass beide Begriffe in höchstem Grade individuell und persönlich tiefgreifend sind sowie eine starke Abhängigkeit von sozialen und kulturellen Faktoren haben. Gleichzeitig haben sie aber auch eine wichtige Brückenfunktion zum Schutz der persönlichen Würde und zum Schutze des Gemeinwohls. Gerade der Blick auf die religiöse Perspektive beider Begriffsfelder zeigt, dass sie seit Beginn der Menschheitsgeschichte eine Relevanz aufwiesen und ineinander verstrickt waren. Der Sündenfall von Adam und Eva (Genesis, Buch Mose, Kap. 2–5) sowie die Geschichte der Brüder Abel und Kain zeigten schon zu Beginn, wie weitreichend die Auswirkungen von Fehlentscheidungen, Wut, Zorn und Neid sein können.

---

159 Vgl. ebd.
160 Vgl. ebd., S. 27.
161 Vgl. ebd., S. 28.

Die Umgehung des Verbotes führt zu einer Schuld, die im religiösen Sinne als Sünde aufgefasst wird, gleichzeitig beginnt die Phase der Schamgefühle, da das Bewusstsein entsteht, dass man die Regeln missachtet hat und nun schuldig und sündig geworden ist. In der Konsequenz muss die Strafe getragen werden, zudem innere Konflikte ausgefochten werden, sobald der Versuch unternommen wird, sich das eigene Fehlverhalten zu erklären.

„Scham und Schuld sind an der Entwicklung und Regulierung von moralischem Denken und prosozialem Verhalten beteiligt."[162] Wie Sigmund Freud auch in seinen Untersuchungen festgestellt hat, bestehe die Unterscheidung der „sozialen Angst", die Scham bedeute, und der „moralischen Angst", die Schuld bedeute.[163] Die Angst davor, sich den Fragen der Mitmenschen oder dem ‚inneren Richter' zu stellen, sind teilweise so überwältigend, dass die Person sich gänzlich zurückzieht und ihren inneren Gedanken, die an einen Teufelskreis erinnern, freien Lauf lässt.

Ein prosoziales Verhalten in der Gesellschaft kann Emotionen wie Stolz, Selbstvertrauen und Selbstsicherheit fördern.[164] Diese Aussage unterstreicht die überaus wichtige Funktion der Affekte in der sozial-gesellschaftlichen Beziehung, die lebensnotwendig ist. Signifikant ist deshalb für die konkrete Seelsorgearbeit, dass die Frauen in ihrer Haftzeit menschlich soziale Eigenschaften – und seien es einfache Verhaltensweisen wie etwa das Danken und Bitten und andere Höflichkeitsfloskeln – erlernen bzw. wiedererlernen, um sich wieder in der Gesellschaft resozialisieren und reintegrieren zu können.

Als muslimische Gefängnisseelsorgerin in der JVA Vechta für Frauen konnte ich erfahren, dass die Frauen bereit sind, wiederzugeben, was sie wahrnehmen und erfahren. So ist es für mich immer wichtig, ihnen seriös gegenüberzutreten, sie ernst zu nehmen und sie wertzuschätzen. Einige der Frauen haben mir nach ihrer Verlegung in eine andere Anstalt als Dank Briefe zugesendet, andere wiederum haben mir ihre privaten Briefe zu lesen gegeben und ihr Innerstes mir gegenüber geöffnet, wieder andere haben eigenhändig Karten gebastelt, um mir eine Freude zu machen. Diese kleinen, aber sehr bedeutsamen Gesten sind ein Zeichen für bemühtes, rücksichtsvolles und großzügiges Handeln. Die muslimische Seelsorge für Gefangene kann derzeit von keiner Tradition oder Historie sprechen und ist für einige ein noch gänzlich unbekannter Bereich. Daher ist

162 Maren Lammers, *Emotionsbezogene Psychotherapie von Scham und Schuld. Ein Praxishandbuch*, Stuttgart 2016, S. 6.

163 Tiedemann, *Scham*, S. 17.

164 Vgl. Lammers, *Emotionsbezogene Psychotherapie*, S. 6.

es wichtig, dass die Personen, die diese seelsorgliche Tätigkeit übernehmen, der Institution JVA gegenüber transparent auftreten, beispielsweise mit informativen Handouts an wichtigen religiösen Festtagen oder zu Ramadan und mit aktuellen Aushängen, die die Seelsorgetätigkeit beschreiben.

Es liegt auf der Hand, dass die vorliegende Arbeit für den Vollzug – in diesem Fall den Frauenvollzug – durchaus relevant und bedeutsam ist. Auch ist die Wichtigkeit im Bereich der islamischen Theologie nicht zu übersehen. Zudem wurde erfasst, dass man im Umgang mit diesen Themen besonders empathisch und sensibel agieren sollte, um die ratsuchende Person angemessen begleiten zu können.

> Ein Zuviel der Scham – und schon zieht sich der Patient zurück, fühlt sich gedemütigt und beschämt; ein Zuwenig – und der Leidensdruck ist zu gering, um eine wirkliche Veränderungsbereitschaft zu erzeugen und die Affekttoleranz auszubauen.[165]

Eine Einsicht kann dann entstehen, wenn die ratsuchende Person sich vor der Seelsorgerin und dem Seelsorger nicht mehr schämen und keine Angst davor haben muss, dass sie be- bzw. verurteilt wird.[166] Es ist notwendig, dass die Basis des Gesprächs einladend, vertrauensvoll und aufrichtig ist, damit die ratsuchende Person ihre Gefühle und ihre Situation „erleben, benennen und letztendlich wahrnehmen"[167] kann. Zentral ist an dieser Stelle nicht die Frage, wie tief die Scham- und Schuldgefühle sitzen, sondern, was der Grund dafür sein könnte, dass die Person aufgrund dieser Gefühle so beschämt und verängstigt ist.[168]

Die Aufgabe der Seelsorge besteht darin, dem betroffenen Menschen zu helfen, sich mit diesen belastenden Gefühlen, der Schamangst und den Hemmungen ‚anzufreunden', sich ihnen jedenfalls zu öffnen, um ein Wohlbefinden entwickeln zu können, um zu akzeptieren und letztlich sich selbst zu verzeihen.[169] Deshalb ist der Umgang mit dem Ratsuchenden so überaus wichtig, denn die Voraussetzung, um gemeinsame Schritte gehen zu können, ist eine offene, freundliche und empathische Basis. Signifikant für den Umgang mit der Scham und der Schuld ist es folglich, dass der betroffenen Person dabei geholfen werden sollte, ihre Schamangst und ihre Schuldgefühle nicht im Weg stehen zu haben, sondern sich mit ihnen aufarbeitend abzufinden. Beginnt die ratsuchende Person, von der Scham zu sprechen, und erlebt sie in diesem Moment die

---

165 Tiedemann, *Scham*, S. 106.
166 Vgl. ebd., S. 107.
167 Ebd., S. 110.
168 Vgl. ebd.
169 Vgl. ebd., S. 120.

aufwühlenden Gefühle, kann die Haltung der Seelsorgerin oder des Seelsorgers regulierend wirken, indem sie als nicht beurteilend und tolerant wahrgenommen wird.[170]

Man kann also sagen, dass die Seelsorge sehr wohl Leid und Lasten vermindern kann, ja sollte, um dem Menschen in Erinnerung zu rufen, dass Gottes Gnade und Barmherzigkeit unendlich ist, und um zu vergegenwärtigen, wie vergebend Er ist. Dem Menschen sollte bewusst werden, dass er trotz begangener Fehler und der eigenen Unzulänglichkeit von Gott geliebt ist. Hierzu ist der Beginn der Schöpfungsgeschichte relevant, da Gott die Menschen trotz ihrer Fehlerhaftigkeit kleidet und ihre Reue annimmt, da Er Gnade verwalten lässt, siehe gleichermaßen 1. Mose 3,7 sowie Koran 20/115–122.[171]

In Bezug auf die komplexe Thematik ist es folglich in Anbetracht dieser Aspekte notwendig, dem inhaftierten Menschen trotz und besonders aufgrund seiner Situation diese Würde zu gewähren, ihm zu helfen, sich selbst zu akzeptieren mit seinen Makeln und seiner Unzulänglichkeit und ihn respektvoll und empathisch zu behandeln.

Literaturverzeichnis

Abdallah, Mahmoud, „Bestrafung und Vergebung – Die Barmherzigkeit Gottes in einem spannungsreichen Verhältnis", in: *Grundlagen muslimischer Seelsorge. Die muslimische Seele begreifen und versorgen*, hrsg. von Tarek Badawia, Gülbahar Erdem und Mahmoud Abdallah, Wiesbaden 2020, S. 279–292.

Abu Dawud, Sunan Abu Dawud, „Kitāb as-ṣalāt, Bāb ad-duʿāʾ", Nr. 1488, sunnah.com/abudawud/8 (letzter Zugriff 21.8.2020).

Arshad, Misbah, „Schuld, Vergebung und Seelsorge im Islam", in: *Islamische Seelsorge zwischen Herkunft und Zukunft. Von der theologischen Grundlegung zur Praxis in Deutschland*, hrsg. von Bülent Uçar und Martina Blasberg-Kuhnke, Frankfurt am Main 2013, S. 39–60.

Asad, Muhammad, *Die Botschaft des Koran. Übersetzung und Kommentar*, Ostfildern [2]2011.

170 Vgl. ebd., S. 122.

171 In der Bibel sind es Feigenblätter, vgl. Bibelserver, „Lutherbibel" (2017), www.bibleserver.com/LUT/1.Mose3,7 (letzter Zugriff 28.8.2020). Im Koran sind es auch zusammenfügte Blätter, mit denen sich Adam und Eva bedecken, sobald sie sich ihrer Blöße bewusst werden, vgl. Asad, *Die Botschaft*, S. 609 ff.

Badawia, Tarek/Gülbahar Erdem/Mahmoud Abdallah (Hgg.), *Grundlagen muslimischer Seelsorge. Die muslimische Seele begreifen und versorgen*, Wiesbaden 2020.

Bardakoglu, Ali, „Ceza", in: *Türkiye Diyanet Vakfı, TDV Islam Ansiklopedisi* VII, S. 470–478.

Bebek, Adil, „Ceza", in: *Türkiye Diyanet Vakfı, TDV Islam Ansiklopedisi* VII, S. 469 f.

Boynukalın, Mehmet, „Suç", in: *Türkiye Diyanet Vakfı, TDV Islam Ansiklopedisi* XXXVII, S. 453–457.

Britten, Uwe, „Scham kann uns völlig überfluten. Jens Tiedemann im Gespräch", in: *Psychologie Heute Compact. Negative Gefühle. Schuld, Scham, Eifersucht: Unliebsame Emotionen ergründen und an ihnen wachsen* 59 (2019), S. 56–59.

Bundesamt für Justiz, „Strafgesetzbuch" (15.5.1981), www.gesetze-im-internet.de/stgb/StGB.pdf (letzter Zugriff 24.8.2020).

Çağrıcı, Mustafa, „Gazzâlî", in: *Türkiye Diyanet Vakfı, TDV Islam Ansiklopedisi* XIII, S. 530–534.

Ders., „Haya", in: *Türkiye Diyanet Vakfı, TDV Islam Ansiklopedisi* XVI, S. 554 f.

Ders., „Ihyâü Ulumi'd-Dîn", in: *Türkiye Diyanet Vakfı, TDV Islam Ansiklopedisi* XXII, S. 10–13.

Deutsche Bibelgesellschaft, „Die zehn Gebote, 2. Buch Mose, 6–21", www.die-bibel.de/bibeln/online-bibeln/lesen/LU17/EXO.20/2.-Mose-20 (letzter Zugriff 23.8.2020).

Duden, „Sühnegeld" (2020), www.duden.de/rechtschreibung/Suehnegeld (letzter Zugriff 23.8.2020).

El-Isfahani, Râğıp, *Müfredat. Kur'an kavramlari sözlügü*, Istanbul [3]2012.

Erturhan, Sabri, „Sucla Mücadelenin Fikhi Esaslari", *C. Ü. Ilahiyat Fakültesi Dergisi*, Sıvas 2009, S. 43–77, dergipark.org.tr/en/download/article-file/221430 (letzter Zugriff 23.8.2020).

Gaupp, Nora/Christian Lüders, „‚Mach was aus dir' Selbstinszenierung und Selbstoptimierung bei Jugendlichen – Freiheit oder Zwang?" (2016), www.jugendschutz-niedersachsen.de/der-optimale-koerper/wp-content/uploads/sites/9/2019/03/proJugend_2-2016_Selbstoptimierung_S4-9.pdf (letzter Zugriff 12.3.2021).

Haesler, Ludwig, „Von der Angst vor Vernichtung, Rache und Vergeltung zum Gewissen. Psychoanalytische Überlegungen zur Entwicklung von Schuldbewusstsein und Verantwortungsgefühl", in: *Schuldbewusstsein und reale Schuld*, hrsg. von Jürgen Körner und Burkhard Müller, Gießen 2014, S. 41–66.

Hering, Wolfgang, „Scham und Psychotische Erstarrung“, in: *Psychosozial. Schwerpunktthema: Scham und Beschämung* 157 (2019), S. 74–86.

Illies, Joachim, *Unschuldig wie Gott sie schuf? Ein Plädoyer für das Schamgefühl*, Wuppertal 1981.

Imam Muslim ibn al-Hajjaj al-Naysaburi, „Sahih Muslim“, sunnah.com/muslim/1 (letzter Zugriff 21.8.2020).

Jacoby, Mario, „Scham-Angst und Selbstwertgefühl“, in: *Scham – ein menschliches Gefühl*, hrsg. von R. Kühn, Opladen 1997, S. 159–168.

Kattermann, Vera, „Leben mit der Schuld“, in: *Psychologie Heute Compact. Negative Gefühle. Schuld, Scham, Eifersucht: Unliebsame Emotionen ergründen und an ihnen wachsen* 59 (2019), S. 42–47.

Körner, Jürgen/Burkhard Müller (Hgg.), *Schuldbewusstsein und reale Schuld*, Gießen 2014.

Küchenhoff, Joachim, „Scham und Beschämung in (u. a. psychoanalytischen) Institutionen“, in: *Psychosozial. Schwerpunktthema: Scham und Beschämung* 157 (2019), S. 87–100.

Küchenhoff, Joachim, „Schwerpunktthema: Scham und Beschämung“, in: *Psychosozial. Schwerpunktthema: Scham und Beschämung* 157 (2019), S. 5–8.

Kühn, Rolf/Michael Raub/Michael Titze (Hgg.), *Scham – Ein menschliches Gefühl. Kulturelle, psychologische und philosophische Perspektiven*, Opladen 1997.

Lammers, Maren, *Emotionsbezogene Psychotherapie von Scham und Schuld. Ein Praxishandbuch*, Stuttgart 2016.

Lotter, Maria-Sybilla, „Was ist Schuld?“, in: *Forschung und Lehre*, hrsg. vom Deutschen Hochschuldverband, o. O. 2019, www.forschung-und-lehre.de/zeitfragen/was-ist-schuld-2269 (letzter Zugriff 23.8.2020).

Nauer, Doris, *Seelsorge. Sorge um die Seele*, Stuttgart ³2014.

Neumann, Daniel, „‚Du sollst nicht morden‘: Die Tora verbietet das unrechtmäßige Töten“ (22.11.2018), www.juedische-allgemeine.de/ (letzter Zugriff 23.8.2020).

Prätor, Susann, *Basisdokumentation im Frauenvollzug. Situation von Frauen in Haft und Auswirkungen auf die Legalbewährung*, Wolfenbüttel 2013, S. 4–54.

Raub, Michael, „Scham – ein obsoletes Gefühl? Einleitende Bemerkungen zur Aktualität eines Begriffs“, in: *Scham – Ein menschliches Gefühl*, hrsg. von Rolf Kühn, Michael Raub und Michael Titze, Opladen 1997, S. 27–44.

Riedel-Wendt, Fanja, „‚Schuld fühlen‘: Das Schuldfühlen aus emotionspsychologischer und verhaltenstherapeutischer Perspektive“, in: *Vom Umgang mit Schuld: eine multidisziplinäre Annäherung*, hrsg. von Thorsten Moos und Stefan Engert, Frankfurt am Main 2016, S. 117–137.

Safak, Elif, „Ceza“ (2019), sozluk.gov.tr (letzter Zugriff 23.8.2020).

Schöps, Corinna, „Du darfst dich schämen“, in: *Die Zeit Doctor* 22 (2020), S. 6–13.

Statista, „Gefangene und Verwahrte in JVAs in Deutschland nach Art des Vollzugs 2020“ (30.7.2020), de.statista.com/statistik/daten/studie/158317/umfrage/gefangene-und-verwahrte-in-deutschland-nach-art-des-vollzugs (letzter Zugriff 12.3.2021).

Stübinger, Stefan, „Strafe als Umgang mit Schuld oder Umgehung der Schuld? Zur Spannung zwischen Strafzweck und Schuldzurechnung“, in: *Vom Umgang mit Schuld. Eine multidisziplinäre Annäherung*, hrsg. von Thorsten Moos und Stefan Engert, Frankfurt am Main 2016, S. 183–199.

Tiedemann, Jens, *Scham*, Gießen 2013.

Tosun, Cemal, „Sünde, Reue und Vergebung“, in: *Grundlagen muslimischer Seelsorge. Die muslimische Seele begreifen und versorgen*, hrsg. von Tarek Badawia, Gülbahar Erdem und Mahmoud Abdallah, Wiesbaden 2020, S. 293–302.

Türkiye Diyanet Vakfı, TDV Islam Ansiklopedisi, Istanbul 2009.

Warsitz, Rolf-Peter, „Scham – ein philobatisch-oknophiles Dilemma“, in: *Psychosozial* III (2019), S. 9–19.

Weiss, Heinz, „Sehen und Gesehenwerden“, in: *Psychosozial. Schwerpunktthema: Scham und Beschämung* 157 (2019), S. 20–30.

Wurmser, Léon, „Identität, Scham und Schuld“, in: *Scham – Ein menschliches Gefühl*, hrsg. von Rolf Kühn, Michael Raub und Michael Titze, Opladen 1997, S. 11–24.

Ders., *Die tausend unbarmherzigen Augen. Vorlesung 57. Lindauer Psychotherapiewochen*, Gesamtlaufzeit 287 min., Müllheim: Auditorium Netzwerk 2007, CD 1–5.

Ziemer, Jürgen, *Seelsorgelehre*, Göttingen [4]2015.

Taha Tarık Yavuz

Die Positionierung muslimischer Seelsorge in Betreuungsprozessen im Zusammenhang mit unterschiedlichen Diensten von Justizvollzugsanstalten

1 Einleitung

... man rief Arbeitskräfte, es kamen Menschen.[1]

Mit diesem Ausspruch deutet Max Frisch auf eine Wirklichkeit hin, die vielen in den 1950er Jahren nicht in den Sinn kam. Wenn heute darüber gesprochen und geschrieben wird, inwiefern muslimische Seelsorge in den Justizvollzugsanstalten zu positionieren ist, dann steht eines fest: MuslimInnen gehören zu Deutschland. Dass *Menschen* kamen, bedingte auch das Bedürfnis nach einer für sie passenden Seelsorge. Historisch gesehen befriedigten die ersten muslimischen GastarbeiterInnen ihre seelischen bzw. religiösen Bedürfnisse mit dem Einrichten von Hinterhofmoscheen oder Zusammenkünften und Besuchen in Privaträumen. Nicht zuletzt durch das Nachholen der Familien und der Sozialisation in Deutschland wurde ersichtlich, dass muslimische Familien in den Folgegenerationen muslimische Seelsorge auf institutioneller Ebene benötigen.

Das niedersächsische Justizministerium hat in Zusammenarbeit mit dem Institut für Islamische Theologie sowie den muslimischen Gemeinschaften in Niedersachsen Pionierarbeit geleistet und eine Vorbildfunktion für weitere (Bundes-)Länder eingenommen. Diesem seelsorgerischen Mandat gehen in Niedersachsen 23 Personen nach, welche in den meisten Fällen das Amt als Seelsorgerin oder Seelsorger auf Honorarbasis bekleiden und für einen „ehrenamtlichen Einsatz geschult worden sind".[2]

1 Max Frisch, *Öffentlichkeit als Partner*, Frankfurt am Main 1967, S. 100.
2 Vgl. Süddeutsche Zeitung „Niedersachsen: professionelle Gefängnisseelsorge für Muslime" (18.2.2020), www.sueddeutsche.de/panorama/justiz-osnabrueck-niedersachsen-professionelle-gefaengnisseelsorge-fuer-muslime-dpa.urn-newsml-dpa-com-20090101-200218-99-964298 (letzter Zugriff 22.9.2020).

Die Etablierung einer muslimischen Seelsorge ist erst durch deren Verortung und theoretische Fundierung möglich, weshalb sich der vorliegende Beitrag mit folgenden Fragen beschäftigt: Welche Schnittmengen werfen die andersgearteten Betreuungsprozesse mit der muslimischen Seelsorge auf? In welchen Aspekten unterscheidet sich die muslimische Seelsorge von weiteren Diensten der Justizvollzugsanstalt? Wie ist die muslimische Seelsorge innerhalb der Justizvollzugsanstalt zu positionieren?

Für die Beantwortung dieser Fragen sollen die Dienste der Justizvollzugsanstalten hier nicht ausführlich analysiert werden, zumal dies in unterschiedlichen Publikationen bereits unternommen wurde.[3] Vielmehr gilt der Fokus dem Vergleich der muslimischen Seelsorge sowie deren Berührungs- und Unterscheidungspunkten zu weiteren Prozessen der JVA wie auch der christlichen Seelsorge.

Unter den Diensten der Sozialen Arbeit lassen sich Sucht- und Schuldnerberatungen, Soziales Training oder Übergangsmanagement subsumieren. Innerhalb der muslimischen Seelsorge und deren Auseinandersetzung mit den Bedürfnissen der Inhaftierten finden sich Ähnlichkeiten etwa zur Suchtberatung oder zum Sozialen Training wieder. Hinsichtlich der psychologischen Dienste, welche in der JVA angeboten werden, lassen sich allen voran methodologische Berührungspunkte zu muslimischen Seelsorgetätigkeiten erkennen. Aufgrund der gängigen Anwendungen werden in diesem Kapitel lediglich die Sozial- und Arbeitstherapie erwähnt, welche zweckdienlich für die Verdeutlichung von Schnittpunkten sind. Durch die Gruppengespräche und die häufigen normativen Fragen zu islamischen Themen sind Berührungspunkte zu pädagogischen Diensten zu identifizieren, worum es im dritten Abschnitt gehen soll. Auch wenn es auf den ersten Blick nicht unbedingt eingängig scheint, so lassen sich doch auch zu ärztlichen Diensten Kooperationsfelder verzeichnen. Vor allem hinsichtlich der Kulturunterschiede, welche auch im Zusammenhang mit psychosomatischen Problemen von großer Bedeutung sind, können muslimische SeelsorgerInnen mit ÄrztInnen zusammenarbeiten.

Der Vergleich zur christlichen Seelsorge – welche innerhalb der JVA eine Sonderstellung genießt –[4] scheint insofern interessant, als dass beide Religionen

3 Vgl. Bernd Maelicke/Stefan Suhling (Hgg.), *Das Gefängnis auf dem Prüfstand*, Wiesbaden 2018; Simone Seifert, *Der Umgang mit Sexualstraftätern – Bearbeitung eines sozialen Problems im Strafvollzug und Reflexion gesellschaftlicher Erwartungen*, Wiesbaden 2014.

4 Unter ‚Sonderstellung' sei hier zu verstehen, dass die christlichen SeelsorgerInnen Angestellte der Kirche sind und durch das Zeugnisverweigerungsrecht ein Privileg besitzen, das den anderen Angestellten nicht zusteht.

zwar unter dem Begriff der ‚Seelsorge' operieren, auf vielen Ebenen jedoch signifikante Unterschiede aufweisen, die in diesem Kapitel erläutert werden. Exemplarisch können institutionelle oder ökonomische Differenzen genannt werden. Abschließend wird das Projekt *Violence Prevention Network* beispielhaft für die De-Radikalisierung und Radikalisierungsprävention im Rahmen eines Exkurses behandelt. Auch wenn es hier strikt zwischen Seelsorge und Prävention zu unterscheiden gilt, weist die Seelsorge doch präventive Charakterzüge auf, die ebenfalls in das Forschungsfeld fallen.

1.1 Muslimische Seelsorge

Die muslimische Seelsorge befindet sich noch in einer frühen Orientierungsphase. Aus diesem Grund sind im europäischen Kontext unterschiedliche Versuche einer Konzeption vorzufinden. Da der vorliegende Beitrag sich jedoch nicht vorrangig mit der muslimischen Seelsorge an sich beschäftigt, sondern vielmehr die Untersuchung der Verhältnisse und die Positionierung der muslimischen (Gefängnis-)Seelsorge innerhalb der JVA im Mittelpunkt stehen, ist eine ausführliche Auseinandersetzung mit der muslimischen Seelsorge an dieser Stelle weder möglich noch beabsichtigt. Vielmehr verfolgt der folgende Abschnitt das Ziel, eine theoretische Grundlage zu schaffen.[5] Eine Analyse der einschlägigen Literatur muslimischer Prägung zeigt, dass seit den letzten Jahren eine zunehmende Auseinandersetzung mit der Thematik stattfindet.[6]

Seit jeher wird durchaus kontrovers diskutiert, ob eine muslimische Seelsorge überhaupt mit der islamischen Religion in Einklang zu bringen sei oder nicht.[7] Interessant ist hierbei die Tatsache, dass das Begriffspaar ‚Seele' und ‚Sorge' in dieser Kombination weder in den islamischen Primärtexten (Koran und Sunna) noch in der Bibel zu finden ist.[8] Müller betont allerdings, dass sowohl das Alte als

---

5 Es sollte angemerkt werden, dass nicht auf eine absolute Definition der muslimischen Seelsorge abgezielt wird, da dies nicht dem thematischen Fokus dieses Beitrags entspricht.

6 Vgl. Tarek Badawia/Gülbahar Erdem/Mahmoud Abdallah (Hgg.), *Grundlagen muslimischer Seelsorge*, Wiesbaden 2020; Cemil Şahinöz, *Seelsorge im Islam – Theorie in Praxis in Deutschland*, Wiesbaden 2018; Aslan/Modler-El-Abdaoui/Charkasi, *Islamische Seelsorge*.

7 Vgl. Mustafa Cimsit, „Islamische Seelsorge – Eine theologische Begriffsbestimmung", in: *Islamische Seelsorge zwischen Herkunft und Zukunft: Von der theologischen Grundlegung zur Praxis in Deutschland*, hrsg. von Bülent Uçar und Martina Blasberg-Kuhnke, Frankfurt am Main 2013, S. 13.

8 Vgl. Phillip Müller, „Seelsorge. II Historisch-theologisch", in: *Lexikon für Theologie und Kirche*, hrsg. von Walter Kasper et al., Freiburg im Breisgau 2009, S. 384.

auch das Neue Testament als Grundlagen für das Konzept der Seelsorge fungieren können, die ihren Ursprung im antiken griechischen Denken hat.[9] Gleiches gilt für die islamischen Primärquellen, dem Koran und den Überlieferungen des Propheten Muhammad (Hadithe). In einer Prophetentradition heißt es etwa:

> Allah der Mächtige und Erhabene spricht am Tag der Auferstehung: „O Sohn Adams, Ich war krank, und du hast mich nicht besucht." Er sagt: „O Herr, wie kann ich dich besuchen, wo du doch der Herr der Welten bist?" Er spricht: „Hast du nicht gewusst, dass einer meiner Diener krank war, und du hast ihn nicht besucht? Hast du nicht gewusst, dass, wenn du ihn besucht hättest, du mich bei ihm gefunden hättest? O Sohn Adams, Ich habe dich um Speise gebeten, doch du hast mich nicht gespeist." Er sagt: „O Herr, wie kann ich dich speisen, wo du doch der Herr der Welten bist?" Er spricht: ‚Hast du nicht gewusst, dass jener mein Knecht dich um Speise bat, doch du hast ihn nicht gespeist? Und hast du nicht gewusst, dass, wenn du ihn gespeist hättest, du (den Lohn für) dies bei mir gefunden hättest? O Sohn Adams, ich habe dich um Trank gebeten, doch du hast mich nicht getränkt." Er sagt: „O Herr, wie kann ich dich tränken, wo du doch der Herr der Welten bist?" Er spricht: „Jener Mein Knecht hat dich um Trank gebeten, doch du hast ihn nicht getränkt. Wenn du ihn aber getränkt hättest, hättest du (den Lohn für) dies bei mir gefunden."[10]

Aus diesem Ausspruch Muhammads ist zu erkennen, dass die zwischenmenschliche Für- bzw. Seelsorge im gesellschaftlichen Leben eine bedeutende Rolle spielt. In der Praxis bedeutet dies, den Bedürftigen Hilfe zu leisten, sie zu besuchen oder ihnen beizustehen. Neben der oben genannten praktischen Perspektive der Seelsorge ist die theoretische Ebene von enormer Relevanz. Der Frage, um was es sich bei der Seele in Wirklichkeit handelt, widmeten sich sowohl muslimische TheologInnen als auch MystikerInnen. Aus dem Koran stechen allen voran folgende Verse hervor: „Und sie befragen dich über die Seele. Sprich: Die Seele ist eine Angelegenheit meines Herrn, und euch ist vom Wissen nur wenig gegeben" (Koran 17/85) oder: „Dann formte Er ihn und hauchte ihm von Seinem Geist ein; [...] Er hat euch Gehör und Augenlicht und Herzen gegeben. Doch euer Dank ist recht gering" (Koran 32/9).

Themenbezogen wurden auch separate Werke und Traktate verfasst, die sich intensiv mit dieser Frage auseinandersetzten. Unter diesen sind etwa besonders die Werke von Faḫr ad-Dīn ar-Rāzī (gest. 606/1210) und Ǧalāl ad-Dīn ad-Dawwānī (gest. 908/1502) hervorzuheben.[11] Über die Wirklichkeiten der Seele

---

9 Vgl. ebd., S. 384 f.

10 Vgl. Muslim b. Ḥaǧǧāǧ al-Qušayrī an-Nisābūrī, *Ṣaḥīḥ Muslim*, Hadith-Nr. 2569, Riyad 1998, S. 1037.

11 Vgl. Faḫr ad-Dīn ar-Rāzī, *Kitāb an-nafs wa-r-rūḥ wa-šarḥ quwāhumā*, Lahore o. J.; Ǧalāl ad-Dīn ad-Dawwānī, *Ḥaqīqat al-insān wa-r-rūḥ al-ǧawwāl fī l-ʿawālim*, Kairo 2006.

und deren anthropologische Verortung existieren mannigfache Theorien.[12] Nach ad-Dawwānī beispielsweise besteht der Mensch aus drei Teilen: *al-ǧism al-kaṯīf*, *al-ǧism al-laṭīf* und *ar-rūḥ*. Als *al-ǧism al-kaṯīf* wird nach ad-Dawwānī jener Körper (*al-ǧism*) bezeichnet, welcher während des Schlafes das Bett nicht verlasse.[13] *Al-ǧism al-laṭīf* sei jener Teil des Körpers, der sich während des Traumes bewege,[14] wohingegen *ar-rūḥ* (‚die Seele') jenen Teil darstelle, der den „schlafenden Körper [mit dem] sich in Bewegung befindenden Körper"[15] verbinde. Zum Sterbezeitpunkt verlassen die Seele *(ar-rūḥ)* und der ‚feine Körper' *(al-ǧism al-laṭīf)* den zusammengesetzten Körper *(al-ǧism al-kaṯīf)*[16]. Den vergänglichen Teil des Menschen stelle schließlich Letztgenannter dar. Die Seele und der ‚feine Körper' hingegen seien beständig.[17] Wesentlich und essenziell für einen Menschen ist demzufolge die Seele und nicht der Körper. Auch Faḫr ad-Dīn ar-Rāzī (gest. 604) verdeutlicht diese Tatsache bei seiner Auslegung eines Koranverses mit den Worten: „[...] die Seele *(ar-rūḥ)*, welche der Grund für das Leben ist" (Koran 17/85).[18]

Dies hebt Ibn Qayyim al-Ǧawziyya (gest. 751) poetisch hervor:[19] „O Diener des Körpers und wie viele sind dadurch, dass sie ihm dienten in Elend geraten / das, was dich zum Menschen macht, ist deine Seele,[20] nicht dein Körper."[21]

---

12 Diese Begriffe werden in manchen Kontexten synonym zueinander verwendet, in anderen hingegen wird zwischen ihnen unterschieden. Ich habe mich in diesem Beitrag auf den Begriff *rūḥ* festgelegt, zumal *nafs* in den meisten Aspekten als ‚Triebseele' verstanden wird. Für eine ausführliche Betrachtung siehe Reza Hajatpour, „Islamische Seelenvorstellung und die Herausforderung der Moderne", in: *Grundlagen muslimischer Seelsorge*, hrsg. von Tarek Badawia, Gülbahar Erdem und Mahmoud Abdallah, Wiesbaden 2020, S. 71–88.

13 Vgl. ebd., S. 11.

14 Dieser wird im weiteren Verlauf auch *nasama* genannt. Vgl. ebd., S. 14. Ähnlich wie ad-Dawwānī beschreibt ar-Rāzī es als eine einfache abstrakte Substanz *(ǧawhar basīṭ muǧarrad)*. Faḫr ad-Dīn ar-Rāzī, *at-Tafsīr al-kabīr* XXI, V. 32, Beirut 1981, S. 39.

15 Ebd., S. 11.

16 Wörtl. ‚dicht'.

17 Vgl. ar-Rāzī, *at-Tafsīr al-kabīr* XXI, V. 32, S. 39.

18 Vgl. ebd., S. 37.

19 Das Gedicht wird Abū al-Fatḥ al-Bustī (gest. 401/1010) zugeschrieben. Vgl. Abū al-Fatḥ al-Bustī, *Diwān al-balīġ al-manšīy*, Beirut 1694, S. 77.

20 In unterschiedlichen Fassungen lassen sich sowohl der Begriff *nafs* als auch *rūḥ* wiederfinden.

21 Ibn Qayyim al-Ǧawziyya, *Kitāb ar-rūḥ*, Beirut 2004, S. 183.

1.2 Muslimische Seelsorge in den JVA

Nach einer allgemeinen Darstellung soll nun die muslimische Seelsorge innerhalb der JVA positioniert werden. Zu unterscheiden sind allen voran die *praktische* und die *rechtliche* Ebene. Aufgrund der spirituellen Verantwortung, die von den SeelsorgerInnen getragen wird, ähneln sich die konfessionell wie weltanschaulich verschiedenen Seelsorgeangebote in ihrer praktischen Arbeit. Damit einhergehend sind in beiden Glaubensrichtungen die eigenen religiösen Feiertage von großer Bedeutung und werden von den SeelsorgerInnen mit angeleitet. Auf der rechtlichen Ebene hingegen kommen den muslimischen Vertretern und Vertreterinnen nicht dieselben Privilegien zu wie den christlichen SeelsorgerInnen. Der markanteste Unterschied liegt hierbei rechtlich gesehen im Zeugnisverweigerungsrecht, worauf im weiteren Verlauf des Beitrags noch einmal gesondert eingegangen wird.[22]

Der muslimischen Seelsorge ist durch die normativen Fragestellungen *(fiqh)* und die Lehre in den Gruppengesprächen zudem ein pädagogischer Charakter eigen. Anlehnend an die Prophetentradition – so etwa: „Das Erlernen von Wissen ist für jeden Muslim eine Pflicht" –[23] werden in den meisten Fällen separate Sitzungen und Gruppengespräche angeboten. Neben der Vermittlung islamischen Grundwissens geht es bei diesen auch um eine spirituelle Zusammenkunft, welche innerhalb der Anstalt aufseiten der Inhaftierten oft sehr vermisst wird. Allein die Rezitation des Korans oder das Singen von religiösen Lobgesängen kann Inhaftierte in sehr freudige Stimmung bis hin zu ekstatischen Zuständen bringen und hierdurch für einen sehr positiven mentalen Ausgleich sorgen. Immer wieder lässt sich erkennen, dass viele muslimische Inhaftierte derartige musikalische Angebote mit großer Begeisterung annehmen. Aus diesem Grund weist die muslimische Seelsorge neben den seelsorgerischen Tätigkeiten auch Parallelen zu pädagogischen Diensten auf. Bei der Wahl eines bzw. einer muslimischen SeelsorgerIn sind deshalb Schulungen didaktischer Kenntnisse unerlässlich.

Da zum gegenwärtigen Zeitpunkt und voraussichtlich auch in absehbarer Zukunft noch nicht von einer einheitlichen muslimischen Seelsorgemethode ausgegangen werden kann, lassen sich derzeit unterschiedliche Herangehensweisen ausmachen, welche häufig situationsgebunden sind. So ist etwa möglich, dass

---

22 Siehe Kapitel 2.5.3 dieses Beitrags.

23 Vgl. al-Ḥāfiẓ Abī ʿAbd Allāh Muḥammad b. Yazīd al-Qazwīnī b. Māǧa, *Sunan Ibn Māǧa, Bāb faḍl al-ʿulamāʾ wa-l-ḥaṯṯ ʿalā ṭalab al-ʿilm* I V. 6, Hadith-Nr. 224, Beirut 1998, S. 214 f.

ein/e SeelsorgerIn in Einzelgesprächen einen eher pastoralpsychologischen Zugang verwendet, in Gruppengesprächen hingegen bevorzugt einen kerygmatischen.[24] Schließlich machen sich Unterschiede erst im Selbstverständnis der Praktizierenden bemerkbar: So wird die konkrete Gestalt der gemeindlichen Seelsorge sich etwa stark zwischen der Praxis eines wahhabitischen Imams und der eines stärker sufisch orientierten Imams unterscheiden.

2 Erarbeitung von Betreuungsprozessen in den JVA

Die JVA als solche bieten die unterschiedlichsten Betreuungsprozesse und Angebote an. Allen voran handelt es sich jedoch um eine Sicherheitsanstalt, wodurch Aspekten der Sicherheit in allen Diensten die höchste Priorität zukommt. Das folgende Kapitel zielt darauf ab, diejenigen Dienste konkret zu verorten, die neben der Seelsorge in Justizvollzugsanstalten angeboten werden. Die Relevanz solch einer Herangehensweise liegt darin, dass die muslimische Seelsorge erst dann in dieser Einrichtung lokalisiert werden kann, wenn auch die übrigen Dienste und Angebote der JVA in ihrem Kontext dargelegt wurden. Darüber hinaus ist dieser Schritt für die Verdeutlichung der Schnittmengen und Differenzen notwendig.

2.1 Sozialer Dienst in der JVA (Soziale Arbeit)

Der Soziale Dienst ist in der JVA sehr breit gefächert und lässt sich in den unterschiedlichsten Angeboten wiederfinden. Ebengenannter ermöglicht es den Inhaftierten, ihr zukünftiges Leben in sozialer Verantwortung zu führen. Die hierin tätigen SozialarbeiterInnen nehmen dabei ein doppeltes Mandat wahr: Einerseits helfen und unterstützen sie die Gefangenen, auf der anderen Seite üben sie Kontrolle im Auftrag des Staates bzw. des Vollzugs aus. Außerdem steht der Soziale Dienst in einer engen Verbindung mit den Institutionen außerhalb der Anstalt, insbesondere mit staatlichen Einrichtungen und der freien Straffälligenhilfe.[25]

Durch SozialarbeiterInnen wird es den Inhaftieren ermöglicht, sich fachliche Beratung zur Entfaltung denkbarer, alternativer Perspektiven für die Zeit nach der Haft einzuholen. Vor allem dadurch, dass die SozialarbeiterInnen

24 Während pastoralpsychologische Seelsorge auf humanwissenschaftlichen Fundamenten (v. a. der modernen Psychologie) beruht, zielt kerygmatische Seelsorge auf eine Verkündigung der Religion ab.

25 Vgl. Klaus Laubenthal, *Strafvollzug*, Heidelberg 2017, S. 142–144.

Kontakt zu Behörden pflegen, können zukünftige Möglichkeiten der Resozialisierung kultiviert werden. Damit einhergehend findet eine umfangreiche Beratung und Vorbereitung von Entlassungen statt. Dabei werden auch Wohnungsangelegenheiten geklärt sowie die Sicherstellung der Habe begleitet.

Darüber hinaus stehen die SozialarbeiterInnen den InsassInnen hinsichtlich interner Fragen des Vollzugsablaufs und -alltags zur Verfügung. Eine elementare Funktion der Sozialen Dienste ist der Vollzugsplan. Dieser umfasst die anstaltsinternen Maßnahmen sowie eine Einschätzung des Entlassungszeitpunktes. Davon zu unterscheiden sind jedoch Stellungnahmen gegenüber Gerichten und Staatsanwaltschaften, welche abgesehen sowie gesondert vom Vollzugsplan angefertigt werden, wobei der Sozialdienst ebenfalls beteiligt ist. Außerdem werden Stellungnahmen für Urlaub und Vollzugslockerungen ausgearbeitet.

Wie auch andere Dienste der JVA interveniert die Soziale Arbeit in Krisensituationen. Die Vermittlung von stationären Therapien, gemeinnütziger Arbeit sowie Betreutem Wohnen gehören ebenfalls zum Arbeitsspektrum der Sozialen Arbeit. Dadurch soll einer zukünftigen Inhaftierung vorgebeugt werden. Letztlich dienen diese Betreuungsprozesse dem Ziel, psychosoziale Stabilität zu erlangen. Die bis hierhin aufgeführten Dienste können als grundsätzliche Aufgaben verstanden werden, wobei unter dem Schirm der Sozialen Arbeit weitere Subbereiche von Diensten beheimatet sind. Diese wären etwa die Suchtberatung, das Soziale Training,[26] das Übergangsmanagement sowie die SchuldnerInnenberatung.[27]

2.1.1 Suchtberatung[28]

Eine erhebliche Anzahl von Inhaftierten ist mit einer Suchtproblematik konfrontiert. So wird etwa der „Anteil der intravenösen Drogenkonsumenten im Strafvollzug [...] im Vergleich zur Allgemeinbevölkerung bis zu 98-fach höher geschätzt“[29]. Ebenso wird davon ausgegangen, dass 20 bis 30 % der Inhaftierten

---

26 Das soziale Training kann in den Justizvollzugsanstalten variieren, zumal jede Anstalt die Initiative ergreifen und eigene Projekte in die Wege leiten kann.

27 Auch hier gilt, dass zuvörderst jene Dienste angeführt wurden, welche mit der muslimischen Seelsorge in Relation zu bringen sind.

28 Die Suchtberatung ist in diesem Kontext getrennt von der Suchttherapie zu verstehen.

29 Ulrike Häßler/Thomas Maiwald, „Drogenabhängige Inhaftierte“, in: *Das Gefängnis auf dem Prüfstand*, hrsg. von Bernd Maelicke und Stefan Suhling, Wiesbaden 2018, S. 423 f.
Internationale Quellen berichten dramatischere Zahlen, etwa in Portugal (61 %) und in England (85 %), welche vor der Haft regelmäßig Drogen konsumiert haben. Während der Haftperiode wird der Konsum in den meisten Fällen nicht eingestellt. Vgl. ebd.

Suchtmittelprobleme aufweisen.[30] Neben (illegalen) Rauschmitteln sind ebenfalls Alkohol- und Spielsucht und/oder Medikamentenabhängigkeit ein markantes Problem der InsassInnen, welches wiederum oftmals im Zusammenhang mit Kriminalität steht. Schließlich bietet die anstaltsinterne Suchtberatung Hilfe für drogen-, alkohol-, medikamenten- und glücksspielabhängige Straf- und Untersuchungsgefangene. Die Suchtberatung, welche unter der Sozialen Arbeit subsumiert wird, kann die Gefangenen über interne und externe Beratungs- und Behandlungsangebote informieren. Ebenfalls soll sie die Betroffenen an externe Therapiemaßnahmen vermitteln und mit auswärtigen Beratungsstellen kooperieren. Die oben erwähnte Krisenintervention zeigt sich allen voran bei sogenanntem ‚Suchtdruck', Entzugserscheinungen und Rückfall. Die SozialarbeiterInnen begleiten die betroffenen Gefangenen also auch in ihrer Substitutionsbehandlung. Angebote der anstaltsinternen Suchtberatung sind unter anderem die persönliche Beratung sowie Gruppenmaßnahmen, welche der Suchtvorbeugung und Rückfallprophylaxe dienen sollen.

2.1.2 Soziales Training – TäterInnen-Opfer-Ausgleich

In der Vita vieler TäterInnen lassen sich Situationen identifizieren, in denen sie selbst Opfer waren bzw. von anderen viktimisiert wurden. So zeigt sich etwa, dass besonders Kinder, welche aus höchstproblematischen familiären Verhältnissen entstammen und etwa Gewalt, Vernachlässigung und Missbrauch erfuhren, häufiger kriminell und selbst zu Gewalt- bzw. MissbrauchstäterInnen werden.[31] Anlehnend an diese Erfahrungen fehlt es TäterInnen oftmals an Feinfühligkeit und Empfindungsvermögen. Die Absicht hinter TäterInnen-Opfer-Ausgleichen liegt darin, die TäterInnen gegenüber den Gefühlen und der Lebenssituation ihrer Opfer zu sensibilisieren und durch diese gezielte Förderung von Empathie potenziellen Delikten in der Zukunft vorzubeugen. MediatorInnen sollen helfen, Probleme zwischen TäterInnen und Betroffenen zu reduzieren oder zu beheben. Dabei soll die Tat reflektiert und gegebenenfalls eine außergerichtliche Wiedergutmachung gegenüber den Opfern angeleitet werden.[32] Unter Reflexion ist hier sowohl die Aufarbeitung der Straftat zu verstehen als auch

---

30 Vgl. ebd.

31 Vgl. Bernd Wischka, „Täter und Opfer in der Therapie von Sexual- und Gewaltstraftätern", in: *Behandlung von Straftätern: Sozialtherapie, Maßregelvollzug, Sicherungsverwahrung*, hrsg. von Bernd Wischka, Willi Pecher und Hilde van den Boogaart, Freiburg 2013, S. 525.

32 Laubenthal, *Strafvollzug*, S. 84.

deren Auswirkungen. Dabei soll auch vermieden werden, dass TäterInnen die Betroffenen – etwa aus Rache für die Inhaftierung – nach Entlassung erneut viktimisieren, nämlich dadurch, dass die Mediation zwischen den Parteien und die Übernahme von Verantwortung hier – wenn möglich – im Fokus steht.[33] Solch eine Methode dient als „Anknüpfungspunkt für soziales Lernen",[34]

> [d]enn die persönliche Begegnung mit dem Leid des Opfers vermag Erkenntnisprozesse einzuleiten. Diese können dazu führen, dem in einer bestimmten Situation gescheiterten Straftäter für die Zukunft sozial akzeptierte Formen einer Konfliktlösung bzw. des Zusammenlebens insgesamt zu vermitteln.[35]

Der TäterInnen-Opfer-Ausgleich lebt aber von Reziprozität. Eine einzig vom Täter ausgehende Initiative wäre unzureichend. Es bedarf deshalb auch stets der „Ausgleichbereitschaft des/der Verletzten".[36] Dieser Schritt ist elementar und aufgrund der jeweils individuellen Opfererfahrung teils ebenso schwierig zugleich. Dies erschwert die Umsetzung eines solchen Ausgleichs und wirkt sich zudem oft stark negativ auf die Bereitschaft der Mitwirkung aus, insbesondere bei Gewalt- oder Sexualstraftaten.

2.1.3 Übergangsmanagement

Die Justiz kümmert sich nicht ausschließlich um die intramuralen, d. h. gefängnisbezogenen Umstände der Inhaftierten. Vielmehr dient der Vollzug der Resozialisierung, d. h. einer Vorbereitung und einem schrittweisen Übergang zurück in die Freiheit und Gesellschaft.[37] Damit wird versucht, die Rückfälligkeit der Inhaftierten entscheidend zu reduzieren.[38] Der oder die Inhaftierte erhält also „Unterstützung bei der Wohnungs- und Arbeitssuche sowie bei der Schaffung eines günstigen sozialen Umfeldes nach der Entlassung".[39] Notwendig ist solch

---

33 Vgl. Wischka, „Täter und Opfer", S. 524.

34 Vgl. Laubenthal, *Strafvollzug*, S. 84.

35 Ebd.

36 Vgl. ebd., S. 85.

37 Vgl. ebd., S. 15.

38 Aus diesem Grund lassen sich in den verschiedenen Ländern unterschiedliche Konzeptionen zu Sexualstraftätern wiederfinden, exemplarisch sind hierfür *HEADS – Haft-Entlassenen-Auskunfts-Datei-Sexualstraftäter* und *KURS – Konzeption zum Umgang mit rückfallgefährdeten Sexualstraftätern*. Vgl. Claudia Koch-Arzberger// Klaus Bott/Hans-Jürgen Kerner/Kerstin Reich, *Rückfallgefährdete Sexualstraftäter in Hessen*, Wiesbaden 2011.

39 Stefan Suhling, „Evaluation der Straftäterbehandlung und der Sozialtherapie im Strafvollzug. Ansätze zur Bestimmung von Ergebnis-, Struktur- und Prozessqualität",

ein Übergangsmanagement, da eine unstrukturierte Wiedereingliederung in das gesellschaftliche Leben viele Entlassene überfordert. Im Gefängnis sind die Inhaftierten mit einem geordneten Tagesablauf konfrontiert, der vielen von ihnen vor ihrer Haft so nicht geläufig war. Ein unorganisiertes Übergangsmanagement kann daher ebenfalls zu Rückfällen führen.[40] Aufgrund der Haltung, die Wiedereingliederung von Gefangenen als eine gesamtgesellschaftliche Aufgabe wahrzunehmen, wird mancherorts für einen Austausch mit Sozialministerien, der Bundesagentur für Arbeit und ähnlichen Stellen plädiert.[41]

Ein erfolgreiches Übergangsmanagement ist nur durch konsequente und gute innervollzugliche Zusammenarbeit möglich, wozu die Beobachtung und Auswertung individueller Behandlungs- und Fördermaßnahmen gehören.[42] Beiliegend ist ein positives Fazit hinsichtlich des Übergangsmanagements zu ziehen: „So konnten 2016 96,4 % der Inhaftierten aus dem geschlossenen Vollzug mit gültigen Papieren und Ausweisen entlassen werden. Im offenen Vollzug betrug die Quote sogar 100 %."[43]

2.1.4 Schuldnerberatung

Viele der Insassen erleben vor ihrer Strafzeit belastende finanzielle wie soziale Probleme. Nicht zuletzt benennen viele von ihnen diese wirtschaftlichen Schwierigkeiten als Determinanten für ihr rechtswidriges Handeln. Aus diesem Anlass bietet die JVA den Inhaftierten eine SchuldnerInnen-Beratung an. In dieser werden persönliche wirtschaftliche Aspekte angesprochen und Lösungswege skizziert. Infolgedessen stellt die SchuldnerInnen-Beratung als solche eine relevante Resozialisierungsmaßnahme dar.[44] Bei höheren Schulden werden zudem externe BeraterInnen herangezogen, mit denen die JVA jeweils regulär kooperiert.

---

in: *Behandlung von Straftätern: Sozialtherapie, Maßregelvollzug, Sicherungsverwahrung*, hrsg. von Bernd Wischka, Willi Pecher und Hilde van den Boogaart, Freiburg 2013, S. 171.

40 Vgl. Wolfgang Wirth, *Steuerung und Erfolgskontrolle im Übergangsmanagement*, Wiesbaden 2018, S. 501.

41 Vgl. ebd., S. 503.

42 Vgl. ebd., S. 505.

43 Gerd Koop, „Eine Justizvollzugsanstalt als lernende Organisation", in: *Das Gefängnis auf dem Prüfstand*, hrsg. von Bernd Maelicke und Stefan Suhling, Wiesbaden 2018, S. 459.

44 Vgl. Suhling, „Evaluation", S. 169.

2.1.5 Vergleich zur muslimischen Seelsorge

Sozialarbeiterische Dienste sind innerhalb der JVA von essenzieller Bedeutung. In vielen Aspekten dienen sie als Brücke zu externen Institutionen und erweisen sich als bedeutendes Vehikel der Re-Integration in die hiesige Gesellschaft. Themen der Suchtberatung tauchen hin und wieder auch in den muslimischen Gruppengesprächen auf, zumal islamrechtliche Themen häufig eine Rolle im Gefängnis spielen. Auch wenn es sich hierbei nicht um eine Suchtberatung im engeren Sinne handelt, wird religiöser Rat zu Suchtproblemen gesucht. Dabei wird beispielsweise danach gefragt, ob der Verkauf von illegalen Rauschmitteln (‚Dealen') auch ohne eigenen Konsum aus religiöser Perspektive verboten sei oder ob man nach dem Drogenkonsum die rituelle Reinheit *(ṭahāra)* durch die hierfür vorgesehene Waschung *(wuḍū')* erneuern müsse.

Dabei geht es nicht nur um den normativen Aspekt von Suchtproblemen im Islam: Religiöse Sinngebungen zu erkennen, spirituelle Bedürfnisse zu decken und der Seele Sorge zu leisten, sind besonders in solchen Situationen, in denen die Inhaftierten sich den SeelsorgerInnen öffnen, von großer Bedeutung.

Methodisch lassen sich das Übergangsmanagement und der TäterInnen-Opfer-Ausgleich nicht in den wesentlichen Aufgaben der muslimischen Seelsorge verorten, allerdings können und sollten damit zusammenhängende Themen zum Beispiel in den Gruppengesprächen problematisiert und adäquate Verknüpfungen hergestellt werden. Dennoch, so wird oft verlautbart, seien Seelsorge und der Soziale Dienst im Allgemeinen strikt voneinander zu trennen. Ob dies jedoch in allen Fällen sinnvoll oder überhaupt möglich ist, kann angezweifelt werden. Zum TäterInnen-Opfer-Ausgleich könnten Werke über die Charakterlehre *(aḫlāq* bzw. *taṣawwuf)* herangezogen und kontextualisiert werden, besonders weil in diesen der zwischenmenschliche Umgang beschrieben und analysiert wird.[45] Das Ziel, welches mit der Berücksichtigung dieser Themen in den Gruppengesprächen verbunden ist, besteht darin, über Straftaten zu reflektieren sowie in Konfliktsituationen oder zwischenmenschlichen Beziehungen Fehler zu vermindern, im besten Fall zu vermeiden.

---

45 Siehe etwa folgende Werke in deutscher Übersetzung: Abu Hanifa, *Wasiyah – Empfehlungen des Imams an seinen Schüler Yusuf b. Khalid*, übers. von Mahmud Kellner, Norderstedt 2020; Imām al-Ḥaddād, *Das Benehmen des Gottessuchers*, übers. von Martin Mahmud Kellner, Mannheim 2016.

Während sich die Anstalt auf die Haftperiode fokussiert, können sich SeelsorgerInnen ebenfalls um den Zeitraum nach der Haftentlassung sorgen. Da viele Inhaftierte den Drang dazu verspüren, nach ihrer Entlassung ein religiöses Umfeld aufzusuchen und weiterhin seelsorgerische Angebote wahrzunehmen, vermitteln die SeelsorgerInnen in manchen Fällen ihre KlientInnen an vertrauenswürdige und verfassungskonforme Moscheegemeinden bzw. Glaubensgemeinschaften in der Umgebung. Dies fördert parallel auch das soziale Umfeld sowie die soziale Integration, etwa durch die Pflege bzw. positive Adaption des Freundeskreises und der Freizeitkontakte der Inhaftierten. Schnittmengen zwischen der muslimischen Seelsorge und den sozialarbeiterischen Diensten lassen sich auch in der Methodik identifizieren. Beide Seiten arbeiten sowohl mit Einzelbetreuungen als auch mit Gruppenmaßnahmen.

2.2 Psychologische Dienste in der JVA

In den JVA beschäftigen sich PsychologInnen unter anderem mit der Prognose des zu erwartenden Verhaltens der InsassInnen. Die psychologischen Dienste der JVA umfassen Vollzugslockerungen, Hafturlaub oder auch die Vorbereitung der Entlassung. Darüber hinaus behandeln JVA-PsychologInnen die Gefangenen, wodurch eine Wiedereingliederung in die Sozialisation erleichtert und schädliche Wirkungen der Haftperiode vermieden werden sollen. Es kommt außerdem vor, dass Krisensituationen zu bewältigen sind, in denen der psychologische Rat zur Intervention hinzubeordert wird. Die PsychologInnen führen ihre standardisierten Beratungen und Psychotherapien neben der Mitwirkung bei der Personal- und Organisationsentwicklung des Vollzuges durch.

Der psychologische Dienst beschäftigt sich außerdem mit der Begutachtung von Inhaftierten, die Sexual- und/oder Gewaltdelikte begangen haben. Der Dienst fertigt gutachterliche Stellungnahmen an, welche im Rahmen der Prüfung einer Entlassung zur Bewährung verwendet werden. Die StraftäterInnen werden durch die PsychologInnen auf die Notwendigkeit einer Psychotherapie hin geprüft. Diese Therapien können sowohl in Gruppen- als auch in Einzelgesprächen stattfinden. Das Anti-Gewalt-Training stellt eine weitere Maßnahme des psychologischen Dienstes dar. Hierbei werden gewaltbereite und auffällige InsassInnen darin trainiert, ihre Gewalt selbstverantwortlich zu regulieren und zu kontrollieren. Dieses Training weist daher auch präventive Züge auf. Auch drogenabhängigen InsassInnen wird damit die Möglichkeit gegeben, stationär psychologisch betreut zu werden.

2.2.1 *Sozialtherapie (SothA)*

Die Grundlage für die Aufnahme in die Sozialtherapie bzw. in die sozialtherapeutische Abteilung (SothA) ist im NJVollzG. in § 104 festgehalten.[46] Ein Aufnahmegespräch und die damit einhergehende Aufnahmekonferenz gehen der Aufnahme voraus.

> Die geringe Anzahl der Behandlungsplätze, die Freiwilligkeit der Aufnahme und das Zustimmungserfordernis des Leiters führten zu einer sehr uneinheitlichen Indikationspraxis, insbes. hinsichtlich Delikt, Strafrest oder Alter.[47]

Exemplarisch sollen einige Informationen zur SothA in der JVA Vechta genannt werden. Diese ist mit der Krankenabteilung zusammen untergebracht und verfügt über 25 Therapieplätze, welche auf drei Wohngruppen verteilt sind, davon 15 Einzelhafträume und fünf Doppelhafträume. Jede Wohngruppe verfügt zudem über eine Wohnküche, einen Sanitärbereich und einen Hauswirtschaftsraum. Das Team der SothA besteht aus PsychologInnen, SozialpädagogInnen sowie Bediensteten des allgemeinen Vollzugsdienstes.[48]

---

46 „(1) Die oder der Gefangene, die oder der wegen a. einer Straftat nach den §§ 174 bis 180 oder 182 StGB oder b. eines Verbrechens gegen das Leben, die körperliche Unversehrtheit oder die persönliche Freiheit oder nach den §§ 250, 251, auch in Verbindung mit den §§ 252 und 255, StGB verurteilt worden ist, wird in eine sozialtherapeutische Anstalt verlegt, wenn die dortige Behandlung zur Verringerung einer erheblichen Gefährlichkeit der oder des Gefangenen für die Allgemeinheit angezeigt ist. (2) Andere Gefangene können in eine sozialtherapeutische Anstalt verlegt werden, wenn der Einsatz der besonderen therapeutischen Mittel und sozialen Hilfen der Anstalt zur Erreichung des Vollzugszieles nach § 5 Satz 1 angezeigt ist. (3) Die Verlegung soll zu einem Zeitpunkt erfolgen, der den Abschluss der Behandlung zum voraussichtlichen Entlassungszeitpunkt erwarten lässt. (4) Die oder der Gefangene ist zurückzuverlegen, wenn der Zweck der Behandlung aus Gründen, die in der Person der oder des Gefangenen liegen, nicht erreicht werden kann. Die oder der Gefangene kann zurückverlegt werden, wenn sie oder er durch ihr oder sein Verhalten den Behandlungsverlauf anderer erheblich oder nachhaltig stören. (5) Die §§ 10 und 12 bleiben unberührt.“ Niedersächsisches Justizministerium, „§ 104 Verlegung in eine sozialtherapeutische Anstalt“ (8.4.2014), www.nds-voris.de/jportal/?quelle=jlink&query=JVollzG+ND+%C2%A7+104&psml=bsvorisprod.psml&max=true (letzter Zugriff 2.5.2021).

47 Elisabeth Theine/Brigitte Elgeti-Starke, „Bildung und Qualifizierung“, in: *Das Gefängnis auf dem Prüfstand*, hrsg. von Bernd Maelicke und Stefan Suhling, Wiesbaden 2018, S. 130.

48 Vgl. Justizvollzugsanstalt Vechta, „Die sozialtherapeutische Abteilung im Jungtätervollzug der Justizvollzugsanstalt Vechta“, justizvollzugsanstalt-vechta.

Konzeptuell lässt sich festhalten, dass sowohl Einzelpsychotherapie als auch sozialpädagogische Einzelgespräche zur Behandlung herangeführt werden. Außerdem werden tat- und themenspezifische Gruppenbehandlungen angeboten. Für Sexualstraftäter beispielsweise gilt das *Behandlungsprogramm für Sexualstraftäter* (BPS) als eines dieser tat- und themenspezifischen Gruppenbehandlungskonzepte. Als Grundlage dieses Behandlungstyps dienten die Erfahrungen aus der JVA Hannover und JVA Lingen sowie aus den aus Nordamerika stammenden Behandlungsansätzen der *Relapse Prevention* und der kognitiv-behavioralen Therapie.[49] Nach einer Studie des Bundeministeriums für Justiz aus dem Jahr 2009 ist BPS das am häufigsten verwendete SexualtäterInnen-Behandlungsprogramm in sozialtherapeutischen Einrichtungen.[50] Dabei liegt das Ziel darin, die Rückfälligkeitsquote der Gefangenen zu reduzieren.

Suchtberatungen, Soziales Training und Maßnahmen zu Aspekten von Täter-Opfer-Perspektiven gehören ebenfalls zu den Behandlungsprogrammen der SothA.[51] Durch die Atmosphäre in einer Wohngruppe wird den Gefangenen ein gemeinschaftliches Leben nahegelegt, welches quasi als Kleinstmodell der Gesellschaft als Gemeinschaft erlebt werden kann. Außerdem hat die SothA zum Ziel, das Allgemeinwissen und die Kreativität zu fördern sowie zu Schul- und Berufsausbildungen zu motivieren. Zu guter Letzt werden Entlassungsvorbereitungen und die nachgehende Betreuung mittels personalbegleiteter Lockerungen, schrittweiser Vollzugsöffnung und Außentrainingsmaßnahmen mit Begleitung durchgeführt.[52]

---

niedersachsen.de/jungtaeter/abteilungen/sozialtherapie_jungtaeter/-82900.html (letzter Zugriff 15.7.2020).

49 Als Definition für das BPS kann folgendes Zitat angeführt werden: „Unter einem Behandlungsprogramm wird eine strukturierte Gruppenbehandlung verstanden, die für eine definierte Personengruppe (hier: Sexualstraftäter) entwickelt wurde und die ein definiertes Ziel hat (hier: die einschlägige Rückfallwahrscheinlichkeit zu verringern)." Ulrich Rehder/Bernd Wischka/Elisabeth Foppe, „Das Behandlungsprogramm für Sexualstraftäter (BPS), Entwicklung – Aufbau – Praxis", in: *Behandlung von Straftätern: Sozialtherapie, Maßregelvollzug, Sicherungsverwahrung*, hrsg. von Bernd Wischka Willi Pecher und Hilde van den Boogaart, Freiburg 2013, S. 418.

50 Vgl. ebd.

51 Hier lässt sich ebenfalls ein Schnittpunkt zwischen sozialarbeiterischen und psychologischen Diensten feststellen.

52 Vgl. Justizvollzugsanstalt Vechta, „Die sozialtherapeutische Abteilung im Jungtätervollzug der Justizvollzugsanstalt Vechta", justizvollzugsanstalt-vechta.niedersachsen.de/jungtaeter/abteilungen/sozialtherapie_jungtaeter/-82900.html (letzter Zugriff 15.7.2020).

2.2.2 *Arbeitstherapie*

Ein weiterer Wirkungsbereich der psychologischen Dienste ist die Arbeitstherapie. Sie dient schließlich dazu, den Inhaftierten das alltägliche Arbeitsleben näher zu bringen. Arbeitslosigkeit kann einen Kernfaktor dafür darstellen, kriminelles Verhalten zu entwickeln.[53] So berichtet eine Studie etwa, dass 38 % der Straffälligen vor ihrer Inhaftierung arbeitslos waren.[54] Mit der Arbeitstherapie sollen ein positives Arbeits- und Leistungsverhalten trainiert sowie eine Durchhaltefähigkeit für das Arbeitsleben eingeübt werden. Eine große Anzahl der InsassInnen sieht sich im Laufe ihres Lebens mit vielen prägenden Misserfolgen und negativen Arbeitserfahrungen konfrontiert. Einfache Tätigkeiten und Erfolgsergebnisse sollen dazu dienen, Ängste vor Arbeitsmisserfolgen abzubauen. Ziel ist es, die KlientInnen zu beruflichen Bildungsmaßnahmen oder für den Arbeitsbetrieb zu motivieren.[55]

2.2.3 *Vergleich zur muslimischen Seelsorge*

Klessmann akzentuiert die Schnittmengen von Seelsorge und Psychologie anhand zweier grundlegender Gesichtspunkte: zum einen anhand des Aspekts der Menschenkenntnis und zum anderen bezogen auf die Frage nach der Methodik.[56] Auf derselben Ebene kann die muslimische Seelsorge anknüpfen, denn in diesen Angelegenheiten herrscht kein nennenswerter Meinungsunterschied. Weiterhin werden die Relation sowie das Spannungsfeld von Seelsorge und Psychologie bzw. Psychotherapie[57] folgendermaßen beschrieben:

> Das Besondere der Erkenntnisse aus Psychologie/Psychotherapie/Psychiatrie ist darin zu sehen, dass sie wissenschaftlich-methodisch reflektierte Einsichten darstellen, die in einen Theoriezusammenhang eingeordnet werden, um der Zufälligkeit subjektiver Introspektion oder literarischer Beschreibungen zu entgehen. Sie stellen überprüfbares und relativ gesichertes Wissen über den Menschen, zu Fragen der Wahrnehmung und Motivation, zur Kommunikation und deren Störungen zur Verfügung.

---

53 Vgl. Lilian Konicar/Ralf Veit/Niels Birbaumer, „Neurobiologie und Gewaltstraftaten", in: *Behandlung von Straftätern: Sozialtherapie, Maßregelvollzug, Sicherungsverwahrung*, hrsg. von Bernd Wischka, Willi Pecher und Hilde van den Boogaart, Freiburg 2013, S. 343.

54 Vgl. Theine/Elgeti-Starke, „Bildung und Qualifizierung", S. 109.

55 Vgl. Laubenthal, *Strafvollzug*, S. 212.

56 Vgl. Michael Klessmann, *Seelsorge – Begleitung, Begegnung, Lebensdeutung im Horizont des christlichen Glaubens: ein Lehrbuch*, Göttingen 2015, S. 263.

57 In diesem Kontext werden die Begriffe synonym zueinander verwendet.

> Biblische Einsichten über den Menschen stehen dazu nicht notwendigerweise in Spannung: Während Psychologie und Psychotherapie Verhaltens- und Erlebensweisen des Menschen beschreiben und durch spezifische Interventionen zu beeinflussen suchen, befasst sich biblisch-theologische Anthropologie mit grundsätzlichen Fragen nach Ursprung und Ziel sowie nach der Bestimmung des Menschen.[58]

Als markanter Unterschied könnte die Orientierung genannt werden, zumal die Seelsorge sich vordergründig religiös, die Psychologie hingegen humanwissenschaftlich begründet. Dieser Gesichtspunkt ist jedoch innerhalb der christlichen Seelsorge verarbeitet und in die Seelsorge teilweise übernommen worden.[59]

2.3 Pädagogische Dienste in der JVA

Einen der wohl relevantesten Dienste der JVA stellt der pädagogische Dienst dar. Dies hängt auch mit dem Resozialisierungsziel des Strafvollzugs zusammen.[60] Es handelt sich bei Inhaftierten oder bei Haftgefährdeten des Öfteren um schlecht gebildete, gering qualifizierte und nur mit rudimentären Erfahrungen auf dem Arbeitsmarkt ausgestattete Menschen.[61] Theine und Elgeti-Starke fassen diese und weitere Forschungsergebnisse folgendermaßen zusammen:

> So ergab eine Sonderauswertung der TU-Darmstadt für die Bundesarbeitsgemeinschaft der Straffälligenhilfe e. V. aus dem Jahr 2005, dass rund 15 % der Straffälligen gegenüber 7,5 % der Gesamtbevölkerung keinen Schulabschluss aufweisen. Für verschiedene Formen der Bildungs- und Berufsabschlüsse zeigen sich ähnliche Bilder. Während 28,5 % der Gesamtbevölkerung keinen Berufsabschluss haben, trifft dies auf nahezu 40 % der straffällig gewordenen Personen zu. Des Weiteren verweist der zweite Lebenslagenbericht der Bundesregierung darauf, dass Straffällige lediglich zu 31 % auf dem ersten Arbeitsmarkt und zu 16 % auf einer geförderten Stelle erwerbstätig waren. 38 % waren arbeitslos.[62]

Inhaftierte ohne Berufsabschluss sowie jene, die nach ihrer Entlassung arbeitslos sind, werden zu 90 % rückfällig, wohingegen lediglich ca. 32,8 % derjenigen rückfällig werden, die einer geregelten Beschäftigung nachgehen.[63] Nicht zuletzt aufgrund dieser Umstände fungiert der pädagogische Dienst in der JVA als ausschlaggebender Resozialisierungsfaktor.

---

58 Klessmann, *Seelsorge*, S. 263.

59 Spannend bleibt die Entwicklung der muslimischen Seelsorge und deren Rezeption psychologischer Vehikel bzw. die Korrelation dieser innerhalb ihres Aufgabenfeldes.

60 Vgl. Theine/Elgeti-Starke, „Bildung und Qualifizierung“, S. 109.

61 Vgl. ebd.

62 Ebd.

63 Vgl. ebd., S. 110.

2.3.1 *Schule und Beruf*

Inhaftierte verfügen über die Möglichkeit, ihre schulische oder betriebliche Ausbildung während ihres JVA-Aufenthaltes nachzuholen bzw. zu absolvieren. Solche Bildungsangebote sind des Öfteren relativ beständig und öffnen den Inhaftierten bei ihrer Rückkehr in den Alltag die Türen zu einer gelungenen Resozialisierung.[64] Diese Bildungsangebote weisen darüber hinaus jedoch einen psychologischen Charakter auf. Im Vergleich zum öffentlichen Schulwesen, welches sich lediglich am Lernangebot orientiert,

> vermitteln [diese Bildungsangebote] insbesondere auch Kenntnisse und Fertigkeiten, die die Gefangenen nach der Haftentlassung benötige[n], um in ihrer Lebenswelt straffrei und zur persönlichen Zufriedenheit leben zu können.[65]

Schon im Jahre 1958 wurde die *Bundesarbeitsgemeinschaft der Lehrer im Vollzug* gegründet, die sich den Bildungsfragen im Vollzug widmete und darüber hinaus auch musikalische Bildung und Freizeitgestaltung anbot.[66] In den vergangenen Jahren ist außerdem die Formation weiterer Bildungsprojekte zu beobachten. Sowohl auf die Bedarfe der Gefangenen angepasste Lerninhalte als auch elektronische Medien konnten durch Fördermittel erbarbeitet und angeschafft werden.[67] Wohl sollte auch keine einseitige Orientierung an den üblichen Bildungsformaten außerhalb der JVA erfolgen, sondern vielmehr ein eigenständiges, auf die spezifischen Bedürfnisse der Inhaftierten angepasstes Angebot konzipiert werden, da viele Gefangene vorher im schulischen Lernsystem gescheitert sind und mit diesem entsprechend schlechte Erfahrungen verbinden.

> Infolgedessen hatten sie meist jahrelang nichts mit bildenden Institutionen zu tun und sind lernentwöhnt. Das Lernen muss ihnen erst wieder nahegebracht werden. Erfolgschancen dafür bestehen, wenn die neuen Lernangebote möglichst nicht mit den negativen Erfahrungen ihrer Schulzeit verbunden werden.[68]

2.3.2 *Vergleich zur muslimischen Seelsorge*

Klessmann betont, dass die Seelsorge zu Bildungsprozessen positiv beiträgt. Dies verdeutlicht er besonders mittels der Begriffe der sprachlichen Differenzierung, Sprachfähigkeit des Glaubens, Bildung des Lebens,

---

64 Vgl. ebd., S. 112.
65 Ebd.
66 Vgl. ebd., S. 114.
67 Vgl. ebd., S. 115.
68 Ebd., S. 116.

Gewissens- sowie Persönlichkeitsbildung und der eschatologischen Dimension. Durch das Erzählen in einem Seelsorgegespräch zwischen Ratsuchenden und DialogpartnerInnen, in welchem letztere nachfragen und das Erzählte zu konkretisieren versuchen, entsteht eine sprachliche Differenzierung. Im Zusammenhang dazu ermöglicht die Vermittlung von eigenen Erfahrungen und Lebenssituationen die Persönlichkeitsbildung. Bei religiösen Gesprächen werden religiöse Inhalte benannt und mit eigenen Lebenserfahrungen in einen Kontext gesetzt. Schließlich fördert solch eine Herangehensweise die Sprachfähigkeit des Glaubens. Bilder und Vorstellung innerhalb eines Seelsorgegespräches tragen, so Klessmann, zur Bildung des Lebens bei. Ethische Fragen ermöglichen eine Gewissensbildung. Zu guter Letzt pointiert Klessmann die eschatologische Dimension dadurch, dass das jenseitige Leben „kritisch betrachtet“[69] und „letztgültig relativiert“[70] wird. Letztgenanntes lässt sich auch auf ähnliche Art und Weise in der islamischen Wissenskultur wiederfinden. In einem Ausspruch des Propheten Muḥammad heißt es: „Sei auf dieser Welt wie ein Fremder oder ein Reisender.“[71]

Durch Koranstellen, die vom Leben und Wirken des Propheten Josef handeln, ist von einem Gefängnisaufenthalt dessen in Ägypten zu lesen. Ähnliches ist auch den Vitae vieler Gelehrter zu entnehmen.[72] Als ein Prototyp kann hier etwa der berühmte spätosmanische Gelehrte Said Nursi (gest. 1960) angebracht werden. Stets bemühte er sich, selbst aus den schwierigsten Lebenssituationen wichtige Lehren zu ziehen. Zu diesen gehört auch sein Aufenthalt in einem Gefängnis. In Anlehnung an die Josefgeschichte im Koran (Koran 12/35–52) benennt er seinen Aufenthalt im Gefängnis „Medresey-i Yusufiyye“ (zu Deutsch etwa ‚die Josef-Schule‘).[73] Seinen Memoiren lässt sich entnehmen, dass Nursi und seine Schüler zwar inhaftiert wurden, diese Inhaftierung hingegen durch Lesungen und Lesezirkel für sich positiv zu wenden wussten.

Zuletzt sei schließlich auch auf das rege Interesse der Inhaftierten hingewiesen, den Koran zu lesen bzw. die Rezitation des Korans zu erlernen. Vor

69 Klessmann, *Seelsorge*, S. 171.

70 Ebd.

71 Vgl. Muḥammad al-Ǧuʿfī, *Ṣaḥīḥ al-Buḫārī. Kitāb ar-riqāq*, Hadith-Nr. 6416, Beirut 2002, S. 1599.

72 Vgl. Yasar Kandemir, „Aḥmad b. Ḥanbal“, in: *DIA – Diyanet Islam Ansiklopedisi* II, Istanbul 1989, S. 76; Muhammed Hamidullah, „Şemsüleimme Serahsî“, in: *DIA – Diyanet Islam Ansiklopedisi* XXXVI, Istanbul 2009, S. 544.

73 Vgl. Bediüzzaman Said Nursi, *Şualar-On Birinci Şua*, Istanbul 2012, S. 258; Cemil Şahinöz/Avni Altıner, *Islamische Seelsorge bei Said Nursi*, Norderstedt 2018, S. 331.

diesem Hintergrund lässt sich eine weitere Parallele zwischen der muslimischen Seelsorge und pädagogischen Diensten ausmachen.

2.4 Medizinische Dienste in der JVA

Neben den sozialarbeiterischen und psychologischen Diensten bietet die JVA auch ärztlich-medizinische Dienste an. Der ärztliche Dienst kümmert sich um die notfallmedizinische Behandlung und Erstversorgung nach Arbeitsunfällen der Gefangenen und Bediensteten. Er ist ebenfalls Ansprechpartner der Anstaltsleitung in Fragen der Gesundheitsfürsorge, Vorsorge und Hygiene, sowie hauptverantwortlich für alle Angelegenheiten der Betriebsmedizin. Die ÄrztInnen untersuchen die InsassInnen bei der Aufnahme und begleiten sie während ihrer Haft. Unmittelbar zu Beginn jeder Inhaftierung wird eine individuelle Anamnese erhoben, wobei unterschiedliche medizinische Indikatoren wie etwa die Lungen- und Herzfunktion mittels hierzu geeigneter Verfahren (EKG, Ultraschall etc.) überprüft werden. Auch werden Drogen- sowie Alkoholtests durchgeführt, um Abhängigkeiten bzw. Substanzmissbrauch feststellen zu können. Anhand dieser Diagnose werden die Haft-, Arbeits- und Sportfähigkeit der InsassInnen beurteilt. Im ärztlichen Dienst werden tägliche Sprechstunden angeboten und neben Aufklärungsarbeit hinsichtlich der Gesundheitsfürsorge werden Maßnahmen für die Infektionsprophylaxe dargestellt. Mittels des Kontaktes zu den Suchtberatungsdiensten bzw. den Drogenberatungsstellen besteht die Möglichkeit, externe Kooperationen und Resozialisierungsmaßnahmen auch in ärztliche Dienste einzugliedern.

2.4.1 Vergleich zur muslimischen Seelsorge

Auch in Relation zu ärztlichen Diensten nimmt die Seelsorge eine relevante Stellung ein. Das Seelsorgegespräch bietet den Inhaftierten durch seine Vertrautheit die Möglichkeit, sich den SeelsorgerInnen zu öffnen.

Im Rahmen dieser intensiven Unterhaltungen werden unter anderem Schamaspekte angesprochen, die in der Regel mit ÄrztInnen nicht besprochen werden. SeelsorgerInnen können Inhaftierte ermutigen, über diese Angelegenheiten zu sprechen oder sich sogar selbst ärztliche Hilfe zu suchen. Dies ist etwa – besonders bei männlichen Inhaftierten – bei Krankheiten im Genitalbereich der Fall, da die Inhaftierten nur mit ausgesprochen wenigen Personen über ihr Sexualleben während der Haftzeit sprechen. Die Gründe für solch eine Abgeneigtheit sind vielfältig, wobei die größten Hürden jedoch kulturbedingte psychosomatische Probleme sein können. Vor allem Inhaftierte, die damit rechnen, dass sie durch solch einen lockeren Umgang ausgegrenzt oder getadelt werden, haben Schwierigkeiten, offen mit solchen Themen umzugehen.

Daraus entwickeln sich ebenfalls zwei Schnittmengen: Zum einen können sowohl ärztliche Dienste als auch die Seelsorge untereinander vermitteln. Zum anderen besitzen die meisten muslimischen SeelsorgerInnen das Privileg, in mehreren Sprachen kommunizieren zu können. Da für eine ärztliche Behandlung möglichst genaue Angaben über die jeweilige Erkrankung essenziell sind und sich teils entscheidende sprachliche Barrieren zwischen Inhaftierten und ÄrztInnen bemerkbar machen, können die SeelsorgerInnen für beide Seiten unterstützend behilflich sein.[74]

2.5 Christliche Seelsorge

Das folgende Kapitel kann und will keine Kurzdarstellung der christlichen Seelsorge vorstellen,[75] sondern für die eigene Fragestellung wichtige Akzente einzeln herausarbeiten. Dadurch sollen Schnittmengen, Differenzen oder sogar Konfliktfelder zwischen der christlichen und der muslimischen Seelsorge offengelegt werden. In Anknüpfung an eine kurze Darstellung christlicher Perspektiven zur Seelsorge sollen diese Konzeptionen der noch jungen muslimischen Seelsorge gegenübergestellt werden.

Ein weiterer, bislang unerwähnt gebliebener Aspekt ist, dass die Seelsorge eine Plattform für interreligiösen und interkulturellen Dialog bietet. Über diese Plattform ergibt sich eine Tandeminitiative des gegenseitigen Lernens. Muslimische SeelsorgerInnen haben dadurch die Möglichkeit, von den langjährigen Erfahrungen der christlichen SeelsorgerInnen zu profitieren. Auf christlicher Seite hingegen können SeelsorgerInnen mehr über die Kulturen sowie die unterschiedlichen Verständnisse und Umgangsweisen mit ihrer Religion von MuslimInnen lernen. Dieser Lernprozess erweist sich des Öfteren als relevant, denn es steht schließlich jedem Menschen zu, egal welche Religionszugehörigkeit er selbst besitzt, mit VertreterInnen der anderen Religionen das Gespräch zu suchen.

---

74 Dies kann der Autor aus seiner eigenen Erfahrung als muslimischer Gefängnisseelsorger bestätigen. Dennoch sei betont, dass die Seelsorgerin oder der Seelsorger keine Dolmetscher sind. Vielmehr erachte ich solch ein Verhalten in singulären Situationen zwar als hilfreich, sehe es aber nicht als eigentliches Aufgabenfeld der Seelsorge.

75 Hierfür sei verwiesen auf: Christian Möller, *Geschichte der Seelsorge in Einzelporträts*, Göttingen 1994; Klessmann, *Seelsorge*.

Für MuslimInnen sind interreligiöse Begegnungen in den Traditionen des Propheten Muhammad wiederzufinden. Dieser besuchte beispielsweise einen kranken jüdischen Jungen, wie in einer der für den sunnitischen Islam wichtigsten Hadithsammlungen, dem *Ṣaḥīḥ al-Buḫārī*, unmissverständlich erwähnt wird.[76] Auch seinem polytheistischen Onkel stattete der Prophet Muhammad gelegentlich einen Besuch ab, obwohl dieser seinem Stamm, den Qurayš, der gegen den Propheten in den Krieg zog,[77] bis in den Tod durch sein religiöses Bekenntnis treu blieb. Interreligiöse Krankenbesuche werden hier unabhängig von der religiösen Zugehörigkeit der Erkrankten als Teil der muslimischen Tradition vorgestellt. Auf christlicher Seite kann für die Bedeutung interreligiöser Begegnung auf das neutestamentliche Gleichnis vom barmherzigen Samariter verwiesen werden (vgl. Lukas 10,25–37). Hierbei stellt Jesus als wichtigstes Gebot heraus, sich um die Kranken bzw. in Not Geratenen zu kümmern, unabhängig von deren religiöser Zugehörigkeit.

Um den Fokus auf die Relation zwischen muslimischer und christlicher Seelsorge beizubehalten, sollen im Folgenden nur einige ausgewählte Aspekte beleuchtet werden. Zu diesen zählen die Schweigepflicht der SeelsorgerInnen und das damit verwobene Zeugnisverweigerungsrecht. Auch sollen die unterschiedlichen Zugänge der Seelsorge, sei es der kerygmatische oder der pastoralpsychologische Ansatz, geschildert und in Relation zur muslimischen Herangehensweise gesetzt werden.

2.5.1 Römisch-Katholische und Evangelische Seelsorge

Seelsorge lässt sich sehr früh in der christlichen Geschichte nachweisen. Unter dem Begriff ‚Seelsorge' verstand man zunächst die Sorge um die eigene Seele[78] und weniger die Fürsorge, Begleitung oder Begegnung. Historisch betrachtet können die Wüstenmönche und -asketInnen als Beispiele für eine christliche, biblisch inspirierte Seelsorge bereits sehr früh verortet werden, nämlich um das Jahr 300 n. Chr. herum:

> Etwa um 300 n. Chr. erschien vielen Christen, vor allem in Ägypten, die sich verfeinernde Spätkultur der Antike und das Leben in ihren Städten überaus zweifelhaft. Waren die ersten christlichen Jahrhunderte erfüllt von Verfolgungen und geprägt von

76 Vgl. Muḥammad al-Ǧuʿfī al-Buḫārī, *Ṣaḥīḥ al-Buḫārī. Al-Ǧanāʾiz*, Hadith-Nr. 1356, 1360, Beirut 2002, S. 327 f.

77 Diesem Stamm gehörte die Familie des Propheten Muhammad an, und deshalb ist er von Bedeutung. Vgl. Casim Avcı, „Kureyş", in: *DIA* XXVI, Ankara 2002, S. 442 ff.

78 Vgl. Müller, „Seelsorge", S. 384 ff.

> dem daraus entstehenden und dafür auch notwendigen Gedanken, ‚daß man nur dann ein wahrer Jünger Christi sei, wenn man für ihn stirbt', so mußte jetzt ‚im offiziell christlich werdenden Imperium' gewissermaßen ein Ersatz für diese Radikalität der Nachfolge gefunden werden. In dieser Situation des Umbruchs trat das Mönchtum in die christliche Geschichte ein. Es war die sich jetzt eröffnende Möglichkeit, in Anlehnung an große biblische Vorbilder wie Elia und Johannes den Täufer, der Ganzhingabe an Christus eine Form zu geben. Davon angezogen begaben sich viele, die ohne Rückhalt christlich sein wollten, in die Wüste, um den Ablenkungen des öffentlichen und privaten Lebens zu entgehen und Gott in der Abgeschiedenheit zu suchen.[79]

Im Mittelalter setzte Gregor der Große (gest. 604) bedeutsame Akzente im Bereich der Seelsorge. In seinem *Opus magnum* skizziert er die Grundhaltung eines Seelsorgers in seinem Seelsorgeamt: So vergleicht er die Wunden des Körpers mit den Wunden der Seele. Möller beschreibt die Auffassungen Gregors mit folgenden Worten: „Die cura animarum sei die Kunst aller Künste. Körperliche Wunden zu heilen sei schon schwierig genug. Seelenwunden aber lägen noch tiefer."[80] Auch das Verlangen nach dem Amt des Seelsorgers ist nach Gregor ein Zeichen für die Unwissenheit gegenüber dieser großen Verantwortung: „[W]er sich nach dem Amt des Seelsorgers drängt, gibt bereits zu verstehen, daß er von Seelsorge nichts versteht."[81] Dies sei schließlich auch der Grund, warum er das Amt des römischen Bischofs nicht akzeptieren wollte.[82] Durch Papst Gregor und seine *regula pastoralis* stand die Seelsorge bis in die Gegenwart ausschließlich den christlichen *pastores* (Hirten) zu,[83] was sich mit dem Zweiten Vatikanischen Konzil (1962–1965) schließlich ändern sollte.

Einen weiteren Wendepunkt stellte das vierte Laterankonzil (1215) dar, welches „der Buße und Beichte große Bedeutung einräumt [...] sowie [...] eine jährliche Pflichtbeichte einführt".[84] Luther habe außerdem die Ansicht vertreten, dass das Bußsakrament für Gläubige häufig in einen Kontext der Angst eingebunden und somit hinderlich sei, da doch Seelsorgetätigkeiten vielmehr ermutigen und zu Jesus hinführen sollten.[85] Obwohl die Beichte in welcher Form auch immer für viele Spielarten des Christentums und der christlichen Glaubenspraxis ein grundlegender Bestandteil bleibt, verschiebt sich der Fokus

79 Christian Möller, *Geschichte der Seelsorge in Einzelporträts*, Göttingen 1994, S. 81.
80 Ebd.
81 Ebd.
82 Vgl. ebd.
83 Vgl. Aslan/Modler-El Abdaoui/Charkasi, *Islamische Seelsorge*, S. 50.
84 Ebd.
85 Vgl. ebd., S. 50 f.; Christoph Morgenthaler, *Seelsorge*, Gütersloh 2009, S. 40.

auf die Vergebung Gottes.[86] Dieses Verständnis schreibt sich bis in das heutige Seelsorgeverständnis ein.

Prägend für die evangelische Seelsorge in Deutschland war insbesondere die US-amerikanische Seelsorgebewegung der 1960er-Jahre. TheologInnen aus den Niederlanden und Deutschland kamen zu dieser Zeit mit dem Pastoral Counseling in Kontakt und erlernten das sogenannte ‚Clinical Pastoral Training' (CPT, später Clinical Pastoral Education, CPE) in ihrer Ausbildung, welches anschließend an deutsche Kirchen empfohlen wurde.[87]

Entwicklungen ab dem 19. Jahrhundert, welche beide Konfessionen betreffen, lassen sich folgendermaßen schildern: Seit dem 19. Jahrhundert erhält die Seelsorge in beiden Theologien eine wissenschaftliche Fundierung durch die *praktische Theologie*, welche durch Daniel Friedrich Schleiermacher (1768–1834) als Fach im Spektrum theologischer Lehrinhalte begründet wurde. ‚Poimenik' (*poimén*, griech. ‚Hirte'; Poimenik: ‚Lehre von der Seelsorge') wird im protestantischen Kontext zu einem gesondert benannten Teilgebiet der wissenschaftlichen Reflexion kirchlicher Praxis. In der katholischen Theologie ist die Lehre der Seelsorge stark christologisch orientiert und wird in der katholischen Pastoraltheologie im Kontext der „Ämter Christi" reflektiert und gelehrt.[88]

Das Zweite Vatikanische Konzil von 1962–1965 war auch für die römisch-katholische Seelsorge ausschlaggebend. Erstmals öffnete man sich in Bezug auf psychologische bzw. psychoanalytische Ansätze.[89] Ab diesem Zeitpunkt ist eine deutliche Veränderung der Praxis zu erkennen. So sei etwa angeführt, dass nicht mehr alleinig der Priester die Tätigkeit als Seelsorger ausüben durfte, sondern eine ‚Volk-Gottes-Theologie' angenommen wurde, welche das Prinzip verinnerlicht, dass jede/r dazu in der Lage sei, seelsorgerlich tätig zu sein. Auch wurde betont, dass die SeelsorgerInnen selbst in gleicher Weise der Seelsorge durch andere bedürften.[90]

Obwohl sich in der Vergangenheit auch in Bezug auf das christliche Seelsorgeverständnis Divergenzen zwischen den Konfessionen bemerkbar machten, sind gegenwärtig, zumindest anscheinend, in den Seelsorgeausbildungen eher geringe Differenzen zu erkennen. Beide Kirchen nutzen bei den Aus- und Weiterbildungen in Deutschland mittlerweile mehrheitlich

---

86 Vgl. ebd.

87 Vgl. Klessmann, *Seelsorge*, S. 78.

88 Vgl. Aslan/Modler-El Abdaoui/Charkasi, *Islamische Seelsorge*, S. 51; Müller, „Seelsorge", S. 384 ff.

89 Vgl. ebd., S. 386.

90 Aslan/Modler-El Abdaoui/Charkasi, *Islamische Seelsorge*, S. 52.

pastoral-psychologische[91] Konzepte im Bereich der Seelsorge. In vielen Fällen spielt das Selbstverständnis der SeelsorgerInnen eine entscheidende Rolle.

2.5.2 Kerygmatische und pastoralpsychologische Seelsorge

Etymologisch entstammt der Begriff *Kerygma* aus dem Altgriechischen und bedeutet in etwa so viel wie ‚Proklamierung' oder ‚Predigt'. Fachspezifisch ist damit die christliche Predigt bzw. Proklamierung der christlichen Botschaft gemeint. Das Konzept der kerygmatischen Seelsorge zeichnet sich durch eine dialektische Theologie aus, die auch unter dem Begriff ‚Wort-Gottes-Theologie' subsumiert wird. Als historischer Beginn ihrer Entwicklung kann die Nachkriegszeit ausgemacht werden, wobei Winkler anmerkt, dass diese Auffassung in der Poimenik konservativ einzuordnen ist, d.h. dass sie in der heutigen Seelsorge nur noch selten bis gar keine Verbreitung erfährt.[92] Klessmann spricht sogar von einem „Funktionsverlust der kerygmatischen Seelsorge".[93] Die sich um den Kreis des Theologen Eduard Thurneysen (gest. 1974) entwickelte Bewegung wird gelegentlich auch als Protestbewegung kategorisiert, insofern diese sich gegen einen vorherrschenden theologischen Liberalismus einsetzte.[94] In seinem Aufsatz *Rechtfertigung und Seelsorge* verschriftlicht Thurneysen seine wesentlichen Gedanken, welche er 1948 mit als ausgearbeitete Fassung unter dem Titel *Die Lehre der Seelsorge* in Buchform veröffentlicht.[95]

Neben der kerygmatischen Seelsorge bestimmt das pastoralpsychologische bzw. therapeutische Konzept die seelsorgerischen Tätigkeiten. Nach dieser Auffassung steht primär die anthropologische Ebene im Vordergrund. In diesem Zusammenhang sind die Theologen Oskar Pfister, Joachim Scharfenberg und Dietrich Stollberg wohl die bekanntesten Namen.[96] Durch diesen „inkarnatorischen Seelsorgeansatz"[97] gehe der Seelsorge „nach außen hin ein eindeutig

91 Neben dem pastoral-psychologischen Zugang gibt es den kerygmatischen. Die von Eduard Thurneysen initiierte Bewegung galt um die Zeit des Ersten Weltkrieges als eine Protestbewegung. Für eine ausführlichere Auseinandersetzung siehe Eduard Thurneysen, *Die Leere von der Seelsorge*, Zürich 1946; Klaus Winkler, *Seelsorge*, Berlin 2000, S. 28 f. Das folgende Kapitel behandelt das pastoral-psychologische Konzept in verkürzter Weise.

92 Vgl. Winkler, *Seelsorge*, S. 28.

93 Klessmann, *Seelsorge*, S. 78.

94 Vgl. Winkler, *Seelsorge*, S. 28.

95 Vgl. Klessmann, *Seelsorge*, S. 60 f.

96 Vgl. ebd., S. 80–86.

97 „Gottes Liebe soll nicht nur verkündigt, sondern auch erfahrbar werden." Ebd., S. 86.

erkennbares Proprium [verloren], sie wird mit therapeutisch-beraterischen Gesprächen verwechselbar",[98] so Klessmann. Er führt allerdings weiterhin aus: „Eine solche Verwechselbarkeit ist jedoch nicht nur ein Defizit; Seelsorge entspricht damit ihrem inkarnatorischen Ansatz: Denn auch der Messias Gottes ‚entäußerte sich und nahm Knechtsgestalt an' (Phil 2,7)."[99] Damit einhergehend werde die Seelsorge „methodisierbar, lehr- und lernbar".[100]

2.5.3 Vergleich zur muslimischen Seelsorge

Im Kontext dieser Arbeit wurden die Betreuungsprozesse der jeweils andersgearteten theologischen wie seelsorgerlichen Ansätze miteinander verglichen. Die letzten Vergleichspaare – sowohl die christliche Seelsorge als auch die De-Radikalisierung bzw. Prävention – können als interner Vergleich verstanden werden: ersteres als interner Vergleich der Religionen, letztgenanntes aus einem innerislamischen Blickwinkel. Vor allem durch die Gegenüberstellung von muslimischer und christlicher Seelsorge sind einige eklatante Divergenzen festzustellen, die nach Uçar folgenderweise zusammengefasst werden können:[101]

- **Theologische und wissenschaftliche Strukturen und Konzepte:** Durch die jahrhundertelange Tradition der christlichen Seelsorge wurden theologische Grundprinzipien über die Zeit hinweg etabliert und fortwährend weiterentwickelt, sodass heute verschiedene Seelsorgekonzepte und auch verschiedene theologische Grundpositionen vorzufinden sind. Hinsichtlich der Islamischen Theologie in Deutschland und erst recht bezogen auf entsprechende Institutionen und Konzeptionen zum Thema Seelsorge ist eine den christlichen Formen ebenbürtige muslimische Struktur derzeit noch nicht zu verzeichnen.
- **Reichtum an Fachliteratur:** Parallel zur Seelsorgetätigkeit in den christlichen Konfessionen entwickelte sich innerhalb dieser eine große Fachliteratur zur christlichen Seelsorge sowohl in Deutschland als auch international. Im

---

98 Ebd.

99 Ebd.

100 Ebd., S. 87.

101 Vgl. Bülent Uçar, „Seelsorge – ein anthropologisches Grundbedürfnis", in: *Grundlagen muslimischer Seelsorge*, hrsg. von Tarek Badawia, Gülbahar Erdem und Mahmoud Abdallah, Wiesbaden 2020, S. VII.
Die im weiteren Verlauf angeführten Gesichtspunkte erstrecken sich über diesen Beleg hinweg. Uçar führt lediglich wichtige Punkte an, die im Folgenden ausgelegt werden sollen.

Unterschied dazu sind Publikationen zur muslimischen Seelsorge bislang nur in begrenzter Anzahl vorhanden.

- **Finanzielle Unterstützung und Quersubventionen:** Die Kirchen verfügen über gewisse ökonomische Mittel und erhalten zudem staatliche Hilfen, die eine Bildung und Konsolidierung seelsorglicher Aktivitäten ermöglichen. Auch in diesem Kontext fehlt es der muslimischen Seite an langfristigen Förderungsmitteln und institutionell abgesicherter finanzieller Unterstützung. Außerdem sind in vielen Teilen Deutschlands muslimische SeelsorgerInnen noch ausschließlich ehrenamtlich oder auf Honorarbasis beschäftigt. Bei christlichen SeelsorgerInnen handelt es sich hingegen regulär um Voll- oder Teilzeitbeschäftigte.
- **Adäquate akkreditierte Studiengänge sowie externe Ausbildungsmöglichkeiten:** Aus derselben Tradition heraus entwickelten sich Lehrinstitutionen, in denen fundiert Grundkenntnisse sowie diverse Aus- und Weiterbildungsmaßnahmen für den Bereich der Seelsorge vermittelt werden. Auf muslimischer Seite sind solche nur vereinzelt in den Theologischen Fakultäten bzw. bei Vereinen wiederzufinden und noch lange nicht derart ausgearbeitet wie die Angebote der christlichen Seelsorge.[102] Ebenso finden Supervisionen muslimischer SeelsorgerInnen bislang unter der Leitung von christlichen SupervisorInnen statt, da es bislang noch an hierfür angemessen ausgebildeten muslimischen SupervisorInnen mangelt. Im Zusammenhang mit den Ausbildungsmöglichkeiten ist weiterhin zu beachten, dass der Arbeitsmarkt für muslimische SeelsorgerInnen eher diffus gestaltet ist. So werden etwa nur wenige entsprechende Stellenausschreibungen direkt von außen einsehbar oder überhaupt aufgegeben. Auch in dieser Hinsicht können christliche SeelsorgerInnen auf Seelsorgepfarrstellen, andere Beratungsstellenangebote für PastorInnen sowie auf entsprechend ausgebildete DiakonInnen und SozialpädagogInnen als Informationsquelle zurückgreifen.

Ein relevanter Aspekt im Vergleich von christlicher und muslimischer Seelsorge sind weiterhin das Zeugnisverweigerungsrecht und die Schweigepflicht. Aus kirchenrechtlicher Perspektive sind SeelsorgerInnen aufgrund des für sie geltenden Beicht- bzw. Seelsorgegeheimnisses verpflichtet, dieses zu bewahren. Im Kirchengesetz zum Schutz des Seelsorgegeheimnisses (Seelsorgegeheimnisgesetz – SeelGG) ist die Schweigepflicht folgendermaßen definiert:

---

102 Vgl. Uçar, „Seelsorge", S. VII.

> Jede Person, die sich in einem Seelsorgegespräch einer Seelsorgerin oder einem Seelsorger anvertraut, muss darauf vertrauen können, dass daraus ohne ihren Willen keine Inhalte Dritten bekannt werden. Das Beichtgeheimnis ist unverbrüchlich zu wahren.[103]

Das Zeugnisverweigerungsrecht ist sowohl in der Strafprozessordung (StPO), dem Strafgesetzbuch (StGB) als auch in der Zivilprozessordnung (ZPO) verschriftlicht:

- **§ 53 Abs. 1 Nr. 1 StPO:** „Zur Verweigerung des Zeugnisses sind ferner berechtigt: 1. Geistliche über das, was ihnen in ihrer Eigenschaft als Seelsorger anvertraut worden oder bekanntgeworden ist".[104]**139 Abs. 2 StGB:** „Ein Geistlicher ist nicht verpflichtet anzuzeigen, was ihm in seiner Eigenschaft als Seelsorger anvertraut worden ist."[105]**383 Abs. 1 Nr. 4 ZPO:** „Zur Verweigerung des Zeugnisses sind berechtigt: 4. Geistliche in Ansehung desjenigen, was ihnen bei der Ausübung der Seelsorge anvertraut ist."[106]

Muslimische SeelsorgerInnen verfügen bis zum gegenwärtigen Zeitpunkt in den jeweiligen Institutionen (Krankenhaus bzw. Gefängnis) über eine Schweigepflicht, die regelt, dass sie über das in der Institution Erfahrene zur Verschwiegenheit verpflichtet sind. Sie verfügen jedoch nicht über ein

---

103 Evangelische Kirche in Deutschland (EKD), „Kirchengesetz zum Schutz des Seelsorgegeheimnisses (Seelsorgegeheimnisgesetz – SeelGG)" (28.10.2009), kirchenrecht-ekd.de/document/12484? (letzter Zugriff 25.8.2020).

104 Bundesministerium der Justiz und für Verbraucherschutz, „Strafprozeßordnung (StPO) § 53 Zeugnisverweigerungsrecht der Berufsgeheimnisträger" (12.9.1950), „Strafprozeßordnung in der Fassung der Bekanntmachung vom 7. April 1987 (BGBl. I S. 1074, 1319), die zuletzt durch Artikel 15 Absatz 6 des Gesetzes vom 4. Mai 2021 (BGBl. I S. 882) geändert worden ist", www.gesetze-im-internet.de/stgb/StGB.pdf (letzter Zugriff 5.6.2021).

105 Bundesministerium der Justiz und für Verbraucherschutz, „Strafgesetzbuch (StGB) § 139 Straflosigkeit der Nichtanzeige geplanter Straftaten" (12.9.1950), „Strafprozeßordnung in der Fassung der Bekanntmachung vom 7. April 1987 (BGBl. I S. 1074, 1319), die zuletzt durch Artikel 15 Absatz 6 des Gesetzes vom 4. Mai 2021 (BGBl. I S. 882) geändert worden ist", www.gesetze-im-internet.de/stgb/StGB.pdf (letzter Zugriff 5.6.2021).

106 Bundesministerium der Justiz und für Verbraucherschutz, „Zivilprozessordnung § 383 Zeugnisverweigerung aus persönlichen Gründen" (12.9.1950), „Strafprozeßordnung in der Fassung der Bekanntmachung vom 7. April 1987 (BGBl. I S. 1074, 1319), die zuletzt durch Artikel 15 Absatz 6 des Gesetzes vom 4. Mai 2021 (BGBl. I S. 882) geändert worden ist", www.gesetze-im-internet.de/stgb/StGB.pdf (letzter Zugriff 5.6.2021).

Zeugnisverweigerungsrecht im Falle einer Auskunftsanfrage vor Gericht. Sollte tatsächlich die Absicht bestehen, die christliche und muslimische Seelsorge institutionell gleichzustellen, dann wäre eine rechtliche Gleichstellung notwendig. Ein gewichtiger Hinderungsgrund für diese bestand bislang vor allem in dem Umstand, dass viele der türkischen Imame türkische Staatsbeamte und damit gegenüber dem türkischen Staat auskunftspflichtig waren. Ebenso konnte auch bei Imamen anderer Nationalität nicht sichergestellt werden, dass diese in ihren jeweiligen Heimatländern nicht vielleicht dazu genötigt würden, gegen ihre seelsorgliche Verschwiegenheit zu verstoßen. Dieser Gesichtspunkt bedarf zukünftig weiterer Klärung.

Der pastoralpsychologische Zugang hat sich innerhalb der christlichen Konfessionen weitgehend durchsetzen können. In Bezug auf die muslimische Seelsorge beschreibt Abdallah einen markanten Unterschied wie folgt:

> Pfarrer verstehen unter ‚Seelsorge' eine Beziehung, die auf das Verstehen, die Stärkung und den Austausch angelegt ist. Für Imame liegt die Hauptaufgabe der Seelsorge dagegen in der Lehre, der Glaubensvermittlung und der Hinführung zu einem religiösen Leben.[107]

3 Exkurs: Prävention und De-Radikalisierung in der JVA

Radikalisierung kommt in den unterschiedlichsten Facetten vor. Wenn es im Speziellen um islamistische Radikalisierung geht, so wird darüber diskutiert, ob dieses Phänomen in der Religion selbst oder vielmehr in einer Fehlinterpretation bestimmter Textstellen begründet liegt: So folgt die Debatte weitgehend einem bipolaren Muster. Auf der einen Seite wird behauptet, der Terror habe sich aus ‚dem Islam' heraus entwickelt und folglich sei mehr oder weniger ‚der Islam' das eigentliche Problem, denn dieser habe sich in den vergangenen Jahren vielerorts radikalisiert. Auf der anderen Seite wird genau dies bestritten und es wird die These verfochten, die Terroristen würden den Islam für Ihre Zwecke missbrauchen. Die Radikalen, die oft aus kriminellen Milieus stammten, instrumentalisierten willkürlich ausgewählte Narrationen aus Koran und Hadith, um ihre Machenschaften nach außen hin zu ‚veredeln'.[108]

---

107 Mahmoud Abdallah, „‚Bei den Menschen sein' – Islamische Seelsorge und soziale Arbeit. Neudenken des Menschenbildes", in: *Jahrbuch für Islamische Theologie und Religionspädagogik* 5 (2016), S. 171 f.

108 Vgl. Michael Kiefer/Bacem Dziri, „Baqiyya im Lego-Islam" – Anmerkungen zu den WhatsApp-Protokollen der ‚Ansaar Al Khilafat Al Islamiyya' aus einer islamwissenschaftlichen Perspektive", in: Kiefer et al., *„Lasset uns in sha'a Allah einen*

Nicht zur Diskussion steht jedoch, dass eine tiefgehende Beschäftigung mit dieser Thematik nicht unterbleiben kann. Fouad betonte, dass „ein immenses, aus bekenntnisorientierter Perspektive formuliertes Korpus an Salafismuskritik"[109] existiere und dass aus quantitativen Gründen eine Gleichsetzung des Salafismus mit ‚dem Islam' falsch sei:[110] „Eine über Jahrhunderte gewachsene Tradition, über deren Kernelemente sich Muslime von Marokko bis Indonesien vermeintlich einig seien, dürfe nicht von einer Minderheit in Frage gestellt werden."[111]

Nichtsdestotrotz liegt es im Aufgabenbereich der Verantwortlichen und im Verständnis aller Betroffenen, gegen derartige extremistische Bewegungen präventiv wie aktiv vorzugehen. Gleichwohl liegt dies auch im höchsteigenen Interesse derjenigen Religionsgemeinschaften, die sich nicht mit Salafismus oder religiösem Extremismus identifizieren.

Ein Unterschied zwischen Prävention und De-Radikalisierung kann sprachlich festgehalten werden. Erstere bezieht sich – wie aus dem Wortlaut zu erkennen ist – auf die prä-radikale Phase, nämlich mit dem Ziel, einer Radikalisierung vorzubeugen. Die De-Radikalisierung hingegen wird jene Phase fokussiert, bei der sich die Betroffenen bereits im Radikalisierungsprozess befinden. In diesem Kontext sei außerdem darauf hingedeutet, dass die Radikalisierung keine psychische Verwirrtheit ist – wie in vergangenen Forschungen vertreten wurde –, vielmehr ist die Rede von einem Prozess.[112]

Präventionsarbeit wird in deutschen Justizvollzugsanstalten seit mehreren Jahren angeboten. Eines dieser Projekte im niedersächsischen Raum ist das *Violence Prevention Network* (VPN).[113] Dieses bietet diverse Aufklärungsprogramme und demokratiefördernde Angebote an. Ein Mitarbeiter des Projekts

---

Plan machen" – Fallgestützte Analyse der Radikalisierung einer WhatsApp-Gruppe, Wiesbaden 2018, S. 23.

109 Hazim Fouad, *Zeitgenössische muslimische Kritik am Salafismus. Eine Untersuchung ausgewählter Dokumente*, Kiel 2019, S. 303; Vgl. macau.uni-kiel.de/receive/dissmods 00025871 (letzter Zugriff 22.9.2020).

110 Vgl. ebd.

111 Ebd., S. 304.

112 Peter Neumann, „Radikalisierung, Deradikalisierung und Extremismus" (9.7.2013), www.bpb.de/apuz/164918/radikalisierung-deradikalisierung-und-extremismus (letzter Zugriff 24.9.2020).

113 Vgl. Violence Prevention Network, „Niedersachsen-Fokus ISLEX-Mobile Maßnahmen zur Prävention und Deradikalisierung im niedersächsischen Strafvollzug und in der Bewährungshilfe",violence-prevention-network.de/angebote/projektuebersicht/radikalisierungspraevention-und-deradikalisierung-in-strafvollzug-und-bewaehrungshilfe/niedersachsen (letzter Zugriff 18.8.2020).

betont die Divergenz zwischen medialer Darstellung und tatsächlicher statistischer Auffälligkeit folgendermaßen: „Auch wenn in den Medien oft von Radikalisierungen im Gefängnis die Rede ist, zeigen wissenschaftliche Untersuchungen eher, dass bis dato nur einige wenige Beispiele für diese bekannt sind".[114] VPN bietet neben Einzel- und Gruppentrainings für Inhaftierte auch Fortbildungen für Fachkräfte im Justizvollzug.[115]

Festzuhalten gilt also, dass Radikalisierung sich nicht auf Gefängnisse beschränken lässt und deshalb ein Problem darstellt, welches sich nur gesamtgesellschaftlich substantiell angehen lässt. Dennoch werden im Gefängnis staatlich geförderte Präventionsangebote bereitgestellt, welche die Teilnehmenden in Gruppen- und Einzelmaßnahmen präventionsorientiert sensibilisieren und Ausstiegsbegleitung leisten.[116]

3.1 Vergleich zur muslimischen Seelsorge

Die Deutsche Islamkonferenz (DIK) sprach sich 2017 für eine kategorische Trennung zwischen Seelsorge und Prävention aus:

> Die Etablierung islamischer Gefängnisseelsorge ist eine Frage der Gewährleistung der Religionsausübung und unabhängig von Fragen der Extremismusprävention und De-Radikalisierung im Justizvollzug zu sehen. Seelsorge ist kein Instrument der Radikalisierungsprävention und ersetzt nicht diesbezügliche Programme und Projekte.[117]

Gleichwohl wird davon ausgegangen, dass „[d]ie erfolgreiche Etablierung islamischer Gefängnisseelsorge […] einen präventiven Begleiteffekt haben" werde.[118] Als vorbeugendes Vehikel werden theologisch und pädagogisch

---

114 Samet Er, „Deradikalisierungsarbeit im Gefängnis", in: *Aspekte von Radikalisierungsprozessen – Fallgestützte Studien*, hrsg. vom Forschungsnetzwerk Radikalisierung und Prävention, Osnabrück 2020, S. 197, nbn-resolving.org/urn:nbn:de:gbv:700-202001092485 (letzter Zugriff 26.6.2021).

115 Vgl. Violence Prevention Network, „Niedersachsen".

116 Exemplarisch kann ebenfalls das staatlich geförderte Präventionsprojekt „Kick-Off" genannt werden. Vgl. Bundeszentrale für politische Bildung, „Kick-Off", www.bpb.de/politik/extremismus/radikalisierungspraevention/276123/kick-off (letzter Zugriff 29.9.2020).

117 Deutsche Islam Konferenz, *Seelsorge in öffentlichen Einrichtungen als Thema der Deutschen Islam Konferenz 2017* (14.3.2017), S. 8, www.deutsche-islam-konferenz.de/SharedDocs/Anlagen/DE/Ergebnisse-Empfehlungen/20170314-la-3-abschlussdokument-seelsorge.pdf?blob=publicationFile&v=7 (letzter Zugriff 18.8.2020).

118 Vgl. ebd.

geschulte SeelsorgerInnen genannt, wodurch „[r]eligiös argumentierenden Extremisten"[119] die Möglichkeit entzogen wird, Mitgefangene von den eigenen Auffassungen zu überzeugen.[120] Aus alldem resultiert schließlich, dass die Seelsorge zwar präventive Charakterzüge aufweist, sich dennoch von Prävention und De-Radikalisierung signifikant unterscheidet und keine Präventionsarbeit im engeren Sinne darstellt. Auch in diesem Kontext spielt das Selbstverständnis der SeelsorgerInnen eine entscheidende Rolle.

4 Schlussbetrachtung

In dieser Arbeit wurde versucht, die muslimische Seelsorge innerhalb der Justizvollzugsanstalt zu positionieren. Anschließend an eine theoretische und praktische Betrachtung der noch jungen muslimischen Seelsorge wurden die unterschiedlichen Dienste der JVA dieser gegenübergestellt. Diese Schrift umfasst ebenfalls einen interreligiösen Teil, welcher den Vergleich zwischen der christlichen und muslimischen Seelsorge zum Inhalt hat. Ferner wurde ein Exkurs unternommen, in dem ein Präventionsprojekt in niedersächsischen Justizvollzugseinrichtungen kurz dargestellt und grundlegende Differenzen zur muslimischen Seelsorge verzeichnet wurden. Die Tatsache, dass die muslimische Seelsorge sowohl Schnittstellen mit pädagogischen und psychologischen Diensten aufweist, relevante Kooperationsflächen zu ärztlichen Diensten darstellt als auch in vielen Bereichen mit der christlichen Seelsorge übereinstimmt, ist Zeugnis für die Notwendigkeit, Dringlichkeit und den Bedarf an der Etablierung der muslimischen Seelsorge in den deutschen JVA.

Es steht außer Frage, dass eine gleichwertige Arbeitsleistung nicht zu verwirklichen ist, solange für die muslimische Seelsorge nicht dieselben Konditionen, Ressourcen und Zugangsvoraussetzungen gegeben sind wie für die christliche. Dies umfasst sowohl die reguläre Vergabe von Voll- und Teilzeitstellen statt einer überwiegend ehrenamtlichen Tätigkeit, was in näherer Zukunft entweder durch staatliche Mittel oder durch die Vereinigung der muslimischen Religionsgemeinschaften in Form einer Körperschaft des öffentlichen Rechts finanziell wie institutionell ermöglicht werden könnte. Außerdem sind anstaltsinterne Gegebenheiten wie Büroräume und Moscheen bzw. muslimische Gebetsräume analog zu Gefängniskapellen etc. bedeutend, zumal Seelsorge in

119 Ebd.
120 Vgl. Ebd.

ihrer Gesamtheit geeigneter räumlicher Möglichkeiten und gesicherter finanzieller Mittel bedarf.[121]

Als Resultat kann festgehalten werden, dass die muslimische Seelsorge zwar dieselben Aufgabenfelder wie die christliche Seelsorge erfüllt bzw. zu erfüllen hat, wenngleich speziell die muslimische Seelsorge in der Realität von besonderen finanziellen, institutionellen und strukturellen Zugangserschwernissen betroffen ist. Um eine adäquate Seelsorge zu institutionalisieren, sind finanzielle und fachliche Anpassungen notwendig.

Darüber hinaus erfüllt die muslimische Seelsorge durch ihren pädagogischen Charakter eine bedeutungsvolle Aufgabe. In Gruppengesprächen werden neben normativen Fragestellungen auch sozialisierende Maßnahmen besprochen sowie religiöse Bildung vermittelt. Dem Selbstverständnis der SeelsorgerInnen kommt hinsichtlich der Vermittlung von religiösem Wissen eine ausschlaggebende Rolle zu, woraus sich erschließt, dass die SeelsorgerInnen wohlüberlegt auszuwählen sind. Auch sind vielfältige sprachliche Kompetenzen der SeelsorgerInnen anstaltsintern sehr zu begrüßen, um der multikulturellen Realität in der JVA gerecht werden zu können. Diese Eigentümlichkeit der muslimischen Seelsorge ist insbesondere in dem Umstand zu erkennen, dass hier oft wie selbstverständlich neben der konkreten Seelsorgetätigkeit zusätzliche pädagogische Dienste sowie Übersetzungsfähigkeiten als DolmetscherIn von den SeelsorgerInnen verlangt werden.

Der fehlende rechtliche Rahmen – gemeint ist die Diskussion um das Zeugnisverweigerungsrecht – verunmöglicht eine institutionell gleichberechtigte Positionierung der muslimischen Seelsorge mit der christlichen. Kulturelle und religiöse Differenzen zwischen den SeelsorgerInnen und Inhaftierten hingegen sind innerhalb der Arbeitstätigkeit irrelevant, vielmehr ermöglichen sie es, das Arbeitsspektrum der muslimischen Seelsorge zu erweitern. Schließlich bleibt festzuhalten, dass eine Professionalisierung im Bereich der muslimischen Seelsorge nur dann möglich ist, wenn sowohl rechtlich, finanziell als auch institutionell dieselben Konditionen und Zugangsvoraussetzungen wie für die christliche Seelsorge gegeben sind.

121 In einem osmanischen Sprichwort heißt es: „*kem âlât ile kemâlat olmaz*", was zu Deutsch ‚mit mangelnden Mitteln ist die Vollkommenheit nicht zu erreichen' bedeutet.

Literaturverzeichnis

Abdallah Mahmoud, „‚Bei den Menschen sein' – Islamische Seelsorge und soziale Arbeit. Neudenken des Menschenbildes", in: *Jahrbuch für Islamische Theologie und Religionspädagogik* 5 (2016), S. 147–176.

Abu Hanifa, *Wasiyah – Empfehlungen des Imams an seinen Schüler Yusuf b. Khalid*, übers. von Mahmud Kellner, Norderstedt 2020.

Aslan Ednan/Magdalena Modler-El Abdaoui/Dana Charkasi (Hgg.), *Islamische Seelsorge – eine empirische Studie am Beispiel von Österreich*, Wiesbaden 2015.

Badawia, Tarek/Gülbahar Erdem/Mahmoud Abdallah (Hgg.), *Grundlagen muslimischer Seelsorge*, Wiesbaden 2020.

Bundeszentrale für politische Bildung, „Kick-Off", www.bpb.de/politik/extremismus/radikalisierungspraevention/276123/kick-off (letzter Zugriff 29.9. 2020).

Bundesministerium der Justiz und für Verbraucherschutz, „Strafprozeßordnung (StPO) § 53 Zeugnisverweigerungsrecht der Berufsgeheimnisträger" (12.9. 1950), „Strafprozeßordnung in der Fassung der Bekanntmachung vom 7. April 1987 (BGBl. I S. 1074, 1319), die zuletzt durch Artikel 15 Absatz 6 des Gesetzes vom 4. Mai 2021 (BGBl. I S. 882) geändert worden ist", www.gesetze-im-internet.de/stgb/StGB.pdf (letzter Zugriff 5.6.2021).

al-Bustī, Abū al-Fatḥ, *Diwān al-balīġ al-manšīy*, Beirut 1694.

Cimsit, Mustafa, „Islamische Seelsorge – Eine theologische Begriffsbestimmung", in: *Islamische Seelsorge zwischen Herkunft und Zukunft: Von der theologischen Grundlegung zur Praxis in Deutschland*, hrsg. von Bülent Uçar und Martina Blasberg-Kuhnke, Frankfurt am Main 2013, S. 13–26.

ad-Dawwānī, Ǧalāl ad-Dīn, *Ḥaqīqatu l-insān wa-r-rūḥ al-ǧawwāl fī l-ʿawālim*, Kairo 2006.

Deutsche Islam Konferenz, „Seelsorge in öffentlichen Einrichtungen als Thema der Deutschen Islam Konferenz" (14.3.2017), S. 8, www.deutsche-islam-konferenz.de/SharedDocs/Anlagen/DE/Ergebnisse-Empfehlungen/20170314-la-3-abschlussdokument-seelsorge.pdf?blob=publicationFile&v=7 (letzter Zugriff 18.8.2020)

Hamidullah, Muhammed, „Şemsüleimme Serahsî", in: *DIA – Diyanet Islam Ansiklopedisi* XXXVI, Istanbul 2009, S. 544–547.

Er, Samet, „Deradikalisierungsarbeit im Gefängnis", in: *Aspekte von Radikalisierungsprozessen – Fallgestützte Studien*, hrsg. vom Forschungsnetzwerk Radikalisierung und Prävention, Bielefeld 2020, S. 195–218, nbn-resolving.org/urn:nbn:de:gbv:700-202001092485 (letzter Zugriff 26.6.2021).

Fouad, Hazim, „Zeitgenössische muslimische Kritik am Salafismus. Eine Untersuchung ausgewählter Dokumente" (2009), macau.uni-kiel.de/receive/diss_mods_00025871 (letzter Zugriff 22.9.2020).

Frisch, Max, *Öffentlichkeit als Partner*, Frankfurt am Main 1967.

al-Ǧawziyya, Ibn Qayyim, *Kitāb ar-rūḥ*, Beirut 2004.

al-Ǧuʿfī, Muḥammad, *Ṣaḥīḥ al-Buḫārī*, Beirut 2020.

al-Ḥaddād, Imām, *Das Benehmen des Gottessuchers*, übers. von Martin Mahmud Kellner, Mannheim 2016.

Hajatpour, Reza, „Islamische Seelenvorstellung und die Herausforderung der Moderne", in: *Grundlagen muslimischer Seelsorge*, hrsg. von Tarek Badawia, Gülbahar Erdem und Mahmoud Abdallah, Wiesbaden 2020, S. 73–88.

Häßler Ulrike/Thomas Maiwald, „Drogenabhängige Inhaftierte", in: *Das Gefängnis auf dem Prüfstand*, hrsg. von Bernd Maelicke und Stefan Suhling, Wiesbaden 2018, S. 423–442.

Ibn Māǧa, al-Ḥāfiẓ Abī ʿAbdillāh Muḥammad b. Yazīd al-Qazwīnī, *Sunan Ibn Māǧa, bāb faḍl al-ʿulamāʾ wa-l-ḥaṯṯ ʿalā ṭalabi l-ʿilm*, Beirut 1998.

Justizvollzugsanstalt Vechta, „Die sozialtherapeutische Abteilung im Jungtätervollzug der Justizvollzugsanstalt Vechta", justizvollzugsanstalt-vechta.niedersachsen.de/jungtaeter/abteilungen/sozialtherapie_jungtaeter/-82900.html (letzter Zugriff 15.7.2020).

Kandemir, Yasar, „Aḥmad b. Ḥanbal", in: *DIA – Diyanet Islam Ansiklopedisi* II, Istanbul 1989, S. 75–80.

Klessmann, Michael, *Seelsorge – Begleitung, Begegnung, Lebensdeutung im Horizont des christlichen Glaubens: ein Lehrbuch*, Göttingen 2015.

Kiefer, Michael/Bacem Dziri, „Baqiyya im Lego-Islam" – Anmerkungen zu den WhatsApp-Protokollen der ‚Ansaar Al Khilafat Al Islamiyya' aus einer islamwissenschaftlichen Perspektive", in: *„Lasset uns in sha'a Allah einen Plan machen" – Fallgestützte Analyse der Radikalisierung einer WhatsApp-Gruppe*, hrsg. von Michael Kiefer, Jörg Hüttermann, Bacem Dziri, Rauf Ceylan, Viktoria Roth, Fabian Srowig und Andreas Zick, Wiesbaden 2018, S. 23–57.

Kiefer, Michael/Jörg Hüttermann/Bacem Dziri/Rauf Ceylan/Viktoria Roth/Fabian Srowig/Andreas Zick, *„Lasset uns in sha'a Allah einen Plan machen" – Fallgestützte Analyse der Radikalisierung einer WhatsApp-Gruppe*, Wiesbaden 2018.

Evangelische Kirche in Deutschland (EKD), „Kirchengesetz zum Schutz des Seelsorgegeheimnisses (Seelsorgegeheimnisgesetz – SeelGG)" (28.10.2009), kirchenrecht-ekd.de/document/12484? (letzter Zugriff 25.8.2020).

Koch-Arzberger, Claudia/Klaus Bott/Hans-Jürgen Kerner/Kerstin Reich, *Rückfallgefährdete Sexualstraftäter in Hessen*, Wiesbaden 2011.

Koop, Gerd, „Eine Justizvollzugsanstalt als lernende Organisation", in: *Das Gefängnis auf dem Prüfstand*, hrsg. von Bernd Maelicke und Stefan Suhling, Wiesbaden 2018, S. 457–478.

Laubenthal, Klaus, *Strafvollzug*, Heidelberg 2017.

Maelicke, Bernd/Stefan Suhling (Hgg.), *Das Gefängnis auf dem Prüfstand*, Wiesbaden 2018.

Müller, Phillip, „Seelsorge. II Historisch-theologisch", in: *Lexikon für Theologie und Kirche*, hrsg. von Kasper Walter, Freiburg im Breisgau 2009, S. 383–392.

Möller Christian, *Geschichte der Seelsorge in Einzelporträts*, Göttingen 1994.

Morgenthaler, Christoph, *Seelsorge*, Gütersloh 2009.

an-Nisābūrī, Muslim b. Ḥaǧǧāǧ al-Qušayrī, *Ṣaḥīḥ Muslim*, Riyad 1998.

Neumann, Peter, „Radikalisierung, Deradikalisierung und Extremismus" (9.7. 2013), www.bpb.de/apuz/164918/radikalisierung-deradikalisierung-und-extremismus (letzter Zugriff 24.9.2020).

ar-Rāzī, Faḫr ad-Dīn, *at-Tafsīr al-kabīr*, Beirut 1981.

Rehder, Ulrich/Bernd Wischka/Elisabeth Foppe, „Das Behandlungsprogramm für Sexualstraftäter (BPS), Entwicklung – Aufbau – Praxis", in: *Behandlung von Straftätern: Sozialtherapie, Maßregelvollzug, Sicherungsverwahrung*, hrsg. von Bernd Wischka, Willi Pecher und Hilde van den Boogaart, Freiburg 2013, S. 418–453.

Şahinöz, Cemil, *Seelsorge im Islam – Theorie in Praxis in Deutschland*, Wiesbaden 2018.

Şahinöz, Cemil/Avni Altıner, *Islamische Seelsorge bei Said Nursi*, Norderstedt 2018.

Said Nursi, Bediüzzaman, *Şualar – On Birinci Şua*, Istanbul 2012.

Seifert, Simone, *Der Umgang mit Sexualstraftätern – Bearbeitung eines sozialen Problems im Strafvollzug und Reflexion gesellschaftlicher Erwartungen*, Wiesbaden 2014.

Süddeutsche Zeitung „Niedersachsen: professionelle Gefängnisseelsorge für Muslime" (18.2.2020), www.sueddeutsche.de/panorama/justiz-osnabrueck-niedersachsen-professionelle-gefaengnisseelsorge-fuer-muslime-dpa.urn-newsml-dpa-com-20090101-200218-99-964298 (letzter Zugriff 22.9.2020).

Theine, Elisabeth/Brigitte Elgeti-Starke, „Bildung und Qualifizierung", in: *Das Gefängnis auf dem Prüfstand*, hrsg. von Bernd Maelicke und Stefan Suhling, Wiesbaden 2018, S. 109–128.

Thurneysen, Eduard, *Die Leere von der Seelsorge*, Zürich 1946.

Uçar, Bülent, „Seelsorge – ein anthropologisches Grundbedürfnis“, in: *Grundlagen muslimischer Seelsorge*, hrsg. von Badawia Tarek, Gülbahar Erdem und Mahmoud Abdallah, Wiesbaden 2020, S. VII f.

Violence Prevention Network, „Niedersachsen - Fokus ISLEX - Mobile Maßnahmen zur Prävention und Deradikalisierung im niedersächsischen Strafvollzug und in der Bewährungshilfe“, violence-prevention-network.de/angebote/projektuebersicht/radikalisierungspraevention-und-deradikalisierung-in-strafvollzug-und-bewaehrungshilfe/niedersachsen (letzter Zugriff 18.8.2020).

Winkler Klaus, *Seelsorge*, Berlin 2000.

Wirth, Wolfgang, *Steuerung und Erfolgskontrolle im Übergangsmanagement*, Wiesbaden 2018.

Wischka, Bernd/Willi Pecher/Hilde van den Boogaart, *Behandlung von Straftätern: Sozialtherapie, Maßregelvollzug, Sicherungsverwahrung*, Freiburg 2013.

Reihe für Osnabrücker Islamstudien

Herausgegeben von Bülent Ucar und Rauf Ceylan

Band 1 Bülent Ucar / Ismail H. Yavuzcan (Hrsg.): Die islamischen Wissenschaften aus Sicht muslimischer Theologen. Quellen, ihre Erfassung und neue Zugänge im Kontext kultureller Differenzen. 2010.

Band 2 Bülent Ucar (Hrsg.): Die Rolle der Religion im Integrationsprozess. Die deutsche Islamdebatte. 2010.

Band 3 Bülent Ucar (Hrsg.): Islamische Religionspädagogik zwischen authentischer Selbstverortung und dialogischer Öffnung. Perspektiven aus der Wissenschaft und dem Schulalltag der Lehrkräfte. 2011.

Band 4 Christiane Paulus (Hrsg.): Amīn al-Ḫūlī: Die Verbindung des Islam mit der christlichen Reformation. Übersetzung und Kommentar. 2011.

Band 5 Amir Dziri: Al-Ǧuwaynīs Position im Disput zwischen Traditionalisten und Rationalisten. 2011.

Band 6 Wolfgang Johann Bauer: Aishas Grundlagen der Islamrechtsgründung und Textinterpretation. Vergleichende Untersuchungen. 2012.

Band 7 Ali Türkmenoglu: Das Strafrecht des klassischen islamischen Rechts. Mit einem Vergleich zwischen der islamischen und der modernen deutschen Strafrechtslehre. 2013.

Band 8 Rauf Ceylan (Hrsg.): Islam und Diaspora. Analysen zum muslimischen Leben in Deutschland aus historischer, rechtlicher sowie migrations- und religionssoziologischer Perspektive. 2012.

Band 9 Bülent Ucar (Hrsg.): Islam im europäischen Kontext. Selbstwahrnehmungen und Außenansichten. 2013.

Band 10 Wolfgang Johann Bauer: Bausteine des Fiqh. Kernbereiche der *'Uṣūl al-Fiqh*. Quellen und Methodik der Ergründung islamischer Beurteilungen. 2013.

Band 11 Lahbib El Mallouki: Zweckrationales Denken in der islamischen Literatur. Al-maqāṣid als systemhermeneutisches Denkparadigma. 2013.

Band 12 Bülent Ucar / Martina Blasberg-Kuhnke (Hrsg.): Islamische Seelsorge zwischen Herkunft und Zukunft. Von der theologischen Grundlegung zur Praxis in Deutschland. 2013.

Band 13 Kathrin Klausing: Geschlechterrollenvorstellungen im Tafsīr. 2014.

Band 14 Mohammed Hashim Kamali / Saffet Köse: Menschenrechte aus zwei islamtheologischen Perspektiven. 2013.

Band 15 Ṭāha Ǧābir Fayyāḍ Al-ᶜAlwānī: Verhaltensethik einer innerislamischen Streitkultur. Übersetzt und mit einer Einführung versehen von Bacem Dziri. 2013.

Band 16 Assem Hefny: Herrschaft und Islam. Religiös-politische Termini im Verständnis ägyptischer Autoren. 2014.

Band 17 Rauf Ceylan/Benjamin Jokisch (Hrsg.): Salafismus in Deutschland. Entstehung, Radikalisierung und Prävention. 2014.

Band 18 Kathrin Klausing / Erna Zonne (Hrsg.): Religiöse Früherziehung in Judentum, Islam und Christentum. 2014.

Band 19 Abdurrahim Kozali / Ibrahim Salama / Souheil Thabti (Hrsg.): Das islamische Wirtschaftsrecht. 2016.

Band 20 Murat Bagriacik: Tradition und Innovation des Fiqh im Denken von Hayreddin Karaman. 2016.

Band 21 Mouez Khalfaoui / Bülent Ucar (Hrsg.): Islamisches Recht in Theorie und Praxis. Neue Ansätze zu aktuellen und klassischen islamischen Rechtsdebatten. 2016.

Band 22 Jörg Ballnus: Text und Performanz. Eine Didaktik des Gebets im islamischen Religionsunterricht zwischen Normativität und Spiritualität. 2016.

Band 23 Vivien Neugebauer: Europa im Islam – Islam in Europa. Islamische Konzepte zur Vereinbarkeit von religiöser und bürgerlicher Zugehörigkeit. 2016.

Band 24 Özden Güneş: Prosozialität im Islam. Ihre Lehren und Dimensionen im Koran und Hadith. 2016.

Band 25 Hakki Arslan: Juridische Hermeneutik (*uṣūl al-fiqh*) der hanafitischen Rechtsschule am Beispiel des *uṣūl al-fiqh*-Werks *Mirqāt al-wuṣūl ilā ʿilm al-uṣūl* von Mulla Ḫusraw (gest. 885/1480). 2016.

Band 26 Rauf Ceylan / Coşkun Sağlam (Hrsg.): Die Bedeutung der Religionswissenschaft und ihrer Subdisziplinen als Bezugswissenschaften für die Theologie. 2016.

Band 27 Maḥmūd Šabistarī: Rosenflor des Geheimnisses. Gulšan-i Rāz. Übersetzt und herausgegeben von Joseph von Hammer-Purgstall. Neu herausgegeben und aus dem Persischen ins Türkische übersetzt von Fatih Ermiş. 2017.

Band 28 Rauf Ceylan (Hrsg.): Muslimische Gemeinden. Geschichte, Gegenwart und Zukunft des Islam in Niedersachsen. 2017.

Band 29 Mahmud El-Wereny: Normenlehre des Zusammenlebens. Religiöse Normenfindung für Muslime des Westens. Theoretische Grundlagen und praktische Anwendung. 2018.

Band 30 Souheil Thabti: Die Anwendung der *maqāṣid aš-šarīʿa* im Islamic Banking in Deutschland. 2018.

Band 31 Esnaf Begić: Zwischen Tradition und Innovation: Der Einfluss des gesellschaftlichen Wandels auf die Anwendung der Scharia in Bosnien und Herzegowina im 20. Jahrhundert. 2018.

Band 32 Hüseyin Uçan: Die Bildung von religiöser Autorität in der Frühzeit des Islam am Beispiel von Sufyān aṯ-Ṯawrī und Sufyān bin ʿUyayna. Kriterien der Autoritätswerdung. 2018.

Band 33 Martina Blasberg-Kuhnke / Rauf Ceylan / Bülent Ucar (Hrsg.): Institut für Islamische Theologie Osnabrück (IIT). Entwicklung, Zwischenstand und Perspektiven. 2019.

Band 34 Silvia Horsch / Melahat Kisi / Kathrin Klausing / Annett Abdel-Rahman (Hrsg.): Der Islam und die Geschlechterfrage. Theologische, gesellschaftliche, historische und praktische Aspekte einer Debatte. 2019.

Band 35 Hatem Elliesie / Irene Schneider / Bülent Uçar (Hrsg.): Islamische Normen in der Moderne zwischen Text und Kontext. 2019.

Band 36 Turunç Sultan Tufan-Destanoğlu: Muslimische Bildungs- und Erziehungsvorstellungen. Die Erwartungen von Eltern und Lehrkräften an den islamischen Religionsunterricht. 2020.

Band 37 Merdan Güneş: Dialektisches Ringen zwischen Tradition und Moderne. Mustafa Sabris Positionierung zu den theologischen und intellektuellen Herausforderungen in der Spätphase des Osmanischen Reiches (19.–20. Jh.). 2020.

Band 38 Bacem Dziri / Merdan Güneş (Hrsg.): Niedergangsthesen auf dem Prüfstand / Narratives of Decline Revisited. 2020.

Band 39 Ranya Jamil: Die Hadith-Analyse bei Shuʿayb al-ʾArnaʾūṭ. Eine vergleichende Studie zur Methodologie zeitgenössischer Gelehrter. 2021.

Band 40 Habib El Mallouki: Ausführliche Darlegung und Diskussion der Prinzipien der Prosodie. Basṭ al-maqbūḍ fī mabādiʾ ʿilm al-ʿarūḍ Maḥammad b. ʿAbd al-Maǧīd b. Kīrān. Mit einem zusätzlichen Kurztraktat des Verfassers zur balāġa. 2022.

Band 41 Kathrin Klausing / Martin Kellner (Hrsg.): Das Konzept der Koranexegese bei Ibn ʿAšūr. Die zehn Prologemina zum Tafsīr at-Taḥrīr wa-t-Tanwīr. 2022.

Band 42 Bülent Uçar / Mahmoud Haggag (Hrsg.): Allgemeinwohl der Menschen als Zweck der Scharia. Debatten über *maṣlaḥa* und *maqāṣid aš-šarīʿa*. 2022.

Band 43 Annett Abdel-Rahman: Kompetenzorientierung im islamischen Religionsunterricht. Eine Analyse ausgewählter Curricula als Beitrag zur Fachdidaktik des islamischen Religionsunterrichts. 2022.

Band 44 Bülent Ucar / Christina Kayales / Esnaf Begić (Hrsg.): Professionalisierung islamischer Gefängnisseelsorge im niedersächsischen Justizvollzug. 2022.

www.peterlang.com

www.ingramcontent.com/pod-product-compliance
Lightning Source LLC
Chambersburg PA
CBHW031540260326
41914CB00002B/204
9783631882733